L'HYPNOTISME

REVENU A LA MODE

HISTOIRE & DISCUSSION SCIENTIFIQUE

Par le P. Jean-Joseph FRANCO

S. J.

TRADUIT DE L'ITALIEN

PAR A. DE VILLIERS DE L'ISLE-ADAM

Avec le concours de l'Auteur

LE MANS

LEGUICHEUX ET Cie, IMPRIMEURS-LIBRAIRES

15, Rue Marchande, et rue Bourgeoise, 16

1888

L'HYPNOTISME

REVENU A LA MODE

L'HYPNOTISME

REVENU A LA MODE

HISTOIRE & DISCUSSION SCIENTIFIQUE

Par le P. Jean-Joseph FRANCO

S. J.

TRADUIT DE L'ITALIEN

PAR A. DE VILLIERS DE L'ISLE-ADAM

Avec le concours de l'Auteur

LE MANS

LEGUICHEUX ET Cie, IMPRIMEURS-LIBRAIRES

15, Rue Marchande, et rue Bourgeoise, 16

1888

AVANT-PROPOS DU TRADUCTEUR

Dans le courant de l'été dernier, un prêtre de mes amis, très versé dans les études théologiques et connaissant très bien la langue italienne, me remit plusieurs numéros de la *Civiltà cattolica* en recommandant à mon attention une série d'articles sur l'hypnotisme dus à la plume du R. P. Franco, et que ses occupations ne lui laissaient pas le temps de traduire.

Je reconnus immédiatement dans ce traité l'œuvre d'un véritable savant, ayant étudié à fond son sujet, connaissant parfaitement, outre la théologie, les sciences physiques et naturelles, et procédant avec une méthode scientifique rigoureuse. Les ouvrages de cette valeur ne sont pas communs; celui que j'avais sous les yeux méritait bien d'être traduit et publié en français. Je me mis donc à l'œuvre et je profitai du loisir des vacances pour achever promptement mon travail. C'est ainsi que j'ai été amené à traduire un ouvrage sur une matière étrangère à mes études habituelles.

Mon ami voulut bien se charger de demander au P. Franco l'autorisation de publier la traduction. Non seulement le P. Franco accorda gracieusement son autorisation, mais, comme la langue française lui est très familière, il a eu l'extrême obligeance de revoir toutes les épreuves et d'y introduire les nombreuses additions qu'il destine à une troisième édition italienne.

Je me suis tout particulièrement appliqué à rendre fidèlement la pensée de l'auteur et même à conserver son style autant que la chose a été possible sans contrevenir aux règles de la langue française; au surplus, la révision faite par l'auteur lui-même avec le plus grand soin est un sûr garant de l'exactitude de la traduction.

Depuis que l'impression est commencée, plusieurs personnes en France et en Belgique, ont sollicité du P. Franco l'autorisation de publier une traduction de son ouvrage. Cette circonstance m'a fait regretter d'être arrivé le premier, d'autres auraient sans doute donné au public un travail plus élégant et d'une lecture plus agréable.

Au moment où les dernières feuilles sont sous presse, j'apprends qu'une traduction espagnole vient d'être publiée par le docteur Joaquin de Font-y-de-Boter et reproduite in extenso dans le *Sentido catolico en la ciencia medical,* revue médicale qui se publie à Barcelone, d'où divers journaux d'Espagne et des Colonies l'ont aussi reproduite.

Tout cela est une preuve suffisante que nous ne nous sommes pas fait illusion sur la valeur de l'œuvre du P. Franco.

A. DE VILLIERS DE L'ISLE-ADAM,

Avocat.

L'HYPNOTISME

REVENU A LA MODE

I

Pourquoi ce Traité

Quiconque a entendu le grand bruit qui s'est fait récemment à Turin et à Milan à l'occasion des pratiques mesmériques de M. Donato (Alfred d'Hondt, belge), serait porté à croire qu'il est tombé en ces lieux un morceau du ciel que l'on n'avait jamais vu, et que cette nouveauté a réveillé la curiosité populaire. Et cependant rien de semblable n'est arrivé. M. Donato n'a montré aucune nouveauté qui méritât d'attirer des spectateurs. Ils sont à plaindre et à blâmer, ces malheureux, de quelque rang qu'ils soient, qui, par leur présence ont accru la célébrité des bouffonneries d'un très habile, oui, mais vulgaire prestidigitateur, prestidigitateur en un genre, par lui-même périlleux, indigne de gens civilisés et plus encore de chrétiens.

Nous aurions volontiers passé sous silence ces folies de place publique et le bruit qui s'est élevé à leur occasion dans la presse quotidienne, s'il n'était question que d'un fait unique. Mais nous savons que de semblables scènes se multiplient en Italie : par le prof. Zanardelli à Rome, par le prof. Rummo à Naples, par le prof. Rattone à Sassari, par le prof. Giovanni Miroglio, nous ne savons pas au juste où, mais avec de telles circonstances qu'il a fini par une condamnation à un mois et plus de prison. Et ce qui est arrivé en Italie n'est qu'un faible écho de ce qu'on nous rapporte tous les jours de l'Angleterre, des Etats-Unis, de la France, de la Belgique, de la Hollande, de l'Espagne, de l'Allemagne et de la Russie. Il nous pleut des lettres de très dignes personnages d'Italie et d'autres pays qui, sur la résurrection des phénomènes mesmériques, magnétiques, hypnotiques, ont la bonté de nous demander des explications et des conseils. C'est ce qui nous a déterminé à prendre occasion des représentations de M. Donato pour traiter, dans une brève et claire discussion, les principaux points de cette matière.

Nous parlerons donc des phénomènes magnétiques qui, ordinairement, sont provoqués par les magnétiseurs modernes, en nous occupant avec un soin particulier de la fascination, de l'hypnotisme, de la suggestion, et nous ferons toucher du doigt que ces choses, loin d'être une découverte nouvelle dans le vrai et philosophique magnétisme animal, appartiennent, au contraire, à une phase vieille et oubliée du merveilleux de mauvais aloi, déjà condamné en beaucoup de ses parties par la science humaine et par la science divine. Nous démontrerons que ces pratiques ont pour effet d'abaisser la dignité humaine, de mettre en péril la santé et de dépraver la conscience ; nous démontrerons qu'elles sont en elles-mêmes immorales, antisociales, irréligieuses : et que pour cela il n'est pas permis (au moins dans la mesure et par les moyens souvent usités), il n'est pas permis de provoquer chez d'autres personnes des phénomènes hypnotiques, qu'il n'est pas prudent de s'y soumettre passivement et qu'il n'est pas irréprochable de s'en rendre complice en y assistant en personne.

II

Doctrines et théories nouvelles de l'Hypnotisme

Pour donner quelque idée théorique de l'hypnotisme à ceux qui, par hasard, en auraient besoin, parcourons à vol d'oiseau l'introduction ou le programme de la *Revue des sciences physio-psychologiques, présentant le tableau permanent des découvertes et des progrès accomplis, publiée par Donato*. Num. 1. Paris, 10 février 1886.

Nous ne présentons pas ce programme comme le plus autorisé et encore moins comme le plus vrai : nous le rapportons seulement comme une des hypothèses qu'on retrouve toujours dans la bouche des hypnotiseurs, et elle nous ouvre la voie pour comprendre comment ils conçoivent la genèse et la nature des phénomènes hypnotiques. Nous avons, en outre, des motifs de croire que les 29 pages de l'Introduction à la *Revue* sont le travail d'une main plus experte dans les choses du magnétisme, que ne l'est celle de Donato. Celui-ci est surtout un empirique et un praticien : ce travail, au contraire, accuse un homme versé dans la science moderne, qui aurait, selon nous, accommodé son écrit aux phénomènes hypnotiques plus connus dans notre temps, et spécialement aux phénomènes produits par Donato; de la même manière qu'un archéologue écrit une légende pour un cicerone de place publique. Raison de plus pour attribuer quelque poids au programme de Donato comme représentant les idées les plus communes des hypnotiseurs. Nous discuterons aussi ces théories et d'autres fabriquées dans le but d'assigner une cause aux effets merveilleux que tous voient de leurs yeux dans les phénomènes magnétiques.

Venons au programme. Donato se déclare un simple disciple de Mesmer. Plusieurs fois il proteste que ses expériences doivent s'appeler mesmériques ou magnétiques, et non hypnotiques. Il est vrai néanmoins que leur caractère les classé évidemment parmi celles que beaucoup de savants appellent hypnotiques. Hypnotisme en soi signifie sommeil, et il pourrait bien aussi signifier le fait d'endormir. C'est un nom inventé par le docteur James Braid, il y a quarante ans environ, pour indiquer le sommeil nerveux (comme lui-même l'appelait) qu'il excitait avec des moyens qui lui étaient propres, protestant que le fluide magnétique n'y entrait pour rien. Mais ce sommeil était accompagné de phénomènes en tout semblables aux phénomènes magnétiques [1]. Quelques-uns ont appelé ces phénomènes Braidisme. Malgré cela le nom donné par l'inventeur a prévalu et prévaut encore, et nous aussi nous l'appellerons hypnotisme.

Laissons la question du nom et parlons de la chose. Il n'y a personne qui ignore la théorie d'Antoine Mesmer, fameux hiérophante de la médecine magnétique, vers la fin du siècle dernier. Il imagina un fluide universel répandu par tout le monde créé, reliant ensemble la création universelle sans laisser le moindre espace vide, agent de tous les mouvements et notamment des impressions nerveuses. S'emparer de ce fluide, le dompter, le faire servir au bien de l'humanité, spécialement des malades, était le grand but, vrai ou apparent, qu'avait en vue Mesmer. A ce but tendaient les baignoires par lui inventées, les pas et les agitations magiques et tout l'appareil des charlatans

---

[1]. James Braid, Neurypnologie. *Traité du sommeil nerveux ou hypnotisme.* Traduit de l'anglais par le docteur Jules Simon, etc. Paris, 1883, page 18.

par lui mis en œuvre. L'invention de Mesmer n'était pas entièrement nouvelle, et après lui elle fut accueillie par beaucoup de magnétiseurs jusqu'à nos jours.

M. Donato, bien que disciple de Mesmer, laisse de côté la théorie du fluide mesmérique et même la nie formellement [1]. Il ne s'inquiète pas des autres succédanés du fluide, imaginés dans la suite des temps, pour expliquer l'influence magnétique d'homme à homme. Avec tout cela, il cite volontiers les sentences de divers hommes illustres, qui lui semblent avoir devancé ou les doctrines mesmériques ou les pratiques de l'hypnotisme moderne. Il ne se gêne pas pour blasphémer : « Jésus fut le plus prodigieux des magnétiseurs... Jésus guérissait les infirmes en les magnétisant [2] ». Quant à lui, sans vouloir rechercher la cause excitatrice du magnétisme dans l'homme, professant même qu'il l'ignore, [3] il se contente d'en affirmer les effets, c'est-à-dire l'existence du magnétisme et de ses phénomènes. Il distingue précisément le magnétisme minéral, le magnétisme terrestre et le magnétisme animal ou humain, et il fait consister ce dernier dans l'*influence réciproque des êtres organisés* [4].

1. *Introduction*, dans la *Revue* citée plus haut, p. 13.
2. *Ibid.*, p. 7.
3. *Ibid.*, p. 14.
4. *Ibid.*, p. 11.

Il est manifeste, continue-t-il, qu'une telle influence ne peut agir entre les hommes, sans le libre vouloir de celui qui l'émet et de celui qui la reçoit. Nous citons ses paroles parce qu'elles sont importantes dans la discussion que nous ferons en son temps. « Les phénomènes du magnétisme humain ne peuvent donc pas se manifester sans le concours simultané de deux volontés correspondantes, l'une active pour provoquer le fait, l'autre passive qui se prête comme instrument. Il paraît indispensable qu'un être humain *se livre* à l'expérimentateur, au moins pour un instant, afin que celui-ci puisse exercer son influence sur lui d'une manière efficace. Pour cette raison, s'il est facile de faire usage du magnétisme pour le bien, il arrive, au contraire, qu'il est toujours impossible d'en abuser pour commettre le mal [1] ». C'est la raison même que donnait Braid à ceux qui lui opposaient que l'hypnotisme était immoral. Il déclarait que l'état (hypnotique) ne peut être déterminé ou produit dans aucune de ses périodes, sans le consentement de la personne opérée [2]. Il est vrai néanmoins que M Bertrand, grand magnétiseur depuis 1826, avouait, au contraire, qu'il magnétisait quelquefois sans le vouloir! Et il arrive souvent que des personnes sont hypnotisées malgré elles.

1. Introduction, dans la *Revue* citée ci-dessus, p. 12.
2. Braid, op. cit. dans les *Prolégomènes*.

— 8 —

Autre doctrine de Donato. Les faits magnétiques, produits par une même action peuvent, en différents sujets, varier de mode, et même donner des résultats opposés; ce qu'il attribue à des différences dans les opérateurs et les opérés. [1] Doctrine qui revient à dire tout simplement qu'un même regard magnétique qui tourné vers une personne l'attire, tourné vers une autre, la repousse; le même attouchement qui brûle Pierre, gèlera Paul.

Du reste « quel est le résultat le plus général et le plus constant du magnétisme humain? Une attraction invincible, ou morale ou physique peu importe. [2] » Or, cette attraction n'est pas autre chose, selon Donato, qu'un cas particulier de la gravitation universelle, et de l'influence qu'exerce tout corps sur les corps placés dans sa sphère d'action [3]. Il y a cette différence, que l'influence des corps sur les corps est matérielle, tandis que l'influence de l'homme produite par un être intelligent doit être une influence intellectuelle. Voici la formule de Donato : « Logiquement le magnétisme humain étant d'essence humaine et intelligente, doit produire des effets humains et intelligents, et non des effets *physiquement constatables*. [4] Cette doctrine extravagante, pour ne pas

---

1. *Introduction etc.*, pag. 14, 15.
2. *ibid*, pag. 15
3. *ibid*, pag. 16
4. *ibid*, pag. 14,

dire plus, n'empêche pas que Donato ne compte parmi les résultats du magnétisme beaucoup d'effets purement physiques connus, nous le verrons bientôt et déjà il avait reconnu pour cause générale l'attraction physique. Manifeste contradiction.

Nous ne savons avec quelle droite logique Donato prétend que l'electrothérapie, la métallothérapie, et la magnétothérapie, sont provenues des doctrines de Mesmer. Il nous semble, au contraire, que de telles médications n'ont rien de commun avec le magnétisme mesmérique et humain dont nous parlons en ce moment. Les cures électriques s'obtiennent par le moyen de courants électromagnétiques produits par des machines spéciales, et sont pratiquées maintenant par beaucoup de médecins qui ne prétendent pas agir sur le malade par l'électricisme personnel. Les applications des métaux ou des aimants, mises en vogue récemment par Charcot, Burq et d'autres docteurs, quelle qu'en soit la valeur intrinsèque, ne semblent pas indignes d'être expérimentées et pratiquées : de toute manière elles retombent dans la thérapeutique ordinaire ou tout au plus dans le magnétisme minéral.

Nous reconnaissons bien avec Donato, qu'au magnétisme mesmérique et humain se rapportent

---

1. Braid op. cit. dans les *Prolégomènes*, pag. 19.

comme parties intégrantes ou comme accessoires: 1° La fascination que Donato prétend exercer avec son regard irrésistiblement attractif et impératif; 2° le *sommeil artificiel* qu'il produit dans le patient volontaire et qui est une opération commune à tous les magnétiseurs ; 3° tous les phénomènes de *suggestion* qui sont les actes que fait le magnétisé pendant le sommeil magnétique, parce qu'ils lui sont suggérés ou imposés par le magnétiseur. Les phénomènes suggestifs sont ceux qui maintenant s'appellent plus particulièrement hypnotiques.

Récapitulons. Selon un grand nombre de magnétiseurs surtout empiriques, et certainement selon M. Donato, il peut exister ou non un fluide qui passe du magnétisant dans le magnétisé, mais il existe dans tous les cas une influence d'homme à homme qu'on peut appeler magnétisme humain. Cette influence ne peut se transmettre sans la volonté de l'opérateur et sans celle du sujet opéré. Cette influence est tellement dépendante de la volonté du magnétisant, qu'un même acte de lui peut en différents sujets, produire des effets différents et même contradictoires. D'autres cependant nient la nécessité de la volonté dans l'opérateur et dans le sujet. L'influence magnétique est en outre en quelque manière humaine et intellectuelle.

Beaucoup de médecins quand ils traitent des phénomènes hypnotiques, naturellement ne s'inclinent pas au gré des magnétiseurs et croient

devoir à l'honneur de leur profession, de les regarder comme de simples cas d'épilepsie, de catalepsie, de haut hystérisme. Ils ne font pas attention que quand on hypnotise des douzaines de personnes saines, les causes génératrices manquent absolument, ou comme ils disent, il manque la propre étiologie de la maladie hystérique, ou d'une autre semblable; ils ne font pas attention à ce que le traitement des crises hypnotiques est tout autre que le traitement des névroses : ils se préoccupent seulement de quelques points d'analogie qu'ils découvrent entre les phénomènes hypnotiques et certaines crises nerveuses. Nous donnons un seul témoignage, celui du célèbre Paul Richer, dans l'œuvre importante: « La Grande Hystérie », qui est peut-être la plus vaste gallerie des faits hystériques publiée de nos jours : cet ouvrage, in-8°, a près de mille pages et est orné de figures. Or arrivé à la fin des phénomènes hystériques les plus élevés, il aborde la question de l'hypnotisme et en parle ainsi : « La question de l'hypnotisme touche de très près aux faits que l'on attribue au magnétisme animal. Convient-il de placer une séparation tranchée entre l'hypnotisme d'une part et le magnétisme de l'autre ? Nous croyons que non, du moins quant à présent.[1] »
Pour lui donc les phénomènes magnétiques sont

1. Paul Richer, *Études cliniques de la Grande Hystérie ou Hystéro-Epilepsie*, etc. 2ª éd. Paris, 1885, pag. 505.

tout au plus une variété de la grande hystérie. En fait, dans le cours de l'ouvrage on essaye d'expliquer beaucoup de phénomènes de magnétisme animal par l'hypnotisme hystérique, et on met en doute l'existence de ceux que l'on ne peut expliquer.

Nous pourrions citer de semblables opinions de beaucoup de médecins italiens : mais il suffit de citer Henri Morselli, autrefois directeur de l'asile de Macerata, et maintenant de celui de Turin. Pour Morselli, le magnétisme animal, tel qu'il est exercé à Turin par Donato, « est un ensemble de procédés destinés à provoquer dans le corps humain des phénomènes insolites dérivant d'un état particulier anormal du système nerveux [1]. Nous ne discuterons pas ici les opinions des médecins et des docteurs de névrologie et de névropathologie. Du reste, de telles définitions descriptives n'ajoutent pas grand'chose à celle que le premier hypnotiseur, qui fut le doct. James Braid, donne dans le livre intitulé *Neurypnology*, publié à Londres en 1843. Il définit l'état hypnotique : « Un état particulier du système nerveux déterminé par le moyen de manœuvres particulières ». Ou encore : « Un état particulier du système nerveux, produit par la concentration fixe et abstraite de l'œil mental et de la vue, sur un objet qui n'est pas excitant de sa

---

1. *Le Magnétisme animal et la Fascination de Donato* dans la *Gazetta letteraria, artistica e scientifica* de Turin, 1 mai 1886.

nature ». D'où il résulte que l'œuvre de l'hypnotiseur n'est pas toujours nécessaire et que chacun peut s'hypnotiser soi-même. Nous parlerons de ces cas. Un peu après, James Braid donne pour synonyme d'hypnotisme ces deux simples mots : « Sommeil nerveux », comme dans le titre de son ouvrage [1]. Il nous suffit pour le moment d'avoir rappelé l'opinion des divers hypnotiseurs pour donner une idée des phénomènes dont nous traitons.

III

Programme des Hypnotiseurs

Il convient maintenant d'exposer les phénomènes que les magnétiseurs ou hypnotiseurs regardent comme propres au sommeil magnétique qu'ils produisent dans leurs sujets. M. Richer, qui les considère tous comme des faits spéciaux de névrose provoquée, les divise en quatre degrés : 1° de *léthargie,* ou sommeil profond, artificiellement produit dans le sujet ; 2° de *catalepsie,* ou sommeil dans lequel le patient perd tout à fait ou en partie le mouvement et la sensibilité ; 3° d'*état suggestif,* pendant lequel le cataleptique se laisse imposer par l'opérateur divers mouvements et divers actes auxquels il obéit sans pouvoir résister à l'action reçue : il est vrai que ce troisième cas, M. Richer

1. Braid, Neurypnologie, Trad. pag. 13 et pag. 19.

le supprime dans la seconde édition de sa *Grande-Hystérie,* le réputant une simple modification ou subdivision du degré précédent. En 4° lieu il place le *Somnambulisme,* dans lequel le magnétisé opère comme un automate, soutenu par le magnétiseur, bien que son intelligence reste entièrement active et ses sens s'exaltent d'une énergie presque prodigieuse. Cette phase de somnambulisme et les deux précédentes, qui sont la catalepsie et l'état suggestif, sont exposées à des hallucinations même plus étranges, soit spontanées, soit imposées par la volonté du magnétiseur. Il est à remarquer que les quatre classes n'ont pas des bornes bien définies et ne se succèdent pas toujours régulièrement les unes aux autres, et il peut bien arriver qu'un malade ou un magnétisé se trouve, par exemple, dans un état moyen entre une phase et l'autre, et puisse arriver au somnambulisme sans passer par la léthargie et la catalepsie. Il est vrai toutefois qu'elles semblent se remplacer l'une l'autre, la seconde remplaçant la première et ainsi de suite, quoique un peu confusement [1].

Les magnétistes praticiens ne tiennent peut-être pas grand compte des classifications médicales, mais ils prétendent savoir et pouvoir produire les symptômes des degrés hypnotiques, et quelque chose de mieux. Empruntons à Donato, qui ne

[1]. Cf. Richer, op. cit. pp. 774 et suiv.; et Campili, *Il Grande Ipnotismo.* Turin 1886 pag. 2.

promet ni plus ni moins que les autres magnétiseurs, le programme des phénomènes hypnotiques qu'il présente dans son introduction à la *Revue* citée ci-dessus. L'homme devenu somnambule, dit-il, par la vertu du magnétiseur, perd la conscience de sa propre personnalité, et en même temps la mémoire, la raison, et l'usage des sens : il arrive au délire et aux hallucinations extravagantes. Le somnambulisme peut aussi produire des effets contraires : une extrême délicatesse des sens, une mémoire très vive, des perceptions mentales très lucides, un esprit exalté, des hallucinations logiques et cohérentes. Le magnétiseur peut, par son commandement, éveiller de tels phénomènes s'ils n'apparaissent pas spontanément.

Il peut provoquer de la même manière à son gré, dans l'ordre physique, les contractions musculaires dans le patient, les paralysies, les catalepsies partielles ou totales, l'anesthésie (insensibilité des organes tactiles), l'analgésie (insensibilité à la douleur), le sommeil plus ou moins profond ; il peut modifier en lui le sentiment du froid et du chaud et la circulation du sang, il peut paralyser les sens et les remettre en activité, liant et déliant la parole, la voix, l'odorat, l'ouïe et le goût. Il peut aussi, à l'inverse, raffiner les facultés sensitives et en accroître l'excitabilité ; il peut, de même, faire saisir des sons, des saveurs, des contacts qui, à l'état normal, resteraient impreceptibles ; il peut pervertir ces mêmes facultés jusqu'au point d'empêcher de distinguer les sons, les saveurs, les couleurs, croyant se les imaginer, et niant les vraies et objectives ; il peut aussi faire entendre ce qui, en réalité, ne se dit pas.

Il peut, c'est toujours Donato qui parle, il peut, le magnétiseur, priver son sujet de toute force physique et le rendre faible d'esprit. Il peut lui suggérer des actes que celui-ci ne voudrait pas faire et que néanmoins il ne peut éviter ; il peut le forcer à imiter comme une machine inconsciente ses gestes et à répéter ses paroles ; il peut produire en lui des illusions de sensations que réellement il n'éprouve pas, et transporter (d'une manière réelle ou imaginaire) les organees des sensations, par exemple, le contraindre à lire avec les genoux.

Dans l'ordre spirituel, poursuit Donato, on donne pour phénomènes magnétiques les suggestions trompeuses et les hallucinations contraires à la vérité et aux lois naturelles tant physiques que psychiques (spirituelles) et physiologiques ; et au nombre de celles-ci les altérations provoquées par le magnétiseur de la personnalité (de se croire changé en une autre personne, même en une bête) ; les injonctions données au magnétisé d'actes à accomplir immédiatement ou à un moment fixé, par exemple, le jour suivant ; les illusions morales, les songes accompagnés d'actions ; les inspirations logiques ou illogiques ; l'exaltation des idées et des sentiments; les prévisions, l'instinct des remèdes (connaître les remèdes propres à guérir certains maux), la double vue interne ou externe (la vue des choses lointaines) ; que Donato explique par une clairvoyance *ultra-lucide* ou hypnoblepsie, synonymes qui n'expliquent rien, et qu'il dit affirmée et pratiquée par d'illustres médecins. D'autres définissent la clairvoyance par une pénétration des pensées d'autrui [1].

1. Pour faire mieux comprendre le sens des pompeuses promesses des magnétiseurs, nous citons le texte de Donato, rappelant encore une fois qu'il ne dit rien de nouveau et que cela est commun à tous ses confrères. « Les manifestations du somnambulisme, quel que soit le procédé employé pour le provoquer, présentent une extrême variété; mais on peut les résumer toutes en quelques classifications générales. Il importe d'abord d'établir deux catégories de manifestations essentiellement distinctes : 1° celles qui sont inhérentes à l'état de somnambulisme ou qui naissent spontanément; 2° celles qui sont provoquées par le magnétiseur pendant cet état.

« Les manifestations naturelles ou spontanées du somnambulisme parfait peuvent se décomposer en : 1° un effet constant, l'inconscience ou abolition morale de l'identité humaine ; 2° des effets variables et opposés, qui sont : d'une part la paralysie des sons et l'absence de raison, la perte de la mémoire, le délire, les hallucinations incohérentes, etc.; de l'autre part, l'acuité des sens, de la perception mentale, de la mémoire, l'exaltation de l'esprit. les hallucinations logiques, etc. Ces manifestations peuvent être provoquées quand elles ne se présentent point d'elles-mêmes.

« Les manifestations provoquées sont de l'ordre physique ou de l'ordre spirituel. Dans l'ordre physique, nous distinguons : les contractions et les contractures musculaires; les paralysies et les catalepsies partielles ou totales, l'anesthésie, l'analgésie, un sommeil normal plus ou moins profond; les modifications thermales de la circulation, la paralysie des sens;

Les docteurs névrologistes, qui prétendent rencontrer spécialement chez les fous et chez les femmes hystériques tous les phénomènes du magnétisme, restreignent naturellement le cadre des merveilles magnétiques, et nient certains phénomènes élevés; et cela par la raison que dans leurs cliniques ils ne les ont jamais rencontrés. Ainsi Morselli, cité ci-dessus, après avoir dressé un catalogue des phénomènes magnétiques, qui paraît emprunté à Donato, le compare aux états analogues des névropathies spéciales et il les accepte pour indubitables, parce qu'ils ne sont pas rares chez ses fous et chez les autres malades. Il nie au contraire absolument les phénomènes magnétiques qui n'ont pas leurs analogues dans les phénomènes morbides. « Dans quelques cas, observe-t-il, il y a

la déparalysation, l'aphonie, l'aphasie, la mutité, la surdité, la privation du goût ou agheustie, l'hypergheustie, l'hyperesthésie, l'oxycoïe ou sensibilité extrême de l'ouïe, la paracousie, l'asthénie, la cophose, etc., etc. Les mouvements involontaires et incoërcibles suggérés, les illusions sensorielles, la transposition (réelle ou supposée) des sens, etc., etc.

« Dans l'ordre spirituel, nous distinguons : les sensations trompeuses et hallucinatoires contraires à la vérité ou à la nature, tant physiques que psychiques et physiologiques, au nombre desquelles les altérations provoquées de la personnalité; les hallucinations morales, les rêves en action, les inspirations logiques ou illogiques, l'exaltation des idées et des sentiments, la prévision, l'instinct des remèdes, la double vue interne et externe, clairvoyance ultra-lucide ou hypnoblepsie. affirmée et pratiquée par les docteurs Pigeaire, Hublier et Teste (1840), mais non établie jusqu'à nos jours. » (Donato, *Introduction* dans la *Revue*, citée plus haut, pp. 24, 25.)

aussi l'hyperesthésie des autres sens, par exemple, de la vue et alors l'hypnotisé lit dans une demi obscurité, et voit les caractères typographiques à travers un corps demi opaque; mais tous les prétendus *clairvoyants,* qui liraient à travers des corps opaques, par exemple la couverture d'un livre, sont des charlatans, ou au moins n'ont pas encore donné une certitude scientifique suffisante pour affirmer l'existence de l'état de clairvoyance. Ainsi la transposition des sens (lire avec les genoux, etc.) est, dans ma conviction, une supercherie..... Jusqu'ici les cas de clairvoyance, de transposition des sens, de la transmission de la pure et simple pensée, ou de la pure et simple volonté du magnétiseur à travers les distances, se montrent en face de la science, comme des faits exagérés ou mal interprétés[1] ». De même, le docteur Richer, cité plus haut, déclare n'accepter de faits hypnotiques que ceux qui ne demandent pas « l'intervention d'une force inconnue, d'un fluide mystérieux et nouveau. » Il met en doute l'existence des phénomènes extraordinaires, vantés par les magnétiseurs, qui seraient « la communication de la pensée, la transposition des sens, l'action à distance ou à travers des obstacles, la divination, etc., [2].

1. Eurico Morselli, *Il magnetismo animale e la Fascinazione di Donato,* dans la Gaz. lett. artist. ex scientif. de Turin, 1er mai 1886.
2. Richer, *La Grande Hystérie*, pag. 506.

D'autres névrologistes, purement matérialistes, acceptent au contraire comme réels les phénomènes extraordinaires, parce qu'une nuée de témoins dignes de foi les force à les admettre. Et ils essayent d'expliquer la vision des pensées d'autrui et la divination de l'avenir sans l'intervention d'êtres spirituels. On ne saurait croire les paradoxes absurdes que ceux-ci avalent à pleine bouche, et afin de chasser de la nature les âmes, les démons, les anges et Dieu. On en peut voir un exemple dans Campili, qui en abrège les doctrines et renie de gaieté de cœur le libre arbitre : et cela dans un livre de Jurisprudence [1]. Avec de tels principes on pourrait aussi dicter le Code pénal des horloges traîtresses qui s'arrêtent et des locomotives homicides qui déraillent. Pauvre science ! Nous reviendrons sur les faits de clairvoyance et nous en discuterons l'étiologie, la genèse et la valeur. Le programme a suffisamment expliqué l'ensemble des faits que promettent d'exécuter les magnétiseurs et les hypnotiseurs, qui ont pris à peu près le même métier.

1. Giulio Campili. *Il Grande Ipnotismo. nei rapporti col diritto penale, etc.* Turin, 1886, p. 27 et suiv.

IV

But que se proposent les Hypnotiseurs

Pour compléter ce que nous venons de dire on pourrait demander : Dans quel but exercent-ils le magnétisme? Nous répondons. En laissant de côté les charlatans qui s'en servent seulement pour donner un spectacle populaire, et les fripons qui s'en servent pour concerter des délits, nous disons que les magnétistes cultivés, et spécialement les médecins, annoncent les mêmes intentions qu'annonçait, il y a cent ans, Mesmer : guérir les maladies. Le fluide universel, disait le docteur allemand, peut devenir un agent universel de thérapeutique. Ce que Mesmer tentait par ses fameuses cuvettes magnétiques, les modernes tentent de l'obtenir par tous les moyens très divers du magnétisme, inventés depuis Mesmer jusqu'à nos jours: Le but de l'hypnotisme n'est pas différent, tel qu'il est professé par M. Braid, qui regarde le sommeil magnétique comme un simple *sommeil nerveux*. Il présentait son invention aux médecins comme moyen thérapeutique et se flattait de guérir spécialement le tétanos et l'hydrophobie [1]. M. Donato dans son manifeste, publie avec assurance que la thérapeutique est redevable au magnétisme de

---

[1]. Braid, *Neurypnologie*, dans tout le chapitre des Prolégomènes.

guérisons signalées [1], et que la chirurgie trouve dans l'anesthésie magnétique un moyen préférable au chloroforme, quoique des médecins sérieux nient la valeur d'un tel anesthésique. Et il se vante de quelques cures heureuses qu'il a obtenues par la *suggestion* hypnotique [2].

On sait que dans beaucoup d'écoles de médecine on parle de l'hypnotisme, comme d'un nouvel aide offert par la science aux médecins et aux chirurgiens. Beaucoup de docteurs s'en prévalent auprès du lit de leurs clients. Dans certains cours d'hôpitaux publics on hypnotise les malades à tout propos. On cite entre autres la clinique de la Salpêtrière à Paris et l'hôpital de la *Pitié*, où triomphe l'école du docteur Charcot et de ses disciples, avec les phénomènes de la haute hystérie [3], employés à soigner les femmes affectées de névroses hystériques. Quelques docteurs italiens pratiquent dans les hôpitaux et asiles de Milan et de Turin, ce qui se fait à Paris et on fait de même partout ailleurs en Europe et hors de l'Europe.

Pour l'Italie spécialement, nous en avons une preuve dans les mémoires publiés par les docteurs Tamburini et Seppilli ; dans la *Rivista sperimentale di Frenojatria e di Medecina legale,* citée par Richer. Une autre preuve directe nous est donnée

---

1. Dans l'*Introduction*, citée plus haut, pag. 22.
2. Voyez la lettre de sa propre défense, qui courut les journaux italiens à la fin du mois de mai 1886.
3. Voyez Richer, op,p. cit. passim.

par une lettre, publiée par le docteur Edouard Gonzales, directeur de l'asile provincial de Milan. Dans cette lettre le docte écrivain dissuade les pères de famille de permettre à leurs enfants les séances magnétiques de Donato; parce que, dit-il, ils doivent éviter non seulement les épidémies colériques, mais les épidémies hystériques, c'est-à-dire les crises nerveuses qui peuvent résulter des expériences magnétiques. Ensuite, il fait cette objection : « Si quelqu'un demandait à moi et à l'excellent prof. Tebaldi, au prof. Lombroso et à d'autres collègues : Et vous, pourquoi hypnotisez-vous? Je répondrais : parceque la science vraie indique l'hypnotisme comme utile dans quelques graves maladies, et dans quelques cas il permet, à un état pathologique d'en substituer un autre pour le soulagement et l'adoucissement des phénomènes morbides déjà préexistants[1]. » Outre cela nous avons des faits d'hypnotisation pratiqués par des médecins et rapportés par le docteur Silva et par le doct. Mosso[2]. Nous ne discutons pas la convenance de cette thérapeutique, mais nous recueillons l'aveu sincère d'un illustre professeur qui affirme l'usage de l'hypnotisme comme admis dans le but de guérir certaines maladies.

Ensuite Donato, comme si le but médical du magnétisme animal était peu de chose, ajoute que

[1]. Dans l'*Osservatore cattolico* de Milan, 27, 28 mai 1886.
[2]. Mosso dans la *Nuova Antologia*, 16 juin 1886, pag. 648.

quand même l'action curative n'aurait pas lieu, néanmoins les expériences magnétiques contribueraient au but élevé d'arracher de nouveaux secrets à la nature et d'agrandir les horizons de la science. Et il termine par un oracle semblable à celui de Mesmer : « Du côté philosophique, le magnétisme nous révèle un monde nouveau. Personne ne peut prévoir quels avantages en recevra l'investigation scientifique. Le magnétisme nous prépare peut-être les plus grands étonnements du dix-neuvième siècle ou du vingtième. » [1]

Après avoir exposé le programme et le but des magnétiseurs, tant charlatans que docteurs médecins, voyons si les faits correspondent aux pompeuses promesses ; ensuite nous examinerons la valeur scientifique et la moralité de ceux de ces faits qui seront trouvés vrais et subsistants.

V

Faits hypnotiques de Donato, à Turin et à Milan

Ici nous pouvons choisir non entre mille mais entre des millions de cas qui se renouvellent tous les jours sous les yeux d'innombrables spectateurs et qui sont attestés par des témoins au dessus de tout soupçon. Nous pourrons en citer quelques uns du célèbre magnétiseur Hansen qui, dans ces

---

1. Dans l'*Introduction* citée ci-dessous, pag. 25.

dernières années, a renouvelé les merveilles d'Allemagne, et donné beaucoup à réfléchir aux médecins allemands, spécialement à Breslau. Mais puisque nous choisissons, nous nous en tiendrons plus spécialement aux faits Italiens très récents, nullement différents de ceux qui ont lieu partout ailleurs. Nous commençons par Turin, où le magnétiseur Donato, cette année 1886, n'a pas hypnotisé beaucoup moins de trois cents sujets, comme il l'écrit lui-même, tous de sexe masculin, dans des représentations solennelles au théâtre *Scribe*, pendant l'espace d'environ un mois, devant une foule de curieux de toutes conditions sociales.

Un gentilhomme d'environ trente ans, sain, d'un esprit cultivé, sincèrement religieux, ayant assisté à ces expériences, nous rapportait comment lui-même, sans s'exposer à la magnétisation personnelle, avait toutefois observé minutieusement le procédé au moyen duquel l'opérateur fascinait les sujets qui se présentaient volontairement à lui, et les faisait entrer dans un état de sommeil magnétique. Il leur serrait d'abord les poignets pendant quelques instants, puis dirigeait sur eux, à l'improviste, un regard sauvage, fixe, pénétrant. Avec cela seulement on en voyait beaucoup tomber en son pouvoir, endormis. Il arrivait quelquefois que l'action magnétique ne produisait pas d'effet ou ne réussissait qu'imparfaitement. Donato jugeait alors le sujet réfractaire et ne s'occupait plus de lui. Quant à ceux qui paraissaient ressentir l'effet, il les réveillait aussitôt et les laissait retourner librement d'eux-mêmes à leur place.

Lorsqu'il en avait pris un certain nombre dans le piège par ce premier essai, il en rappelait un ou plusieurs ensemble et les réduisait avec un signe ou une parole à l'état hypnotique, c'est-à-dire en léthargie de somnambule, il leur commandait des gestes à volonté; des gymnastiques étranges, des actes de crainte, de joie, de prière; des mouvements de plaisanterie, tantôt de jouer, tantôt de danser, de ramer, etc ; il éveillait en eux des sensations très vives de chaud ou de froid que les patients paraissaient, par leurs attitudes, éprouver en réalité. Il était manifeste que les sujets obéissaient à une force supérieure, leur obéissance semblait purement passive, ils ne pouvaient opposer une résistance efficace. Ils paraissaient suivre le magnétiseur comme des chiens et s'agiter à son signe comme des automates dans les jeux à ressorts. Quand, par leurs singeries, ils avaient suffisamment diverti les spectateurs, Donato les réveillait en soufflant sur leur visage avec la même facilité qu'on éteint une chandelle allumée. Et les pauvres niais, qui avaient servi d'amusement à la foule, se montraient plus que jamais reconnaissants, respectueux et affectueux envers le magnétiseur, nous dirions presque le maître. Ici finit le récit de notre ami.

Les relations de la presse quotidienne du lieu s'accordent pleinement avec lui. Nous admettons aussi que dans les séances académiques, M. Donato, ou autre jongleur, ait quelquefois un compère pour embellir la cérémonie (comme disait Machiavel); il reste toutefois des faits innombrables réels et incontestables. Aucun homme, sain d'esprit, ne pourrait les mettre en doute ou les attribuer, au moins dans leur totalité, à quelque chose de semblable à un accord préétabli. Beaucoup des hypnotisés étaient jeunes, honorables, gentilshommes, officiers de l'armée : il serait absurde de les soupçonner de frauduleuse complicité avec un enchanteur. En outre, les savants qui intervinrent, non seulement ne contestèrent pas la réalité des phénomènes, mais s'avouèrent pleinement convaincus. Il suffit de citer l'irréfragable témoignage du professeur Henri Morselli, directeur de l'asile de Turin. « Les expériences de Donato sont conduites, à mon avis, avec une rare sincérité, une grande simplicité d'appareil et sans tromperie ; ses sujets, que, du reste, nous connaissons tous, ne sont pas des imposteurs. » Ainsi parle-t-il dans un article déplorable par ailleurs, qui déplût beaucoup aux Turinois honnêtes et instruits [1].

S'étant transporté du théâtre *Scribe* de Turin au théâtre *Filodrammatico* de Milan, Donato y

---

[1]. Dans la *Gazzetta letteraria* de Turin, 1er mai 1886.

renouvela ses expériences comme déjà il les avait montrées en Belgique, sa patrie, en Hollande, en France, en Russie, etc. Il est vrai toutefois que le public milanais parut moins sot et plus sage que les Turinois : le vent qui gonflait les voiles de Donato, après un petit nombre de soirées, se calma et finit en bourrasque. On dit que ce qui contribua le plus à gâter les œufs dans son panier, ce furent les avis des médecins aliénistes et des directeurs d'asiles qui mirent en suspicion les expériences de Donato.

De toute manière les représentations firent beaucoup de bruit pendant les premiers jours. Nous en recueillons quelques traits rapportés dans l'*Italia* qui en a écrit le compte-rendu avec fidélité et selon ce qu'attestaient les spectateurs, d'accord avec les autres journaux. Nous en conserverons souvent les paroles mêmes, comme on le verra par les guillemets. Seulement nous prenons la liberté de les mettre en ordre autant que possible.

« Donato n'a pas une apparence particulièrement séduisante; mal fait, le visage rond et bouffi, les yeux petits et ronds, mais d'un noir très vif. Il est vêtu correctement de noir.

« Il expérimente un à un une trentaine de jeunes gens, avec son système ordinaire et particulier de leur serrer les poignets en épuisant la force musculaire des bras, puis de les fixer rapidement dans les yeux. Presque tous répondent subitement à la fascination, se raidissant dans toute leur personne ; le visage prend un aspect contracté, halluciné, quelquefois cadavérique ; ils sont au pouvoir du fascinateur et en suivent les mouvements comme le fer suit l'aimant. Sur vingt, quatre ou cinq seulement sont réfractaires ou peu sensibles, au moins à ce moment. D'autres, dès le premier instant, à un signe de Donato, tombent par terre comme frappés d'épilepsie, se tordent en convulsions irrésistibles. Il y a quelque chose de pénible, de spasmodique dans leurs traits et de macabre dans leurs gestes. Quelques uns soufflent, toussent, gémissent. Un souffle sur leur visage les fait revenir à eux. Ils se frottent les yeux comme s'ils sortaient d'un songe, regardent autour d'eux étonnés, puis placidement retournent à leur place.

« Une première sélection ainsi faite, les premières résistances vaincues, Donato les a tous en son pouvoir, il les attire à trois, à six, à dix, quelquefois rien qu'en les fixant rapidement dans les yeux, malgré leur ferme volonté et leurs efforts obstinés pour résister à la suggestion. Cette lutte entre la volonté impuissante et la force extérieure qui, malgré eux, les domine, se révèle par des mouvements comiques et tragiques qui font peine et surprise, et qui suscitent la risée et la moquerie.

« M. Donato, pendant les opérations, ne parle point : il pense, il veut et fait des signes.

« Il paraît que pendant l'expérience la conscience

des *sujets* est très confuse. C'est au moins l'impression que nous avons en interrogeant quelques uns. Ils ne voient que M. Donato et même que *les yeux de Donato* : ils le voient encore quand il est derrière leurs épaules. Ils sentent vaguement qu'ils se remuent, qu'ils sautent, qu'ils courent, qu'ils tombent, mais comme dans un songe, ils voudraient résister, mais il y a solution de continuité entre la volonté et le pouvoir. A quelques uns il reste un peu d'étourdissement, de céphalagie, de vertige, de meurtrissures des os, mais passagères.

« Quand M. Donato annonce qu'il fera sentir à ses *sujets* la chaleur et le froid, la scène semble être changée en une salle de furieux d'un asile. Tous sont haletants, s'essuient le front, s'éventent avec leurs mouchoirs et finalement, par un crescendo prodigieux, ils se déboutonnent, arrachent leurs habits et leurs gilets avec les montres qui s'y trouvent et les jettent à terre : ensuite l'un d'eux comme pris d'un froid imprévu, relève les habits qu'il peut trouver ; les arrache à ses compagnons, se les tourne autour du cou, etc., c'est la scène culminante qui est saluée par des applaudissements frénétiques. »

« Ce matin, j'ai visité les étudiants hypnotisés de l'École polythecnique et de l'Académie. MM. Pagini, Furia, Mooni et d'autres, ont éprouvé hier soir des sensations très vives de chaud et de froid à la volonté de Donato. Ils tremblaient de froid ou étouffaient de chaleur. Tour à tour ils devaient ôter leur paletot, se déchirer, se déboutonner leur chemise, ou battant des dents, courir à la recherche de leurs vêtements et s'en disputer un entre cinq ou six.

« M. Albini ne voulait pas tourner, craignant le vertige, mais il dut se plier à la volonté de fer du magnétiseur. Alors il se mit à faire des pirouettes, des tours accélérés de tarentelle, de valse et de polka. Donato lui commande de fixer un point en haut et il tournait, tournait, tournait toujours avec les yeux fixés en l'air à ce même point, avec la bouche toute grande ouverte. Il semblait fou. M. Brolis fut contraint de se jeter par terre et ne pouvait plus se lever debout. M. Levi, étudiant d'agriculture, dansait comme une toupie. M. Furia ne pouvait absolument pas monter sur un escabeau : si Donato le lui commandait, cette impossibilité cessait, mais il restait immobile dans les positions les plus bizarres quand l'hypnotiseur le voulait.

« A d'autres jeunes gens très sensibles, MM. Henri Gramigna, Pecchia, Zanoni, Albini, Boselli, tous de l'École polythecnique, il fit faire des mouvements tous ensemble comme un caporal à une escouade. En résumé ce fut une chose merveilleuse qui laissa les spectateurs enchantés comme s'ils avaient été hypnotisés eux-mêmes, voilà ce que dit l'*Italie* en divers numéros de mai. »

Dans une correspondance de Milan au *Fieramosca* de Florence, nous lisons dans le numéro du 1ᵉʳ juin : « Un splendide type d'hypnotisable était allé à Milan de Turin ; M. Turin, commis voyageur et beaufrère de l'excellente Madame Pozzi, autrefois professeur à l'école supérieure de Milan pour les jeunes filles. M. Turin est un jeune homme grand et gros, bien fait et extrêmement fort. Il suffisait que Donato le regardât, et il en recevait une impression foudroyante. Parmi les nouveaux hypnotisés, il y avait MM. Panigatti et Montini. Trois sujets étant tombés en catelepsie, Donato les fit chanter simplement en touchant leur gorge avec le doigt. Il sortait de leur bouche un trio, un triple miaulement de chat, un grincement de voix en fausset qui faisait mourir de rire.

« D'amusantes pantomimes simulaient des exercices de danses, de raser la barbe, d'arracher des dents ; elles étaient exécutées avec perfection et ponctualité par les meilleurs sujets de Donato. Un pauvre diable mangea, non pas une, mais deux pommes de terre crues et fut éveillé ayant encore la bouche pleine de cet aliment à engraisser les bestiaux.

« Deux ou trois prirent leur voiture et se mirent à faire galopper le cheval qu'ils se figuraient être devant : un alla à cheval sur la chaise jusqu'à ce qu'elle se renversât ; un autre se mit à faire des cabrioles telles qu'il menaçait de tomber la tête sur la scène et les pieds au milieu du parterre. Le public impressionné cria *assez !*

« MM. Turin et Montini fournirent la meilleure scène. Donato leur suggéra une promenade champêtre de bon matin. Ils se mirent tous deux à cheminer lentement et pathétiquement ; le magnétiseur leur avait mis sur la tête un cylindre bosselé digne d'un ramonneur. A un certain moment ils se heurtèrent, ne se demandèrent pas excuse et se regardèrent de côté..... M. Donato les fit se heurter une seconde fois ; alors M. Montini lança un bon coup de poing sur les côtes de M. Turin qui répondit par un beau soufflet sur le visage ; l'autre le lui rendit. Éveillé au plus beau moment, les deux combattants restèrent dix minutes la bouche ouverte précisément comme le public.

Dans une autre séance du théâtre *Filodrammatico*, ayant écarté quelques sujets comme réfractaires et ayant endormi ceux qui lui parurent convenables, il leur fit flairer certaines fleurs en papier, avec un sentiment très vif de l'odeur comme si ces fleurs eussent été des roses odoriférantes, il les fit pleurer et prier auprès d'un mort supposé ; il les fit rire, il les fit venir à lui, les attirant par la seule puissance des yeux, lui se tenant au fond du théâtre et eux sur le bord de la scène de l'*Italia*.

Donato continua ses expériences en obligeant M. Regis à faire le barbier, et endormant ses sujets d'abord sur la scène, et ensuite dispersés çà et là dans la salle ; faisant parler malgré eux trois endormis. Dans les premières séances hypnotiques au théâtre *Filodrammatico* de Milan, M. Louis Cetuzzi avait été l'amusement principal des expériences. Sorti du théâtre, il traversait la gallerie De Cristoforis, M. Donato le rejoignit ; il le reçonnut, l'hypnotisa du regard et lui fit faire nous ne savons quel étrange mouvement, au milieu des acclamations enthousiastes de la foule. *Même journal.*

Il fit sentir à l'étudiant Brogi (hypnotisé, s'entend) le mal de dents et le mal de ventre ; à un autre il fit coudre un habit comme s'il avait été tailleur ; à Furia il fit écrire son testament. Le pauvre homme, avec des gestes de désespoir, comme s'il eut souffert à la pensée de sa mort prochaine, écrivit : *Je laisse tout ce que je possède à mon bon frère*..... et puis quelqu'autre parole inintelligible. Il lui mit ensuite dans la main un *Italia* roulé en cornet et lui fit croire que c'était un poignard, l'hypnotisé se le plongea dans la poitrine et tomba comme mort. *Même journal.*

« M. Cinquini, étudiant à l'Académie scientifique littéraire, menaçait de bâtonner Donato, il lui montrait le poing, il semblait qu'il fût prêt à se jeter sur lui comme une bête féroce, mais à un signe il s'arrêtait tout à coup. M. Barbieri était, lui aussi, possédé par des impulsions et des instincts de combattre et de jouer des mains. Il était évident que M. Barbieri et M. Cinquini eussent assommé quiconque Donato eût voulu. *Même journal.*

« Quand Donato veut obtenir une hypnotisation plus complète et plus prompte, il appuie une main sur la nuque du *sujet*. Il fit ainsi dans une maison, à Turin, avec une enfant à laquelle (après avoir averti la famille) il mit en main un poignard et lui ordonna de tuer sa propre mère. L'enfant, pleurant à chaudes larmes, s'avança pour accomplir cet horrible commandement. Elle voulait, mais elle ne savait pas se rebeller contre cette mystérieuse volonté qui la subjuguait puissamment tout entière, et elle aurait exécuté l'ordre si Donato ne l'avait retenue. *Même journal:*

« Parmi les réfractaires d'hier soir, Benoît Voltolina et Virgilio Ramperti ne le furent pas d'une manière absolue... Ramperti disait ensuite que des yeux de Donato sortent deux rayons convergents en un globe lumineux, comme de verre, et qu'il ne pouvait pas le fixer, et il avouait que peut-être il aurait aussi subi lui-même la fascination s'il n'avait porté son regard ailleurs. »

« Tous ceux qui ont subi l'action hypnotisante de Donato affirment que la volonté est subjuguée, quelque effort que l'on fasse. On est contraint à regarder dans ses yeux. Après un peu de temps on a la vue éblouie, offusquée, on finit par ne plus voir qu'un point lumineux, resplendissant comme un brillant éclairé à la lumière électrique. Même si Donato s'éloigne et se place derrière l'hypnotisé, ce point brillant est toujours vu du patient. On ne le voit plus si Donato disparaît ou s'il se place devant. La vision de tout autre objet disparaît de la même manière. On ne voit plus que le point lumineux, toujours le même... L'intelligence est offusquée, mais non complètement. On a une vague conscience, comme dans un demi-sommeil, des phénomènes qui arrivent. Quand l'action a cessé, on reste fatigué comme par un grand travail, avec un poids, presque une douleur à la tête, sur le front. Quelques-uns conservent un certain tremblement nerveux. » *Même journal.*

« Ce matin (rapporte un témoin), j'ai visité les étudiants hypnotisés de l'école Polytechnique et de l'Académie. Ils étaient véritablement enthousiastes de Donato. » *Même journal.*

Nous pourrions rapporter une multitude de faits semblables sur les représentations de Donato : mais peut-être déjà nous nous sommes surabondamment étendus. Nous dirons, pour nous justifier, qu'étant nécessaire de donner une idée des phénomènes hypnotiques, il nous a paru convenable de choisir ceux-ci, parce qu'ils sont récents, connus et hors de doute. Maintenant nous donnerons quelques exemples provenant d'autres hypnotiseurs.

VI

Faits hypnotiques de Zanardelli à Rome

Nous présenterons, pour premier exemple, le prof. Zanardelli à Rome. Nous prenons le fait dans une relation du docteur Albert Battandier, publiée dans le *Cosmos*, de Paris, le 7 juin 1886. Le sujet sur lequel Zanardelli opère, aux yeux du public, est son épouse, Mme Emma. Celle-ci dit qu'elle se sent bien après les séances et mal quand elles lui manquent. Son mari l'hypnotise, l'endort, en la regardant fixement et en lui pressant en même temps les pouces avec force. On commence par quelque mélodie musicale. Après quelques instants la patiente fait signe des yeux, la poitrine souffle avec violence, la personne s'échauffe, son pouls bat jusqu'à 120 pulsations à la minute. On voyait, dit le docteur Battandier, comme une lutte de la somnambule qui résistait et qui, enfin accablée retombait assoupie sur sa chaise. Le magnétiseur lui demandait alors si elle dormait vraiment, et il ne cessait pas d'agir sur elle magnétiquement si elle n'affirmait pas être bien endormie.

Les phénomènes hypnotiques commençaient aussitôt. La main de Mme Emma, soulevée par l'opérateur sur sa tête, y restait clouée, de sorte que les assistants ne pouvaient l'en arracher ; le corps se levait plutôt tout entier avec la main que de la détacher du contact de la tête. Le magnétiseur, toutefois, détruisait en un instant ce phénomène de forte catalepsie, en soufflant sur les articulations du bras. Zanardelli explique l'amollissement du bras en disant que le chaud est nécessaire à la catalepsie, tandis que le froid lui est opposé, et que, pour cette raison, un mouchoir mouillé produirait le même effet que le souffle ; que quand les muscles raidis n'obéissent pas au froid, il suffirait de les toucher avec une barre de métal, particulièrement de cuivre, mais jamais de fer. Mme Emma est, du reste, presque insensible, comme tous les autres cataleptiques, elle ne voit pas les lumières placées sous ses yeux et ne sent pas une piqûre d'épingle.

Mais tandis que l'anesthésie se manifeste en elle aussi clairement, d'un autre côté, il existe une hyperesthésie des odeurs et des couleurs, des sons, de la température, qui échapperaient aux sens de toute autre personne et qu'elle perçoit distinctement. Et cette sensibilité excessive est produite *(nous croyons, nous, mais Zanardelli ne le dit pas)* par la volonté du magnétiseur : parce que, sans cela, on ne pourrait observer la coexistence de l'anesthésie et de l'hyperesthésie, c'est-à-dire une complète insensibilité et une très grande sensibilité du système nerveux. Dans ce cas, l'opérateur pourrait bien (suivant sa volonté et pour l'expérience) ordonner l'anesthésie sur une sensation très forte, et l'hyperesthésie sur une sensation très faible.

Autres expériences. Mme Emma étant hypnotisée, repousse celui qui la touche, même très légèrement, avec un doigt, une barre métallique, ou un morceau de papier, s'il est d'un tempérament magnétique antipathique et lui serre fortement la main s'il est sympathique, et celui-ci peut se dégager la main en lui soufflant sur les articulations du poignet. La personne sympathique est ensuite reconnue par l'hypnotisée parmi tous les assistants, encore que ceux-ci cherchent à la tromper ; et si cent fois il la touche avec un morceau de papier, cent fois cette dame lui serrera la main sans jamais se tromper, encore qu'elle soit au comble de la catalepsie magnétique et par conséquent en pleine anesthésie.

VII

Faits hypnotiques divers remarquables

L'autohypnotisme est peut-être rare, mais pas autant qu'on le croit. Le doct. Silva, qui publia en 1885, à Turin, quelques études sur l'Hypnotisme, rapporta au doct. A. Mosso, « qu'une de ses malades se faisait souvent hypnotiser pour avoir quelque soulagement des douleurs qui la tourmentaient. » Un jour la malade découvrit qu'elle pouvait s'hypnotiser, en fixant la pomme de cuivre jaune qui était au pied de son lit ; et à partir de ce jour, toutes les fois qu'elle commençait à sentir des douleurs de ventre, elle se couchait, et fixant la pomme brillante du lit, elle perdait la connaissance et la sensibilité [1] ». Voilà un phénomène d'autohypnotisation. M. Braid raconte qu'un M. Walcher, essayant d'hypnotiser une autre personne, resta lui-même profondément hypnotisé ; il parle aussi de deux personnes hypnotisées l'une par l'autre simultanément ; il affirme que chacun peut s'hypnotiser lui-même, et il en expose la méthode [2]. Tous ceux qui s'occupent d'hypnotisme connaissent les fachirs et les jongleurs de l'Inde, qui de temps immémorial s'hypnotisent en regardant fixement le bout du nez ou autre point du corps, ou encore un objet imaginaire ; certains moines schismatiques du mont Athos et des sorciers et saltimbanques d'autres pays, jouissent d'une réputation semblable. En un mot, il est certain qu'il y a beaucoup de cas d'autohypnotisations. Et cela entrerait directement dans la manière de voir de beaucoup de magnétiseurs (Braid, Faria, les médecins en général) qui nient l'influence du magnétisant au magnétisé, et qui attribuent les phénomènes hypnotiques qu'ils admettent comme réels et très réels, à la force de l'imagination et à la volonté du sujet.

1. Doct. A. Mosso, dans la *N. Antologia* de Rome, du 16 juin 1886, pag. 648.
2. Braid, *Neurypnologie*, pag. 44, 37, 36.

Cas de révélation de conscience. Le docteur A. Voisin hypnotisait une jeune fille de vie très peu correcte, devenue à moitié folle. Une fois elle résistait, crachait à la figure du médecin, ne voulait pas regarder l'objet qu'il lui présentait pour l'endormir. Enfin, le médecin obtint presque de force le sommeil. « Elle resta assise, raconte le doct. Voisin, sur une petite chaise, la tête renversée en arrière, et appuyée à un lit ; ses mains pendantes devinrent bleues, ses membres étaient dans une mollesse complète, l'anesthésie était parfaite. Elle ne sentit pas une grosse épingle qu'on lui enfonça dans la peau. Au commencement de cette séance, nous l'interrogeâmes et elle nous donna des détails sur sa vie, qu'elle nous avait cachés jusqu'alors ». Le docteur tenta sur la malade quelques suggestions qui réussirent parfaitement. Il lui ordonna de dormir vingt-quatre heures, elle dormit pendant vingt-quatre heures. Il lui prescrivit divers actes à des heures déterminées ; elle les exécuta. Il lui ordonna de devenir calme et décente : elle le devint [1]. En somme, il obtint une espèce de confession, qu'on pourrait appeler civile : et le médecin joua le rôle de confesseur.

Cas de résistance à l'hypnotiseur. Il y a beaucoup d'exemples de sujets rebelles ou réfractaires à l'action hypnotique. Cela arrive, soit par man-

---

[1]. Doct. A. Cullerre, *Magnétisme et Hypnotisme*. Paris, 1886, pag. 338.

que de dispositions physiques, soit par énergie de volonté contraire. Le docteur Féré rapporte un cas très curieux de résistance pendant le sommeil hypnotique, dans lequel, comme l'observent généralement tous ceux qui s'occupent d'hypnotisme, et principalement Richer, le patient devient ordinairement le *sujet* de l'hypnotiseur, et agit sans sens moral. « Une de nos malades portait une vive affection à un homme qui lui avait donné beaucoup à souffrir ; mais la passion n'était pas éteinte. Si, dans son sommeil, on lui suggérait la présence de cet homme, elle donnait immédiatement des signes de grande affliction, et cherchait à fuir : mais il était impossible de la faire consentir à un acte nuisible, quel qu'il fût, à cet homme dont elle avait été maltraitée. Elle obéissait comme un automate à tout autre commandement [1]. »

VIII

Faits hypnotiques des Médecins italiens

Nous ne parlerons pas davantage des hypnotisations pratiquées hors d'Italie par des médecins de grand renom en ce genre d'études. Maintenant, donnons une idée de ce qui se fait en Italie, et qui est ignoré de beaucoup de personnes. Déjà, dans les premières pages de ce traité, nous avons parlé

1. Richer, *La Grande Hystérie*, pag. 756.

des expériences hypnotiques du doct. Édouard Gonzales, directeur de l'asile de Milan, qui affirme que le professeur Cesare Lombroso, à Turin, hypnotise comme lui ses fous. Nous ajouterons un autre exemple du doct. Tebaldi, illustre psychiatre et professeur de Neuropathologie à l'Université de Padoue. Après les expériences de Donato sur le jeune Cetuzzi (nous en parlons au chap. V), il renouvela sur le même sujet les mêmes expériences par les mêmes procédés et il obtint les mêmes résultats [1]. Il est vrai que le docteur Tebaldi blâma ensuite publiquement le magnétisme pratiqué comme spectacle populaire, et pour de bonnes raisons [2]. A ceux-ci nous pourrions ajouter le docteur Silva et le docteur Mosso, dont nous parlerons plus loin.

Il parut aussi dans les journaux de cette époque une lettre du docteur Jean-Baptiste Verga, secrétaire, premier médecin de l'asile provincial de Milan, à Mombello, qui dit : « Je puis déclarer, par suite d'études répétées, exécutées avec la collaboration de mon directeur, doct. chev. Gonzales, sur un sujet très favorable que nous avons à l'asile, être convaincu de l'existence de cet état spécial nommé hypnotisme et des phénomènes surprenants qui s'obtiennent en cet état. Devant mon Directeur, Donato a reproduit aujourd'hui, en ma

1. Cf. *Italia* de Milan, 22-23 mai 1886.
2. Cf. *Osservatore cattolico* de Milan, 26-27 mai 1886.

présence, presque tous les phénomènes réalisés par lui au théâtre *Filodrammatico*, dans la personne que nous avons à notre disposition. On constate toujours que l'hypnotiseur agit sur le sujet au moyen des sens spécifiques, surtout de la vue et de l'ouïe, qu'il ne s'agit que de phénomènes physiques, naturels, dans les individus dont le système nerveux est prédisposé à en ressentir l'influence. L'hypnotiseur, (que nos lecteurs prennent note de cette affirmation), par le moyen des sens, réduit l'hypnotisé à être exécuteur passif et inconscient de tout ce qui lui est imposé, sans qu'il garde mémoire de ce qui est arrivé. »

Il ne sera pas inutile de citer aussi quelque exemple des leçons hypnotiques du doct. Rattone, professeur à l'Université de Sassari. Nous lisons dans le *Fieramosca* de Florence, 31 mai 1886 : « Le prof. Rattone fait ordinairement ses expériences hypnotiques chez lui sur des personnes parfaitement *saines* (le plus souvent sur de jeunes étudiants), choisis par lui dans quelques conférences publiques qu'il tient de temps en temps à l'Université Royale, dans laquelle il enseigne la pathologie générale. M. Alfred Menci raconte dans le *Capitan Fracassa* une de ses expériences. Et voici comment :

« L'habile professeur, voulant démontrer les effets de la musique sur l'hypnotisme, tint la séance, non chez lui comme à l'ordinaire, mais chez l'excellent maître de musique, M. Bruto Giannini et il obtint des résultats vraiment merveilleux. Avant tout, il fit asseoir, en demi-cercle autour du piano, dix jeunes gens déjà rendus très sensibles par d'autres expériences hypnotiques, mais parfaitement éveillés; et ensuite il pria le maître de vouloir bien exécuter une musique pathétique.

« Après quelques notes, sept de ces jeunes gens étaient déjà hypnotisés et ils restaient là dans les postures les plus curieuses et les plus étranges; quelques-uns paraissaient profondément attristés, d'autres ravis en extase, et d'autres en proie à des pensées atroces. Dans une seconde expérience, on joua une musique gaie. Les hypnotisés s'agitaient alors convulsivement et se tordaient sur leur siège. Un d'eux, par suite de l'excessive agitation nerveuse, tomba à terre; le prof. Rattone courut à lui pour l'éveiller en lui soufflant sur le visage comme d'ordinaire, mais tant que le maître continua à jouer, les convulsions hypnotiques continuèrent.

« Il est impossible de décrire l'étonnement des spectateurs en voyant ces effets prodigieux de la musique produits sur des personnes saines et éveillées, bien que, comme je l'ai dit, déjà rendues sensibles par des exercices hypnotiques répétés.

« Dans une troisième expérience, le maître joua *l'hymne de Garibaldi.* Aux premières notes commence, dans la salle, une scène de possédés. Tous ces jeunes gens, déjà profondément hypnotisés, à ce chant de guerre, s'agitent furieux les uns contre les autres ; tendant les bras comme pour faire la fusillade et se remuant avec un désespoir délirant; ils grinçaient des dents, ils roulaient les yeux, se jetaient par terre, battant avec force les reins et la tête; ensuite ils se roulaient très rapidement et donnaient des coups de pieds contre les jambes des spectateurs qui s'enfuirent épouvantés dans les chambres voisines. C'était un enfer. Le prof. Rattone réussit, au milieu de cette furie, à en prendre deux des plus endiablés ; il les tenait par le collet de leurs habits; ensuite, à force de souffler, il réussit à remettre l'ordre dans ce camp si horriblement troublé.

« Ces pauvres jeunes gens, au réveil, se voyant par terre dans les plus étranges positions et tout poussiéreux, riaient comme des fous et se moquaient les uns des autres. Au milieu des risées et du gai bavardage de ces braves jeunes gens, le prof. Rattone remercia vivement M. Giannini, qui déclara que dans cette soirée, il lui était arrivé deux choses tout à fait nouvelles : de voir son auditoire devenir fou (à la lettre); et de recevoir des coups de pieds dans sa maison. Après cette déclaration, l'assemblée se dispersa. »

IX

Faits de suggestion persistant après le sommeil magnétique

Dans les faits que nous avons racontés jusqu'ici, il intervient évidemment une suggestion quelconque. Expliquons-nous. Ceux qui s'occupent de cette matière nomment suggestion une sorte d'impulsion, quelle qu'elle soit, que donne l'hypnotiseur à l'hypnotisé, et par laquelle il le porte à faire quelque acte qu'il ne veut pas librement et que, pour l'ordinaire, il oublie complètement, lorsqu'il est redevenu libre de lui-même. L'impulsion peut être un ordre verbal donné à un sujet, un signe de la main, ou le fait de lui présenter un ustensile ou un objet, par exemple : une aiguille afin qu'il se mette à coudre, un stylet pour qu'il tue quelqu'un ou se tue lui-même. Que le lecteur se rappelle, pour se former une idée plus claire de la suggestion, les actes suggérés à l'enfant de tuer sa mère, qu'il se souvienne du testament que l'on a fait écrire à Furia, le suicide qui lui fut commandé sur le théâtre, et d'autres faits que nous avons racontés dans les chapitres V et VI. Maintenant, passons à un degré supérieur ou au moins plus extraordinaire de suggestions, celles dont la force continue après le sommeil.

Le doct. Richer donne une série de cas de suggestions, en raison desquelles le sujet ressent un changement physiologique, changement qui persiste après que le sujet est déshypnotisé. Ainsi Mme B..., hystéroépileptique, ayant été hypnotisée, on affirme, durant son état de catalepsie, qu'une de ses mains se raidit et se ferme. Immédiatement la main se raidit et se ferma. Et lorsque cette dame fut éveillée, on ne put lui faire desserrer la main, la contraction était réelle et indubitable. On fut forcé de l'hypnotiser de nouveau et de lui affirmer que sa main se détendait, et la main se détendit réellement. On peut voir les minutieuses particularités de cette expérience avec les plus grands détails dans l'auteur.

Le fait est du 10 avril 1883. De même, le 12 et le 15 mai, on affirma à la même malade que son bras droit était paralysé. La paralysie se manifesta immédiatement, et on ne put la faire disparaître qu'avec une nouvelle hypnotisation et une affirmation contraire [1]. L'hypnotiseur dit à Mme Witt..., pendant son sommeil magnétique, que lorsqu'elle sera éveillée, elle ne pourra plus écrire, mais qu'elle pourra se servir de sa main pour tout autre usage. Et voilà qu'en effet, lorsque cette dame, éveillée, essaie d'écrire, ses doigts se détendent malgré elle, sa main s'ouvre et se soulève. Elle cherche alors à contraindre la main droite en

---

1. Richer. *La Grande Hystérie*, p. 742 et suivantes.

la pressant avec la gauche sur le papier; mais toujours en vain; elle n'arrive pas à écrire un mot. Une autre fois, toujours dans le sommeil magnétique, on lui suggéra, ou on lui affirma d'autres paralysies partielles qui s'effectuèrent immédiatement et se continuèrent après son réveil; elles ne purent disparaître autrement qu'en endormant de nouveau la paralytique et en la contraignant par une suggestion contraire à mouvoir le membre paralysé dans l'hypnotisation précédente.[1]

De telles expériences, poursuit Richer, furent répétées plusieurs fois. Il en résulta que Mme Witt... devint si sensible au commandement du magnétiseur, que, même à l'état normal et parfaitement éveillée, il pouvait lui paralyser un bras en lui disant seulement avec assurance : « Madame Witt..., votre bras est paralysé, vous ne pouvez plus le mouvoir. » En quelques instants le phénomène se produisait avec tous les symptômes propres de cet état morbide. Une nouvelle suggestion guérissait la paralysie [2]. M. Richer cite le témoignage de deux fameux médecins hypnotiseurs, M. Bernheim et M. Dumontpallier, qui affirment avoir renouvelé avec un plein succès sur des sujets éveillés, les suggestions déjà pratiquées sur eux pendant leur sommeil hypnotique. [3]

1. Richer. *La Grande Hystérie*, p. 748.
2. Id. p. 772.
3. Id. p. 773.

Il affirme aussi que : « Les hallucinations provoquées *(chez le malade)* pendant le sommeil hypnotique, peuvent également persister après le réveil. Elles constituent dans l'ordre psychique *(spirituel)* un phénomène absolument comparable à ce qu'est la contraction dans l'ordre somatique *(corporel)*. L'*idée fixe* suggérée par l'expérimentateur et qui prend corps dans une hallucination, peut, en certains cas, survivre au sommeil hypnotique... Ainsi, la patiente continue à voir, par exemple, un oiseau dont l'idée fixe lui fut imprimée dans le sommeil hypnotique. Sur tout autre objet, son intelligence et ses sens n'hésitent pas ; mais, malgré les affirmations des spectateurs, elle voit l'oiseau, le touche avec une conviction profonde, et, à son avis, celui qui ne le voit pas se moque d'elle. [1] »

X

Faits de suggestion A ÉCHÉANCE

« Les impulsions données pendant le sommeil *(hypnotique)* peuvent produire un effet immédiatement, observe Richer, ou après le sommeil, et même après un temps plus ou moins prolongé, sans perdre rien de leur fatalité. Revenus à eux-mêmes, les sujets exécutent l'ordre reçu, au jour qui leur a été prescrit. Si alors on leur demande

---

1. Richer. *La Grande Hystérie*, p. 770.

la raison de ce qu'ils font, ils répondent ordinairement qu'ils ne savent pas pourquoi ils agissent ainsi. Mais il n'est pas rare qu'ils allèguent des motifs spécieux pour donner l'explication de leur conduite, pour justifier un acte qu'ils imaginent spontané, mais qui, en réalité, leur a été imposé, et dont la raison est le vouloir d'autrui. [1] »

Ainsi, à Milan, Donato a imposé récemment à un sujet d'écrire, à une heure fixe, une lettre à un tel. Et à l'heure fixée, le sujet voulut l'écrire et l'écrivit (une lettre insignifiante) quoiqu'il se trouvât par hasard à parler avec la personne à laquelle il devait écrire, et que cette personne, naturellement, le priât de lui dire de vive voix ce qu'il désirait lui écrire.

Nous pourrions raconter un fait semblable que nous connaissons personnellement. Un jeune homme, dont nous ne voulons pas citer le nom, hypnotisait quelquefois une parente par manière d'amusement. Une fois, il lui imposa, pendant son sommeil magnétique, d'aller déjeûner un certain jour chez certains de ses parents. Le jour arrivé, la jeune fille, à un moment, sembla se rappeler le commandement qu'elle avait reçu. Elle mit son chapeau et, sans écouter aucune remontrance, elle dit qu'elle devait absolument se rendre dans cette maison, et elle y alla à la grande stupeur de tous, stupeur qui s'accrut encore lorsqu'ils connurent la

---

1. *La Grande Hystérie*, p. 773.

raison de cet acte. Il est à remarquer que plus tard ce monsieur, voulant une fois déshypnotiser sa parente, c'est-à-dire l'éveiller, eût beaucoup de peine et mit beaucoup de temps à la retirer du sommeil magnétique. Il y réussit enfin en lui chatouillant la joue avec les poils de la barbe. De ce fait étrange il soupçonna que la raison de l'état magnétique n'était pas toute naturelle et dépendante de lui seul; et il s'abstint pour toujours de ce divertissement périlleux.

Voici d'autres cas : « Un des faits les plus merveilleux, observe le doct. Louis Bufalini, qui se recueillent sous la dénomination générale d'hypnotisme, est celui de ce qu'on appelle la suggestion magnétique. — Elle se pratique à l'état de veille et à l'état de sommeil. Il est utile de dire d'abord que les hypnotisables, en général, sont sujets aux névroses et à un état nerveux tel qu'il a beaucoup de ressemblance avec la maladie ; ou au moins *(c'est-à-dire : pour le moins, sont)*, des sujets qui ont le système nerveux très excitable et doivent être considérés comme des êtres à part *(c'est-à-dire : des êtres d'un tempéramment particulier)*.

« Cela étant entendu, à certains individus hypnotisables qui ont subi quelques expériences, mais actuellement parfaitement éveillés, vous pouvez dire : Remuez le bras, ouvrez la bouche, pliez les genoux; ils vous obéiront comme des automates, vous pourrez les faire se précipiter d'une fenêtre sans qu'ils puissent s'y opposer. Dans l'état de sommeil, suggérez à certains individus une action définie ; quand ils seront éveillés, une heure ou deux après le réveil, ils la feront sûrement sans en avoir conscience.

« M. Richet [1] raconte avoir fait voler de cette manière une cuillère d'argent par un jeune homme très honnête ; et à une dame qui aimait le café amer, il avait fait tellement emplir sa tasse de sucre que, le café s'étant répandu, il ne resta plus qu'une bouillie. A une autre dame M. Richet ordonnait d'aller chez lui à une certaine heure et à un certain jour de la semaine ; cette dame alla, et lorsqu'on lui demanda ce qu'elle voulait, elle répondit : Mais... je ne suis pas la maîtresse d'être venue jusqu'ici, il fait un temps horrible et j'ai laissé chez moi des visites ; je ne sais pas au juste pourquoi je suis venue. » Voilà ce que dit le doct. Bufalini. [2]

Et il est à remarquer que de tels ordres, *à échéance*, peuvent durer assez longtemps. Le doct. Charles Richet rapporte des cas dans lesquels la suggestion produisait son effet après dix jours. Le doct. Bernheim et le prof. Liégeois, qui, tous deux,

---

1. Le doct. Charles Richet, qui, en 1884, publia L'*homme et l'intelligence* ; ne pas le confondre avec Paul Richer que nous citons souvent.
2. Dans le *Secolo* de Milan, 20-21 mai 1886.

ont écrit sur l'Hypnotisme en 1884, parlent de suggestions qui ont duré presque un mois. [1]

XI

Faits de suggestions dans un but criminel

M. Bufalini, après les faits qu'il vient de raconter, ajoute : « Ces faits si curieux n'ont pas d'importance seulement pour le savant ou pour le public qui les admire émerveillé ; ils intéressent au plus haut point le sociologue et le législateur, car, en supposant que ces moyens d'action tombent entre les mains d'un malhonnête homme, il n'est pas exagéré ni puéril de penser qu'il pourra s'en servir aussi dans un but criminel. Pourquoi ne pourrait-il pas — suggérer un crime, — faux témoignage ou autre chose semblable ? »

Ce n'est pas sans raison. Le fondateur de l'Hypnotisme moderne, M. Braid, qui fit les premières expériences en Angleterre, de 1841 à 1843, avait déjà, de son temps, prévu cet abus. En plusieurs endroits de sa *Neurypnologie*, il s'efforce d'en atténuer le péril en observant que personne ne peut être hypnotisé sans son libre consentement et en conseillant de ne pas mettre l'hypnotisme à la discrétion du vulgaire, mais de le laisser aux mains des seuls docteurs en médecine. Cette pré-

---

1. M. Richer, *La Grande Hystérie*, pag. 773.

caution est proposée au commencement du livre dans les Prolegomènes [1]. Mais, selon nous, cette prescription a peu de force en face d'une doctrine qui enseigne à hypnotiser avec une grande facilité, et avec assurance d'atteindre le but. Qui pourra empêcher les pratiques hypnotiques de se divulguer? ajoutez que beaucoup nient la nécessité du consentement de l'hypnotisé. Et alors?

D'autres magnétistes ont parlé de nouvelles lois à introduire dans les codes pour punir les délits hypnotiques. En France, Jules Liégeois, professeur de Droit à Nancy, lut, en 1884, à l'Académie des sciences morales et politiques de Paris, un mémoire : *De la suggestion hypnotique dans ses rapports avec le droit civil et le droit criminel*. Le doct. A. Cullerre, dans son livre *Magnétisme et Hypnotisme*, publié en 1886, a un chapitre entier sous ce titre particulier : *L'Hypnotisme et le Code*. En Italie, on a publié à Turin, en 1886, l'ouvrage : *Il Grande Ipnotismo e la suggestione ipnotica nei rapporti col diritto penale e civile*, par le doct. Giulio Campili. Plût à Dieu que M. Campili raisonnât droit en philosophie, comme il s'efforce de proposer de bonnes lois pénales.

Il est certain que beaucoup d'expériences prouvent que le sujet hypnotisé peut rester tellement sous la puissance de l'hypnotiseur, même après

---

[1]. Braid, *Neurypnologie*, pag. 17 et suiv.

l'expérience; que celui-ci pourrait abuser de lui avec toute certitude d'être obéi. Nous en avons donné quelques exemples un peu plus haut; Donato en a fait une expérience à Turin ; et un peu avant, nous disions du doct. Richet, qu'il imposa à un jeune homme honnête de voler, et il atteignit son but, par simple expérience bien entendu. Ceux qui s'occupent de cette matière, connaissent très bien ce fait d'une enfant très honnête à laquelle, pendant le sommeil magnétique, il fût commandé que, à un tel jour et à une telle heure, elle dût s'armer d'un pistolet et le décharger sur la poitrine de sa mère qu'elle trouverait dans telle chambre. Et la pauvre enfant, au jour et à l'heure fixés, exécuta chaque chose ponctuellement. Il est inutile de dire que sa mère était avertie et le pistolet déchargé.

A un jeune homme en état de somnambulisme magnétique, le prof. Liégeois présenta un paquet de poudre blanche en lui disant que c'était de l'arsenic. Il lui commanda que, à peine revenu à la maison, il mît dans un verre d'eau l'arsenic, et le présentât à sa tante pour l'empoisonner. La tante, avertie par le professeur, vit son neveu accomplir la tentative et écrivit le soir même un billet par lequel elle avertit le hardi expérimentateur du plein succès de son expérience[1].

---

1. Cullerre, *Magnétisme et Hypnotisme*, page 362.

Le même M. Liégeois raconte des expériences très bien réussies, consistant à faire souscrire des obligations de dettes imaginaires, à persuader de faire des dénonciations calomnieuses, que l'hypnotisé, une fois réveillé, tient pour vraies et qu'il porte en réalité à la police, sans se douter qu'il rend un faux témoignage [1]. Et c'est un hasard curieux que pendant que nous écrivons ces lignes, tombe sous nos yeux le passage suivant du *Giorno* de Florence : « On télégraphie de Rome à l'*Italia :* Le procureur du roi demandera l'autorisation de poursuivre en justice le député Catello Fusco, professeur à Naples, parce que, au moyen de l'hypnotisme, il a extorqué à l'ex-clerc Paul Conti l'aveu écrit d'une fraude imaginaire et l'a présenté comme document au tribunal ».

Ces faits et d'autres semblables, tous récents et connus des médecins et des magistrats, sont racontés par M. Cullerre. Ils doivent donner assez à penser à ceux qui remettent leur liberté personnelle et leur indépendance entre les mains d'un magnétiseur. Et le péril des délits imposés, ne nous paraît pas du tout imaginaire ni éloigné. M. Cullerre avoue la possibilité d'abuser de l'hypnotisme, mais il cherche à en montrer le péril très éloigné et il essaie de l'amoindrir : parce que personne, dit-il,

---

[1]. Même ouvrage avec toutes les particularités, page 349 et suivantes.

ne peut être hypnotisé malgré lui. C'est le refrain ordinaire chanté par Braid et par d'autres et répété par Donato; mais il est trompeur. Ce même docteur Cullerre, peu de pages avant, rappelle une enfant hypnotisée par surprise, au grand préjudice de son honneur. Il observe aussi que les scélérats sont des hommes vulgaires et qu'ils recourront difficilement à l'hypnotisme pour s'en faire un moyen de crime. Cependant il en raconte lui-même plusieurs cas : l'un d'une dame outragée par le médecin et devenue folle ensuite de honte, lorsque réveillée du somnambulisme, elle connut l'attentat; un second d'une enfant qui fut déshonorée et qui connut sa honte dans un second accès de somnambulisme; et autres semblables. A ces délits hypnotiques nous pourrions en ajouter plusieurs autres qui, récemment, ont été déférés aux tribunaux et qui ont couru dans les feuilles publiques de Suisse et d'Italie. Mais cela suffit pour exemple.

Sur la base de ces faits incontestables, publics, que nous pourrions multiplier à l'infini, nous édifierons nos raisonnements sur les causes et sur la moralité des phénomènes hypnotiques. Mais avant nous élargirons cette base, en rappelant d'autres faits plus extraordinaires encore et plus élevés dans le genre hypnotique.

XII

Faits suggestifs qui modifient les idées dans le sujet

Outre les suggestions que les hypnotiseurs appellent inhibitoires, c'est-à-dire qui empêchent de distinguer une couleur, de voir un objet présent, il y a la prohibition faite à l'esprit de l'hypnotisé de se rappeler une personne ou une chose donnée, par laquelle on efface de la mémoire une personne ou une chose connue; c'est ce que les médecins appellent l'*amnésie* et nous pourrions l'appeler démémoration. « Notre ami Charles Féré, raconte le docteur Richer, s'était choisi lui-même pour être l'objet de l'hallucination inhibitoire imposée à notre malade. A son réveil le docteur Féré n'existait plus pour elle. Cette hallucination persista, car on n'avait rien fait pour la détruire. Les jours suivants M. Féré était pour elle un inconnu ; elle ne savait pas pourquoi il était là et pourquoi il se comportait comme son médecin. Et nous savons que non seulement l'image sensitive était supprimée, mais que la suggestion avait eu une sorte d'effet rétroactif en effaçant de la mémoire de la malade tout ce qui de près ou de loin se rapportait à M. Féré. Enfin au sixième jour, l'hallucination négative restait dans toute son intensité. Nous eûmes du mal à la faire disparaître. Il fallut insister beaucoup et ramener la malade à l'état de somnambulisme, pour réveiller en elle le souvenir de notre ami et pour la rendre à sa mémoire normale. [1] »

Le professeur Liégeois notre contemporain, que nous avons cité plusieurs fois, rapporte des expériences d'amnésie incroyables, imposées par le magnétiseur Hansen, qui fit le tour de l'Allemagne, hypnotisant en public comme Donato. Hansen faisait oublier au patient son nom, sa famille, son âge, son domicile. Lui-même, Liégeois, raconte d'une dame que, dans le somnambulisme, elle ne se souvenait plus de rien, elle ne savait pas si elle était vivante ou morte, homme ou femme, mariée ou non, mère de famille ou sans enfants. Et à chaque interrogation elle répondait avec stupeur : « Je ne saurais le dire [2] ».

Comme il enlève à l'esprit les idées des choses passées, l'hypnotiseur peut aussi imposer des idées qui n'existaient pas avant, par exemple les hallucinations qu'il n'est pas rare de rencontrer parmi les fous, d'être transformés en une personne autre que ce qu'elles sont réellement, et jusqu'en un oiseau, en un chien, etc. On voit fréquemment dans les séances magnétiques des sujets s'imaginer, par une suggestion reçue, être un enfant, un vieillard, une dame, ou bien devenir Dante,

1. Richer, *La Grande Hystérie*, pag. 726.
2. Cullerre, *Magnétisme et Hypnotisme*. Paris 1886, pag. 207.

Napoléon Ier, Vittorio Alfieri etc, et se donner l'aspect de ces personnes : mais le plus souvent ils ne réussissent à représenter qu'une caricature, comme l'observe le doct. Morselli [1]. Il n'en pourrait être autrement, si l'hypnotisé devait adopter ses propres reminiscences pour représenter le nouveau personnage qu'il croit être devenu.

Il y a cependant des cas dans lesquels apparaît une introduction visible d'idées dans l'esprit du sujet. Le doct. Charles Richet rapporte, avec toutes leurs particularités, cinq métamorphoses imposées à une respectable dame, mère de famille, et de sentiments religieux.

Entrée dans le sommeil magnétique, on lui commande d'être une *paysanne*. La dame fait et dit tout ce qui convient à une paysanne ; elle paraît se lever, traire une vache et chasser loin d'elle un importun. On lui impose ensuite de devenir une *actrice*. Et la voilà riante et charmante, caquetant avec un beau garçon, elle profère des idées dévergondées, elle l'invite à une entrevue à heure fixée. Le magnétiseur lui ordonna de se changer en *général*. La dame est sur le champ de bataille, elle commande les mouvements, réprimande un officier qui fait un faux mouvement et finit par ceindre promptement l'épée et courir à la mêlée, où elle est blessée. En un instant elle est changée par le

---

[1]. Morselli, *Il Magnetismo animale e la Fascinazione del Donato*. Gazz. lett. artist. scientif. de Turin, 1er Mai 1886.

magnétiseur en *prêtre*. Elle s'imagine être l'Archevêque de Paris ; elle écrit une lettre pastorale, reçoit le vicaire général, va à la Cathédrale, bénit la foule de côté et d'autre, fait une visite au Président de la République, et parle en archevêque. Enfin elle est devenue une *religieuse* ; elle s'accommode à cette situation, va soigner un soldat malade à l'hôpital, parle avec lui de ce qui regarde le service qu'elle lui rend. Et tout cela avec tant d'exactitude dans les actions et de justesse dans les paroles, avec tant de spontanéité et d'abondance, qu'il est impossible à tout le monde de supposer que cette dame hypnotisée, agisse seulement par reminiscence de cas semblables. C'est une création de personnages qui accuse une accumulation d'idées reçues. Or de qui les a-t-elle reçues ? Nous en parlerons en son lieu [1].

1. Nous donnons le texte tel que le rapporte Paul Richer cité ci-dessus, pag. 728 et suiv., afin que le lecteur puisse juger si une dame peut, par voie de vagues conjectures, exécuter la scène. « M. Ch. Richet en a cité (de nouvelles personnalités, suggérées) de bien curieux exemples qu'il distingue sous le nom *d'objectivation des types*, parce que le sujet, au lieu de concevoir un type comme chacun peut le faire, le réalise et l'objective. Ce n'est plus seulement à la façon de l'halluciné qui assiste en spectateur à des images se déroulant devant lui ; c'est comme un acteur qui, pris de folie, s'imaginerait que le drame qu'il joue est une réalité, non une fiction, et qu'il a été transformé de corps et d'âme dans le personnage qu'il est chargé de jouer. Voici quelques exemples de ces objectivations.

« Sous l'influence de la suggestion verbale, un de ses sujets, Madame A..., subit les métamorphoses suivantes :

Cependant on observe que de semblables phénomènes ne sont pas rares. M. Bernheim en raconte d'autres imposés par lui à ses hypnotisés. Par exemple, il intima à l'un d'eux : « Vous êtes un digne et saint curé. » Celui-ci prit tout de suite un air mystique, fit le signe de la croix et commença une lecture pieuse. Il lui dit ensuite : « Vous êtes un chien. » Le prétendu curé tomba à quatre pat-

« *En paysanne*. — (Elle se frotte les yeux, s'étire) « Quelle heure est-il ? Quatre heures du matin ? « (Elle marche comme si elle faisait traîner ses sabots). « Voyons, il faut que je me lève ! Allons à l'étable. Hue ! la rousse ! allons, tourne-toi... » (Elle fait semblant de traire une vache). « Laisse-moi tranquille, Gros-Jean. Voyons, Gros-Jean, laisse-moi tranquille, que je te dis ! Quand j'aurai fini mon ouvrage. Tu sais bien que je n'ai pas fini mon ouvrage. Ah ! oui, oui, plus tard... »

« *En actrice*. — Sa figure prend un aspect souriant, au lieu de l'air dur et ennuyé qu'elle avait tout à l'heure. « Vous voyez bien ma jupe. Eh bien ! c'est mon directeur qui l'a fait rallonger. Ils sont assommants ces directeurs. Moi... (suivent quatre lignes dignes d'une coureuse, impossibles à prononcer par une dame comme il faut, comme était Madame A... puis elle continua : « Dis donc, mon petit ! (Elle se met à rire) tu es bien timide avec les femmes ; tu as tort. Viens donc me voir quelquefois. Tu sais, à trois heures, je suis toujours chez moi tous les jours. Viens donc me faire une petite visite, et apporte-moi quelque chose. »

« *En général*. — « Passez-moi ma longue-vue. C'est bien ! Où est le commandant du premier zouave ? Il y a là des kroumirs ! Je les vois qui montent le ravin... Commandant, prenez une compagnie et chargez-moi ces gens-là. Qu'on prenne une batterie de campagne... Ils sont bons, ces zouaves ! Comme ils grimpent bien. Qu'est-ce que vous me voulez ? vous... Comment, pas d'ordre ? (*A part*) C'est un mauvais officier celui-là ; il ne sait rien faire. — Vous, venez... à gauche. Allez ! (*A part*) Celui-là vaut mieux... Ce n'est pas encore tout à fait

tes et se mit à aboyer. Le doct. Ch. Richet, (cité ci-dessus), raconte plusieurs autres cas semblables que l'on peut voir dans Cullerre [1].

bien.. (*Haut*) Voyons, mon cheval, mon épée! Elle fait le geste de boucler son épée à sa ceinture). Avançons! Ah! je suis blessé! »

« *En prêtre*. — (Elle s'imagine être l'archevêque de Paris : sa figure prend un aspect très sérieux. Sa voix est d'une douceur mielleuse et traînante, qui contraste avec le ton rude et cassant qu'elle avait dans l'objectivation précédente).(*A part*) Il faut pourtant que j'achève mon mandement. » (Elle se prend la tête entre ses mains et réfléchit). (*Haut*) « Ah! c'est vous, Monsieur le grand vicaire; que me voulez-vous ? Je ne voudrais pas être dérangé... Oui, c'est aujourd'hui le premier janvier, et il faut aller à la cathédrale... Toute cette foule est bien respectueuse, n'est-ce pas, Monsieur le grand vicaire? Il y a beaucoup de religion dans le peuple, quoiqu'on fasse. Ah! un enfant! qu'il approche, je vais le bénir. Bien, mon enfant.» (Elle lui donna sa bague (imaginaire) à baiser. Pendant toute la scène, avec la main droite elle fait à droite et à gauche des gestes de bénédiction...) « Maintenant j'ai une corvée : il faut que j'aille présenter mes hommages au Président de la République... Monsieur le Président, je viens vous offrir tous mes vœux. L'Église espère que vous vivrez de longues années, elle sait qu'elle n'a rien à craindre malgré de cruelles attaques, tant qu'à la tête du gouvernement de la République se trouve un parfait honnête homme. » Elle se tait et semble écouter avec attention). (*A part*) « oui, de l'eau bénite de cour. Enfin! Prions ! » (Elle s'agenouille).

« *En religieuse*. — (Elle se met aussitôt à genoux, et commence à réciter ses prières en faisant force signes de croix, puis elle se relève). « Allons à l'hôpital. Il y a un blessé dans cette salle. Eh bien ! mon ami, n'est-ce pas que cela va mieux ce matin? Voyons ! laissez-moi défaire votre bandage. (Elle fait le geste de dérouler une bande). Je vais avec beaucoup de douceur; n'est-il pas vrai que cela vous soulage? Voyons!

---

1. Cullerre, *Magnétisme et Hypnotisme*, p. 203.

XIII

Faits de suggestions purement mentales

Nous résumons ici quelques cas arrivés à Rome, en présence de centaines de spectateurs, sous les yeux de médecins et de savants, rapportés par le doct. Battandier et tous très récents, autant que les précédents [1]. Disons d'abord que l'hypnotiseur Zanardelli, que nous avons mentionné plus haut, endort son sujet qui est Mme Emma, son épouse, jusqu'à la catalepsie et au somnambulisme ; et, ce que ne font pas ordinairement tous ses pareils, il obtient les faits hypnotiques par un simple commandement mental. De plus, les assistants peuvent, par de semblables commandements, obtenir de semblables phénomènes en se mettant en communication avec elle par un simple contact, ou bien en communiquant avec le magnétiseur qui est en relation habituelle avec la somnambule. Nous

---

mon pauvre ami, ayez autant de courage devant la douleur que devant l'ennemi. »

« Cet exemple suffit pour montrer comment s'opère cette transformation absolue de la personnalité dans tel ou tel type imaginaire. Ce n'est pas un simple rêve. C'est *un rêve vécu*, suivant l'expression de M. Ch. Richet. »

1. Docteur Battandier, dans une correspondance de Rome au *Cosmos* de Paris, 7 juin 1886.

avons déjà dit le moyen dont il se sert pour l'hypnotiser, en tout semblable à celui de Donato : la pression sur les mains et le regard fixe.

La transmission du commandement mental exige que celui qui commande pense fortement à ce qu'il veut faire exécuter et que cette énergique volonté persiste jusqu'au terme de l'exécution. Si celui-ci ne communique pas directement avec la somnambule et se sert de l'intermédiaire du magnétiseur, il faut qu'il lui exprime clairement de vive voix son désir : le magnétiseur le prend par la main, et avec un regard fixe, il joint, dit-il, sa pensée à la sienne, et ainsi le commandement peut se transmettre mentalement à la dame avec laquelle il est en continuelle communication magnétique. Passons maintenant aux expériences.

Un spectateur presse avec la main son mouchoir et ordonne mentalement que la somnambule y sente un parfum déterminé qui peut être ou ne pas être dans le mouchoir. Le mouchoir est mis dans les mains de la magnétisée qui, l'ayant senti, annonce immédiatement l'odeur qu'elle y sent, et c'est celle que l'on a voulu.

Un autre spectateur imagine une scène et aussitôt la magnétisée la décrit, bien qu'avec quelque imperfection. Mais il n'y a aucun doute qu'elle ne voie réellement la scène requise.

Un autre veut que Mme Emma s'imagine qu'elle se promène dans un pré et rencontre un gros serpent qui menace de l'enrouler dans ses spirales. Et aussitôt elle semble le voir, car elle se retire, serre sa robe autour d'elle, cherche à monter sur les chaises, et les signes de terreur qu'elle donne paraissent si vrais que le spectateur abrége l'épreuve en imaginant que le serpent s'est enfui. Et aussitôt le visage de la somnambule se rasséréné, et la joie de la délivrance se peint dans ses traits.

D'autres lui imposent, toujours mentalement, de changer son bracelet de gauche à droite, de changer de chaise, de faire trois fois le tour de son siège, de prendre dans la poche d'un spectateur son mouchoir, d'éteindre certaines lumières. Tout est exécuté à point. Un spectateur lui ordonne de rester entièrement immobile. A la grande stupeur de l'auditoire elle s'arrête ; on commence à penser qu'elle ne peut pas exécuter le commandement quand l'ordonnateur déclare que c'est bien là l'ordre qu'il a donné.

Elle est très heureuse en décrivant minutieusement les objets que les spectateurs ont sur eux dans leurs poches, même si vous vous imaginez avoir quelque chose que vous n'ayez pas, elle décrira exactement l'objet que vous vous imaginez avoir. Au contraire, elle ne décrira pas ce que vous avez par hasard, et que vous ne vous souvenez pas avoir.

Et pareillement elle vous dira l'heure que marque votre montre, alors même que vous auriez avec dextérité dérangé les aiguilles de l'heure courante. Mais pour cela, il est nécessaire que vous sachiez l'heure sur laquelle vous l'avez arrêtée. Si vous renversez la montre sur la paume de la main, et que, sans la voir, vous changiez avec le bouton les aiguilles de place ; elle n'arrivera pas à en rien savoir.

Le magnétiseur donne pour cause de ce phénomène d'ignorance, qu'elle lit dans l'imagination du spectateur et non dans la chose considérée objectivement. Et de là il s'ensuit qu'elle ignore ce que vous ne vous imaginez pas. Voilà comment le doct. Battandier expose les cas qu'il a lui-même observés.

M. Braid affirme au contraire ceci : « Quant à la prétention qu'ont certains opérateurs d'influer sur les sujets de près ou de loin par leur seule volonté, je puis affirmer, après une étude consciencieuse de la question, sur la foi de mon expérience, que je n'ai jamais pu exercer la moindre influence sur les patients par la voie de la seule volonté [1] ». Il avoue toutefois que les patients devenaient très habiles à comprendre ses signes d'yeux, de gestes, de parole, et se sentaient disposés à agir comme il ordonnait.

1. Braid, *Neurypnologie*, chapitre additionnel, pag. 234. Il est à remarquer que ce chapitre fut écrit en 1860, après que M. Braid eût, pendant près de vingt ans, hypnotisé d'innombrables personnes.

XIV

Faits de guérison par le moyen de l'hypnotisme

Presque tous les magnétiseurs ont prétendu, quoique par des moyens divers, faire tourner leur art au profit de la médecine : ainsi firent Mesmer, les deux Puységur, Deslon, Foissac, Husson, etc., un nombre infini. M. Braid, dans son ouvrage principal, la *Neurypnologie*, rapporte beaucoup de cas de guérisons obtenues par lui, spécialement de maladies nerveuses. Sa manière de les traiter consistait le plus souvent dans le commandement, fait au patient hypnotisé, d'exécuter un mouvement que, hors du sommeil magnétique, l'affection morbide lui rendait impossible. Si le mouvement réussissait, le malade était ou guéri ou au moins beaucoup mieux [1]. M. Richer, toutefois, après avoir décrit dans presque 200 pages in-8° les nombreuses variétés des phénomènes hypnotiques provoqués et observés par lui, n'en a point conclu que la thérapeutique puisse s'aider de la suggestion pour guérir aucune maladie, spécialement les névropathies et il dit : « Braid l'affirme (que l'hypnotisme peut servir à la thérapeutique) et il rapporte un certain nombre d'observations qui, malheureusement, ne reposent pas sur des bases assez

---

[1]. Braid (ouvr. cité ci-dessus) spécialement de la p. 141 à 223.

solides pour rendre inattaquable cette partie de son ouvrage [1] ». M. Richer ajoute que, dans les auteurs modernes, on rapporte quelques tentatives de cures hypnotiques, mais qu'elles constituent des cas particuliers, et on ne peut en déduire une règle ou une méthode générale [2].

On observera que ce jugement était prononcé par M. Richer à Paris, au centre des études hypnotiques, à l'hôpital de la Salpêtrière, en 1885, sans doute avec la connaissance de tout ce que d'autres collègues avaient fait ou écrit à ce sujet. En laissant de côté les guérisons vantées par Du Potet et par beaucoup d'autres, du temps de Braid jusqu'à nous, pouvait-il ignorer les guérisons obtenues dans ces dernières années, tandis qu'il écrivait son ouvrage, par Bernheim, par Dumontpallier, par Liébault, par Baréty, par Bottey, par Voisin, etc? On voit que Richer y croyait peu.

Nous rappellerons encore quelques faits de guérisons par voie d'hypnotisme, en laissant le soin de les juger aux lecteurs et spécialement aux médecins. Nous avons déjà rapporté (chapitres IV, VI, VII) quelques avis et diverses pratiques de plusieurs médecins italiens : nous allons en donner quelques autres provenant de médecins étrangers. Le docteur Cullerre rapporte beaucoup de cas d'anesthésie hypnotique pendant lesquels on a

1. Richer, *La Grande Hystérie*, pag. 794.
2. Idem, pag. 795.

pu faire sur les malades d'importantes opérations de chirurgie sans qu'ils sentissent aucune douleur. Il cite particulièrement un docteur Esdaile, chirurgien dans les hôpitaux de Calcutta, qui exécuta plus de 600 opérations douloureuses, se félicitant de l'heureux succès de l'anesthésie magnétique au lieu de cloroforme.[1]

Le moyen le plus employé par les magnétiseurs thérapeutistes est celui d'ordonner au malade, pendant qu'il est hypnotisé, d'exécuter ou immédiatement ou plus tard quelques mouvements ou actes que, par suite de la maladie, il ne pourrait faire. Aussi l'empirique, et non médecin, Donato se vante ainsi : « J'ai guéri un enfant sujet à de violentes et fréquentes attaques de nerfs. » — « A M. Nizza, de Turin, devenu malade par l'abus du tabac, j'imposai *(pendant qu'il était dans le sommeil magnétique, bien entendu)* de ne plus fumer. Et depuis 15 jours il repousse avec répugnance les cigares qui lui sont offerts. J'ai fait hier soir la même expérience avec M. Fumagalli[2].

Une jeune fille de 17 ans perdit son père, et en devint folle de douleur; elle fut recueillie à l'hôpital de la Salpêtrière, à Paris. On l'hypnotisa pendant quelques jours, et, dans le sommeil magnéti-

---

[1]. Cullerre. *Magnétisme et Hypnotisme*. Paris, 1886, page 323 et suivantes.
[2]. Donato, lettre de Milan, 26 mai 1866, publiée par beaucoup de journaux.

que, le docteur lui commanda de ne plus se souvenir de son père et de ne plus entendre sa voix. Réveillée, on lui demanda si elle voyait encore son père. « C'est curieux, répondit-elle, je ne le vois plus. » Sans rien de plus elle fut guérie, et déjà depuis plusieurs mois la guérison persiste. Ainsi le rapporte le doct. L. Ménard [1].

Il rapporte d'autres cas semblables au précédent. De pareilles tentatives furent faites en ces dernières années, relativement aux désordres nerveux, comme la chorée ou danse de Saint-Guy. On tenta même de changer le naturel voleur et pervers d'une femme, transportée de la prison à l'hôpital de la Salpêtrière comme folle. Et le doct. A. Voisin, qui la soigna, raconta sa réussite dans une communication à la Société médico-psychologique. On peut lire les détails dans Cullerre [2].

XV

Faits appelés supérieurs

Outre toutes les espèces de faits mentionnés ci-dessus, il se présente d'autres faits appelés communément supérieurs : comme de lire un écrit avec les doigts, ou avec le coude, de distinguer un objet

---

1. Docteur L. Ménard, dans le *Cosmos* de Paris du 14 juin 1886.
2. Docteur A. Cullerre, op. cit. p. 340 et suiv.

couvert par un corps opaque, ou de lire dans un livre fermé, de connaître des faits et des choses qui arrivent à une distance tout à fait en dehors de la sphère naturelle de la vision, de deviner des pensées cachées d'autrui, de parler des langues ignorées de ceux qui les parlent, de voir l'intérieur de son corps ou de celui d'autrui, et d'indiquer les maladies et les remèdes pour les guérir, de prévoir l'avenir, etc... Tous ces phénomènes, les magnétiseurs promettaient de les opérer, ou, pour parler plus exactement, promettaient de les obtenir de certains sujets magnétisés, ou mieux encore réduits à une parfaite catalepsie et à un somnambulisme lucide. Nous pourrions rassembler une montagne de ces cas dans les ouvrages qui ont été écrits pour et contre le magnétisme depuis un siècle, c'est à dire depuis Mesmer jusqu'à nous. Et les cas se multiplièrent démesurément, lorsqu'en 1848 parurent les spiritistes, qui se confondirent avec les magnétistes. On en cite beaucoup d'exemples dans la *Civiltà Cattolica*, surtout dans les années 1864—65—66.

Il est vrai cependant que les hypnotistes de nos jours semblent répudier les effets transcendants ; ils les disent même vains, faux, impossibles, et affirment au contraire qu'ils ne produisent que des faits purement humains et physiques. Il faut voir avec quelle pompe ils se moquent des prétendus faits merveilleux des anciens magnétistes! Comment ils s'efforcent de rejeter le surnaturel, tant le vrai que le faux ou démoniaque ! Ainsi, M. Donato dans toute son *Introduction à la Revue psycho-physiologique ;* le prof. Morselli, le doct. Richer, le doct. Gonzales, et en général les médecins et les autres savants qui traitent d'hypnotisme.

Mais est-il vrai que les hypnotistes modernes et les médecins, ne s'occupent pas des faits supérieurs ? qu'ils ne cherchent aucun effet dépassant les forces physiques ? Quiconque a bien considéré les cas que nous venons de glaner dans l'histoire de ces dernières années, en pourra peut-être douter et il en doutera plus encore à la fin de notre travail. En attendant nous savons positivement que d'autres magnétiseurs, mêlant ensemble les pratiques magnétiques, hypnotistes, et spiritistes, obtiennent aussi des effets mêlés, et entre autres des faits dits supérieurs, jugés impossibles par divers expérimentateurs modernes de l'hypnotisme.

Il nous suffit, pour prouver l'existence de tels phénomènes de nos jours, de citer ici une lettre qui nous vient d'un grave et docte ami, datée du 21 Mars 1886. Elle contient entre autres, certains phénomènes tellement extraordinaires que, même en les attribuant à l'esprit diabolique, on a peine à les admettre. Nous parlerons de ces faits en leur temps; mais notre raisonnement n'aura pas besoin d'en affirmer l'existence. En attendant laissons parler notre ami.

« Monsieur le directeur du journal la *Civiltà Cattolica,* une personne de ma connaissance me racontait ces jours derniers des choses si étranges et si prodigieuses sur les phénomènes du magnétisme animal, que je n'ai pu accorder une foi entière à de semblables prodiges. Cependant, celui qui me racontait ces phénomènes me paraissant les rapporter de bonne foi et avec quelque fondement de vérité, et n'étant pas du tout une personne inclinée aux pratiques du magnétisme, j'ai pensé à m'adresser à vous qui, par votre science profonde et étendue, êtes certainement au courant des phénomènes psychiques qui vont en se développant dans les temps modernes, des limites entre lesquelles on peut accorder foi aux faits, et des explications qu'on en doit donner. C'est pourquoi, je vous prie de vouloir bien, par une obligeante réponse, ou dans votre journal ou autrement, dissiper les doutes qui sont entrés dans mon esprit et qui certainement pourraient surgir dans l'esprit de beaucoup de ceux qui observent ou qui entendent raconter les phénomènes du magnétisme et les doctrines qui leur sont relatives.

« *1° Clairvoyance magnétique.*

« La personne citée ci-dessus, me racontait donc avoir connu des médecins qui voyaient, sentaient, et exerçaient tous les sens du corps d'une manière tout-à-fait différente de celle des autres hommes ; de sorte qu'on pourrait dire qu'il y a en eux un sixième sens qui embrasse tous les autres et qui a une puissance beaucoup supérieure aux autres réunis. Ainsi, me disait-il, j'ai connu des médecins qui voyaient des pays éloignés de milliers de kilomètres et les voyaient mieux que nous ne voyons une étendue de paysage placé à une distance moindre de 100 mètres. Ils voyaient les animaux, les personnes qui s'y trouvaient, en entendaient les discours et observaient tout ce qui peut tomber sous les sens.

« *2ᵉ Que les Mediums voient les pensées des autres.*

« Il m'affirmait que ces Mediums voient parfaitement dans l'esprit des autres personnes la pensée qu'ils désirent connaître ; ils assistent à la formation et au développement de leurs idées et des autres actes de leur volonté : et que cela arrive même quand la personne assujettie à leur pouvoir se trouve à des milliers de kilomètres de distance.

« 3° *Que les Mediums peuvent agir sur l'esprit et sur le corps d'autrui.*

« Il me disait aussi qu'il savait avec certitude que non-seulement les Mediums peuvent assister au développement des actes de l'esprit, sans qu'il soit possible de se soustraire à leur vue, sans qu'il soit possible de leur cacher une pensée quelconque, fut-elle liée sous le sceau le plus sacré, mais qu'ils peuvent aussi déterminer dans l'esprit de celui qui est leur sujet, le développement des idées et des images qu'il leur plaît de leur communiquer, lui faire reconstituer toutes les pensées, toutes les images qu'il avait eues dans le cours de sa vie, lui communiquer d'autres idées et d'autres images soit communes, soit sublimes, soit délicieuses, soit terribles : et qu'ils peuvent aussi influer sur sa volonté en la déterminant à agir de la manière qu'il leur plaît : qu'ils peuvent converser avec lui à des distances énormes, à des milliers de kilomètres, imitant la voix de qui il leur plaît : qu'ils peuvent finalement agir sur le système nerveux et sanguin de manière à occasionner des fièvres, le délire, de graves maladies, la paralysie et même la mort instantanée.

« *4° Que les Mediums peuvent communiquer leur image simultanément à une multitude de personnes.*

« Il me disait aussi que ces Mediums peuvent faire assister à la conversation magnétique et au développement de toutes les actions magnétiques un nombre de personnes plus ou moins grand, comme il leur plaît ; et que dans l'esprit des assistants il se forme un miroir dans lequel ils voient tout ce que le Medium veut qu'ils voient, et entendent ce qu'il veut qu'ils entendent ; de cette manière les secrètes pensées d'un homme peuvent être rendues visibles à une multitude.

« J'interrogeai cette personne sur le moyen de

créer les Mediums, mais elle me répondit qu'elle ne le connaissait pas; qu'elle avait seulement observé qu'en général les Mediums se trouvent dans un état spécial d'agitation nerveuse; elle peut affirmer avec certitude la vérité des phénomènes qu'elle m'a racontés; mais elle n'a pu trouver ni leur cause ni le moyen de les produire, ni les raisonnements psychico-physiques qui en résultent.

« Je vous autorise, si cela vous convient, à publier cette lettre, dans le cas où vous croiriez devoir me répondre par la voie de votre journal.

« Votre très obéissant serviteur. »

(Suit la signature).

XVI

L'Hypnotisme n'est pas nouveau, car il a été préparé depuis plus d'un siècle.

Jusqu'ici nous avons préparé le sujet de notre discussion, en présentant une série suffisante de cas hypnotiques, tous très récents, publics et indubitables; il nous semble que tout lecteur intelligent doit s'être formé une idée claire de l'histoire de l'hypnotisme d'aujourd'hui. En récapitulant ce que nous avons dit, les faits racontés se réduisent :

1° A des phénomènes de sommeil, provoqué artificiellement dans le sujet hypnotisé, sommeil qui peut arriver à la profonde léthargie.

2° A des phénomènes d'épilepsie et de catalepsie passagères, dans lesquels le patient perd la sensibilité et le mouvement naturel, pour rester sensible et agile seulement au commandement de l'hypnotiseur.

3° Des phénomènes de somnambulisme, dans lesquels les sens, l'imagination, les facultés mentales sont au pouvoir de l'hypnotiseur. Celui-ci peut anéantir les forces du corps et de l'esprit temporairement, ou les surexciter avec une vive énergie, ou les fourvoyer par de fausses sensations, par des hallucinations et le délire; et il peut faire durer ces effets même après l'opération hypnoptique.

4° Quelques-uns ajoutent les phénomènes dits supérieurs (pendant le somnambulisme hypnotique), de connaissance des pensées d'autrui, de vision des choses cachées, de divination de l'avenir, etc. D'autres hypnotistes disent que ces effets supérieurs n'appartiennent pas à l'hypnotisme.

Or, ces phénomènes, dans leur substance et dans leur ensemble, ne sont point des fleurs écloses hier ou avant-hier, ils n'ont point été inventés ni par Hansen à Leipsick ou à Heidelberg, ni par Donato en France ou en Italie, ni par les docteurs de la Salpêtrière de Paris, ni par ceux de Breslau;

ni par Hack Tuke en Angleterre, ni par nos Lombroso, Morselli, Mosso et compagnie italienne. Nous lisons des faits tout-à-fait semblables dans les mémoires de Mesmer, qui commença à magnétiser les Parisiens, avec une incroyable faveur, en 1778. Les patients, assemblés autour de ses cuvettes ou dans la chambre des *crises*, semblaient un chœur de fous : baillant, se détirant, criant, pleurant, riant, faisant des contorsions, dansant, ou demeurant en léthargie. Et M. Mesmer gouvernait cet enfer avec sa baguette magique, par son regard, par ses demi-signes. Et afin que rien ne manque à la comparaison des scènes hypnotiques d'aujourd'hui, les magnétisés de Mesmer ne conservaient après la crise, aucun souvenir de ce qui leur était arrivé, si ce n'est qu'ils restaient efficacement affectionnés et attachés à la personne du magnétiseur, en quelque sorte leur maître, absolument comme nous avons vu arriver aux hypnotisés de Donato, ci-dessus au chapitre V. Mesmer prétendait que ses sujets, pendant la crise, connaissaient leurs maladies et celles d'autrui, savaient leur passé et prévoyaient l'avenir. En un mot l'hypnotisme d'aujourd'hui, était déjà plus qu'ébauché il y a un siècle, il était déjà aussi plus riche de phénomènes. Tout cela est de l'histoire très connue.

A Mesmer succéda dans le pontifical magnétique, son fervent disciple, le marquis de Puységur, qui, d'accord avec son frère de sang et de magnétisme, mit de côté les cuvettes, et avec de plus simples moyens, magnétisa hommes, chiens, plantes. On lui doit la découverte du somnambulisme *lucide*, c'est-à-dire de la *clairvoyance* qui est un état propre de certains magnétisés dans lequel le sujet devient très sensible et d'une perspicacité étonnante, jusqu'à entendre et découvrir la vérité qui, hors de l'état magnétique, lui serait tout-à-fait impénétrable. Le doct. Pétetin, à Lyon, fit une nouvelle conquête en découvrant que certains magnétisés, entrés en catalepsie, changeaient le siège des sensations, lisant par exemple avec l'occiput, et entendant avec l'épigastre : ce phénomène fut nommé transposition des sens.

L'abbé Faria, dès 1815, était déjà un parfait hypnotiste comparable à ceux d'aujourd'hui. Il produisait le sommeil magnétique par un simple commandement énergique : « Dormez! » C'était précisément la fascination de Donato que nous avons décrite au chap. V. Il imposait à tous ses endormis et à chacun en particulier, les épreuves de sensibilité excessive et d'insensibilité complète, des goûts étranges et faux, etc., ni plus ni moins que nos charlatans Hansen et Donato, ni plus ni moins que nos médecins magnétiseurs. En outre, ce pauvre abbé magnétisait un verre d'eau et lui communiquait certaines vertus plus qu'admirables : ce que ne prétendent pas faire de nos.

jours les hypnotiseurs *corrects*, et qu'ils laissent aux spiritistes plus avancés.

La catalepsie et le somnambulisme magnétique étaient l'amusement très fréquent des magnétophiles avec une addition mystérieuse et caractéristique, c'est-à-dire que le magnétisé devenait insensible à tout et à tous, excepté à la *volonté* du magnétiseur. On dit que le fameux Du Potet (magnétiste et ensuite spiritiste furieux) fut le premier à observer ce phénomène capital. Nous sommes toutefois portés à croire que d'autres l'avaient prévenu depuis longtemps. De toute manière l'ensemble des phénomènes hypnotiques d'aujourd'hui est vieux de soixante ou soixante-dix ans. Si l'on veut se donner la peine de parcourir la consciencieuse et ennuyeuse *Histoire critique du magnétisme animal,* de Deleuze, on y rencontrera les phénomènes hypnotiques de l'an de grâce 1886, tous florissants avant 1813, année dans laquelle fut publié cet ouvrage. [1]

Le magnétisme d'alors brillait beaucoup plus que l'hypnotisme de 1886. Car les vieux magnétiseurs ne se contentaient pas du léger bagage des faits d'aujourd'hui, d'apparence purement physiologi-

---

[1]. Deleuze, *Histoire critique du magnétisme animal.* Paris, 1813. 2 vol. in-8°. — M. Figuier, dans sa mauvaise *Histoire du Merveilleux :* trad. Genève, 1884, tome III, page 305, en cite un trait qui confirme notre assertion. Nous réputons mauvaise l'histoire de M. Figuier sous le rapport historique, moral, religieux, esthétique.

que, ils ne se contentaient pas de perturbations des sens et des muscles, d'hallucinations et de délires aujourd'hui hypnotiques : mais la transposition des sens leur était commune, comme nous venons de le dire, ainsi que le pouvoir de lire des livres fermés, de décrire les diagnostics des maladies intérieures, ne sachant pas un mot de médecine, et d'en prescrire les remèdes ; ils annonçaient l'avenir, et c'était un jeu pour eux de voir les choses lointaines et les pensées cachées des assistants. Toutes ces merveilles qui maintenant portent le nom de phénomènes *supérieurs,* couraient alors les rues ou au moins les réunions de magnétistes, sous les noms de clairvoyance, de sommeil lucide, d'extases magnétiques. [1]

On pourrait facilement composer un gros volume in-folio sur les changements du magnétisme du siècle dernier. Tout un peuple de savants a écrit pour et contre ; faits, doctrines et jugements se sont accumulés. Notre dessein étant de nous occuper seulement du présent, nous observons que, dans les vingt premières années de ce siècle, les destinées du magnétisme paraissaient assurées comme une nouvelle conquête du génie humain, bien plus que ne paraît aujourd'hui assurée la pos-

---

[1]. Tous ces phénomènes sont résumés dans une belle et importante page de a *Civiltà cattolica*, série V, vol. XI, p. 180-181. Voyez aussi : Franco, *Idea chiara dello Spiritismo. Prato*, 1885, p. 15-16.

session prise par l'hypnotisme. La Russie, en 1815, et deux ans plus tard, la Suède, le Danemarck, la Prusse, lui avaient concédé l'exercice public médical. En France, il n'était ni permis ni prohibé : mais ses plus illustres savants, Laplace, Cuvier, Arago, Récamier, s'en occupaient publiquement, comme, dans le siècle précédent, Lavoisier, Laurent de Jussieu, Berthollet et le célèbre américain Benjamin Franklin, s'en étaient fait les champions ou les adversaires.

Pour le plus grand triomphe des fauteurs du magnétisme, l'Académie de médecine de Paris intervint finalement en 1831, en choisissant une commission de dix docteurs pour étudier les faits magnétiques. Cette commission déclara avoir observé réellement le somnambulisme dans les magnétisés, et pendant ce somnambulisme l'anesthésie ou insensibilité, et d'autres fois l'hyperesthésie ou exaltation des sensations, toujours au commandement du magnétiseur. Elle constate le cas de ceux qui lisent les yeux fermés, de ceux qui prévoient la marche de leur propre maladie. Une somnambule, poursuit le rapport, indiqua les symptômes des maladies de trois personnes avec lesquelles elle avait été mise en communication. On y lisait ensuite un paragraphe qui disait beaucoup en peu de mots : « On peut avec certitude ⋯⋯ cet état *(le somnambulisme artificiel* e*)* existe, quand il donne lieu au développement de facultés nouvelles, désignées par les noms de *clairvoyance, intuition, prévision interne,* ou quand il produit de sérieux changements dans l'état physiologique comme l'*insensibilité, un accroissement imprévu et notable de force musculaire,* et quand ces effets ne peuvent être attribués à une autre cause. » Voilà les conclusions du rapport signé des dix commissaires, compris le doct. Husson rapporteur, qui a donné son nom à cet acte fameux. [1]

C'était une canonisation scientifique du magnétisme et de ses phénomènes transcendants, réputés diaboliques par beaucoup de personnes. Et avec lui était par avance canonisé l'hypnotisme d'aujourd'hui, qui n'est autre que l'antique magnétisme, débarrassé de la plaisanterie des phénomènes transcendants. La joie des magnétophiles fut immense, mais le triomphe dura peu. Les adversaires observèrent que l'Académie n'avait pas approuvé ni même discuté le rapport du docteur Husson. Et ce qui fut pire, c'est que d'autres commissions et d'autres rapports obscurcirent et anéantirent les faits transcendants acceptés par la commission de 1831. Enfin, l'Académie vota qu'elle s'abstiendrait désormais de tout examen ultérieur des phénomènes magnétiques. C'était un haut avertissement que la docte Société n'y avait

[1]. Le texte entier de ce rapport peut se voir dans Figuier, ouvrage cité ci-dessus, tom. III, p. 354 et suiv.

rien trouvé de réel qui fut digne de l'étude des savants. Ainsi on anathématisait ce que tout d'abord on avait canonisé. Ceci arriva en 1840.

Toutefois l'anathème de la célèbre Académie ne découragea pas tous les prosélytes du magnétisme. On peut dire qu'à cette époque le courant magnétique se divisa en deux grandes branches, que nous distinguerons volontiers en les appelant celle des *thaumaturges* et celle des *physiologistes*. Un mot sur chaque catégorie.

XVII

L'Hypnotisme n'est pas nouveau, puisqu'il était pleinement formé en 1843.

Les magnétistes, que nous appelons thaumaturges, furent ceux qui, suivant les exemples de leurs prédécesseurs, continuèrent à provoquer les phénomènes de clairvoyance, de lucidité, de prophétie, etc. Pour leur malheur, il leur arriva dans ce temps un renfort d'Amérique, dans les *Writing Mediums*, et dans les *Speaking Mediums*, dans les tables tournantes, dans les crayons écrivant d'eux-mêmes, et dans la richesse très variée des phénomènes spiritistes. Et ainsi les folies européennes, augmentées des folies américaines, s'accrurent jusqu'à un paroxysme de frénésie commune. Le magnétisme thaumaturge se lia au spiritisme, et ce qui est beaucoup plus étonnant, il se fondit et se confondit avec lui, comme deux branches de charme qui, sorties d'un même tronc, se rejoignent et se soudent ensemble plus haut. La vie du magnéto-spiritisme ne souffrit plus de défaillance, il prospéra jusqu'à nos jours par des expériences devenues fréquentes (quoiqu'en disent les matérialistes et les simples qui vivent dans la lune), d'apparitions d'esprits ou de fantômes, ce qui se nomme dans le jargon spiritique *matérialisation* des esprits. Les magnéto-spiritistes, tout en niant qu'ils forment une église, ont des dogmes spéciaux, une morale spéciale, et un culte particulier ; et ils promettent humblement de substituer leur religion à toutes les religions de l'Univers.

Cet immense travail, en partie physiologique et en partie religieux, ne pouvait manquer de ranimer les études des hommes doctes et consciencieux sur le magnétisme thaumaturge. En fait, un nombre incroyable d'écrivains entrèrent dans la lice, comme cela était déjà arrivé au commencement du XIX⁰ siècle. Nous en pourrions citer une centaine. Citons seulement la *Civiltà Cattolica* qui, depuis 1856 jusqu'à présent, ne s'est jamais tue sur ce grand péril social, et ne s'est jamais lassée de faire connaître les faits, de nommer les principaux défenseurs et les plus illustres adversaires des pratiques magnéto-spiritistes [1]. Ajoutons que dans ce temps, aucun docteur en théologie morale, n'a omis de signaler les graves dangers dont menaçait le magnétiste spirite.

Les évêques, jaloux de la pureté du dogme chrétien et de la sainteté des mœurs, en ont parlé avec une plus grande autorité. Enfin le Saint-Siège, après quelque délai, a examiné la question et a prononcé la condamnation du magnétisme, déclarant que, si l'usage des moyens physiques pour une fin honnête n'est pas coupable, au contraire l'usage des moyens physiques pour atteindre un but dépassant le naturel est une erreur illicite et hérétique. Cette sentence fut prononcée en 1847. Une autre en 1856, visa plus spécialement le spiritisme s'ajoutant aux phénomènes magnétiques.

Ces condamnations, prononcées par l'autorité suprême ecclésiastique, auraient mis un terme à l'usage du magnétisme, si tous les hommes avaient eu du bon sens. Mais le nombre des sots est infini,

---

[1]. Voyez *Civiltà Cattolica*, série III, vol. IV, V, VIII. Et encore le long traité : *Lo Spiritismo nel mondo moderno* série V, vol. XI et dans la suite. Il contient bien 300 pages. Et encore le livre : *Franco, Gli spiriti delle tenebre*, qui, sous une forme agréable, traite du spiritisme sous le rapport historique, philosophique et religieux. Et encore les articles plus récents, publiés à l'occasion des pratiques spiritiques à Vienne. Ce dernier travail a été imprimé séparément avec le titre : Franco, *Idea chiara dello spiritismo*, Prato 1885. *Gli Spiriti*, outre l'édition de Prato, se réimprime en ce moment à Milan illustré de nombreuses gravures.

et outre les sots vulgaires, il y a les sots savants. Parmi ceux-ci on compte un grand nombre de magnétistes que nous distinguerons sous le nom de *physiologistes*. Les magnétistes physiologistes diffèrent des thaumaturges en ce qu'ils prétendent maintenir leurs expériences dans les limites des forces de la nature. En 1840, lorsque l'Académie médicale de Paris fulmina contre le magnétisme alors florissant, les médecins français s'en retirèrent et pendant plusieurs années laissèrent libre le champ magnétique aux magnétistes amateurs de clairvoyance, de sommeil lucide, et d'autres phénomènes merveilleux. Mais dans le temps même où le magnétisme se discréditait en France, surgissait à Manchester, en Angleterre, le restaurateur, le vrai fondateur du magnétisme moderne physiologique, dit hypnotisme. Nous l'avons déjà nommé plusieurs fois, mais c'est ici le vrai moment d'en parler.

Le doct. James Braid, habile dans son art, probe, consciencieux, religieux, publia des expériences dans l'ouvrage intitulé : *Neurypnologie, traité du sommeil nerveux ou Hypnotisme*. Dans cet ouvrage, il décrit simplement ses expériences, les moyens pratiques de produire le somnambulisme magnétique, les phénomènes physiologiques qui le suivent. Dans ceux-ci rien ne dépasse en apparence les forces de la nature, l'auteur proteste n'avoir jamais rien obtenu par la seule volonté, rien par la voie du fluide électrique, dont il nie l'existence ; mais il dit avoir tout opéré par des moyens physiques, et il assure que les effets sont purement physiologiques ainsi que son traitement médical.

Voilà le magnétisme auquel M. Braid donna le nom d'Hypnotisme, et qui s'est perpétué depuis 1843 jusqu'à présent, maintenu vivant non par les magnétistes, mais par des médecins dans les cliniques et par quelques charlatans sur les théâtres. Dans les expériences de M. Braid, nous trouvons la production du sommeil magnétique ou hypnotique [1], qui réussissait toujours, sauf avec les réfractaires [2] ; il produisait la catalepsie artificielle, et avec celle-ci l'anesthésie et l'hyperesthésie de l'ouïe, de l'odorat, etc., et ce qui est plus significatif, l'anesthésie des bruits les plus forts et l'hyperesthésie des bruits les plus faibles [3] ; il *suggérait* aux patients pendant le somnambulisme, divers actes qui étaient aussitôt exécutés [4]. En somme l'hypnotisme dépouillé des phénomènes qui paraissent inexplicables, sortait des mains de M. Braid complet, et de tout point armé pour la lutte comme Minerve du cerveau de Jupiter, agitant sa lance.

1. Braid, *Neurypnologie*, édition citée, passim et spécialement dans le chap. *Expériences* et dans la 2ᵐᵉ partie.
2. Même ouvrage, p. 117.
3. Même ouvrage, p. 113.
4. Même ouvrage, pag. 168, etc.

Deux savants anglais faisaient écho aux expériences de M. Braid sans prétendre à des phénomènes extraordinaires; c'étaient le docteur Elliotson et le docteur Esdaile. Le premier fonda précisément un hôpital magnétique, et M. Braid parle de lui avec faveur [1]. Le doct. James Esdaile hypnotisait tout simplement les malades de l'hôpital de Calcutta, et il publia ensuite les résultats de centaines de guérisons [2].

Au contraire en France et partout ailleurs en Europe, on s'occupait assez peu et rarement du magnétisme, que les savants laissaient volontiers à l'amusement des charlatans. La sentence péremptoire de l'Académie de Paris contribuait beaucoup à cet état de choses, et aussi un peu une certaine horreur contre le vent de spiritualisme qui semblait souffler autour du magnétisme et qui offensait les savants les plus portés au positivisme et au matérialisme. Ce qui le discréditait beaucoup plus, près des âmes religieuses, c'était la clameur qui s'était élevée dans la presse catholique, qui, par des arguments invincibles, démontrait que certains phénomènes du magnétisme animal, en cas qu'ils fussent vrais, ne pouvaient s'expliquer que par quelque influence diabolique, et de toute manière

1. Braid, *Neurypnologie*, pag. 89.
2. James Esdaile, *Natural and Mesmeric clairvoyance*, etc., c'est-à-dire de la clairvoyance naturelle et mesmérique avec l'application du Mesmérisme à la pratique de la chirurgie et de la médecine, Londres 1852.

devenir immoraux ou dangereux. Ce qui tint le plus éloigné du magnétisme le public religieux ce fut le maintien énergiquement hostile de l'épiscopat et du Saint-Siège.

Mais la semence jetée par Braid ne pouvait pas manquer de prospérer dans un terrain aussi ouvert à la nouveauté que la France : après être restée pendant quelque temps ensevelie, elle germa plus féconde. On parlait avec honneur de l'hypnotisme de Braid dans le Dictionnaire médical assez estimé de Nysten en 1855. Deux ans après le professeur Azam à Bordeaux, et le docteur Guérineau à Poitiers, en firent quelques timides applications dans leurs cliniques. La faveur des études hypnotiques s'accrut rapidement. Les docteurs Demarquay et Giraud-Teulon écrivirent à ce sujet en 1860 [1], M. Gigot-Suard écrivit aussi sur ce sujet [2]. Nous ne dirons rien des travaux postérieurs de M. Lasègue, de M. Mesnet en 1865, de Liébault, de Bernheim, de Liégeois, qui préludèrent aux études solennelles de M. Charcot.

En 1878, ce fut une vraie fureur d'hypnotisme. Le docteur A. Charcot membre de l'Institut de France, professeur de clinique pour les maladies

---

1. Demarquay et Giraud-Teulon, *Recherches sur l'hynoptisme ou sommeil nerveux.* Paris 1860.
2. Gigot-Suard, *Les mystères du magnétisme animal et la magie dévoilés ou la vérité démontrée par l'hypnotisme.* Paris, 1860.

nerveuses à l'hôpital de la Salpêtrière, entouré de ses disciples et admirateurs, MM. Richer, Regnard, Bourneville et autres, commença ses expériences à la manière de Braid sur les malheureuses hystériques, dont abondait son *service,* c'est-à-dire la salle de sa clinique. Il est superflu de rappeler que depuis ce temps la récolte des phénomènes hypnotiques abonde dans toute l'Europe ; les mémoires, les livres, les journaux de médecine en ont assourdi le monde. L'Angleterre et l'Italie y ont contribué pour leur part, et plus encore l'Allemagne ; les Académies publiques étaient folles de l'hypnotiste Hansen. Celui-ci agitait l'Allemagne dans le temps même où Donato parcourait les théâtres de la France, avant de descendre en Italie.

Pour revenir à M. Charcot, nous avons ici sous les yeux la Revue scientifique, *La Nature,* qui le représente avec texte et vignettes, occupé à hypnotiser ses hystériques. [1] Ses leçons devinrent un spectacle et un passe-temps pour le public parisien. Maintenant, comparant les phénomènes observés dans la clinique de Charcot avec les phénomènes de Braid, il est manifeste que les uns et les autres sont exactement semblables ; sauf que les derniers sont plus clairs, plus expressifs, plus complets [2]. Du reste, outre l'identité des phéno-

---

1. *La Nature,* numéro du 18 janvier 1879, p. 104.
2. Cf. Figuier, *Histoire du Merveilleux,* tom. III, p. 466 et suiv.

mènes, nous avons l'aveu de M. Richer, disciple et continuateur de l'œuvre de Charcot, qui affirme que « grâce aux travaux récents, la lumière s'est faite : justice a été rendue au médecin de Manchester, et l'étude de l'hypnotisme est définitivement entrée dans la science... Nous avons, en somme, peu ajouté en ce qui concerne la découverte des faits, à ce que M. Braid avait déjà observé il y a plus de quarante ans » [1]. En un mot Braid revit dans Charcot et dans son école, dans les Dumontpallier, les Féré, les Voisin, les Richet, les Richer, les Chambard, les Baréty, les Bottey, les Binet, les Tamburini, les Seppilli, les Mosso, les Lombroso, les Tebaldi, les Morselli, les Buccola, les Berti, les de Giovanni, les de Renzi, les Salama, les Salvioli, les Dal Pozzo di Mombello, les Tarchini Bonfanti, dans les Ellero, les Silva, les Francesco et Raphaël Vizioli, dans les Hack Tuke, dans les Heidenhain, dans les Rieger, dans les Grützner, dans les Borner, les Weinhold, etc., etc. En Allemagne, on a étudié l'hypnotisme non seulement dans les hommes, mais aussi dans les animaux, étude déjà commencée par d'autres et ailleurs [2].

1. Richer, la *Grande Hystérie*, p. 507-508.
2. Même ouvrage, p. 509 et suiv. On y mentionne beaucoup d'auteurs et beaucoup d'ouvrages que nous citons. Pour les italiens, *cf. Fr. Vizioli* dans sa *Lecture* à la section de Médecine, etc., dans le XIe Congrès de l'Association médicale de 1885 à Pérouse; lecture qui se trouve dans le *Giornale di Neuropatologia*, de Naples, numéro de septembre, octobre, novembre, décembre 1885.

De là nous concluons, avec une claire et évidente conséquence, que l'hypnotisme d'aujourd'hui, tant celui des cliniques secrètes que celui des théâtres, n'est point une découverte nouvelle, c'est même une chose vieille et très vieille, c'est le magnétisme repris à l'état où il était il y a un demi-siècle, une seconde édition d'un livre tombé dans l'oubli ; c'est la science, si l'on veut l'appeler ainsi, la science revenant sur ses pas, après qu'elle était déjà vieillie et disparue. C'est un vrai mouvement de recul. Avec un peu d'étude et de patience, on n'aurait pas de peine à démontrer que tous et chacun des phénomènes hypnotiques d'hier et d'aujourd'hui étaient déjà produits dans les pratiques magnétiques il y a cinquante et même quatre-vingts ans, en remontant jusqu'à Mesmer, en faisant exception pour les phénomènes *supérieurs* que les hypnotistes d'aujourd'hui prétendent répudier. Ce n'est pas ici le moment de nous étendre à indiquer les plus anciennes racines du Mesmérisme dans les pratiques magiques des temps antérieurs. Serrons l'argument : il est démontré que l'hypnotisme actuel n'est pas nouveau, qu'il est vieux d'un demi-siècle, d'un siècle entier et même peut-être de plusieurs siècles.

Ici se pose une question capitale. Si l'hypnotisme, aujourd'hui revenu à la mode, n'est pas autre chose que le magnétisme florissant il y a plus d'un demi-siècle, les sentences prononcées par la philosophie et par la religion il y a un demi-siècle doivent-elles lui être applicables ?

Beaucoup de savants et d'hommes de bien répondent que non : parce que, disent-ils, l'hypnotisme actuel a renoncé aux phénomènes surnaturels, douteux dans leur cause, dangereux dans leurs effets ; l'hypnotisme d'aujourd'hui veille dans les hôpitaux, divertit sur la scène, mais toujours décoré du manteau de l'étude physique et clinique ; il n'est autre enfin qu'un sommeil nerveux, ou si vous voulez, un état physiologique particulier, provoqué artificiellement afin d'en connaître les effets singuliers et les applications possibles à l'art médical.

Nous, au contraire, nous répondons avec certitude que oui, parce que l'état hypnotique n'est pas une simple perturbation ou maladie nerveuse, temporairement provoquée ; mais c'est quelque autre chose de plus mystérieux et de plus dangereux ; ses phénomènes n'ont pas l'aspect de simples effets naturels ; ils accusent aussi très souvent l'intervention de causes occultes et malfaisantes. Nous espérons le démontrer par des arguments certains et évidents.

XVIII

L'Hypnotisme est certainement une maladie

Nous avons montré comment l'ensemble des phénomènes, aujourd'hui appelés hypnotiques, n'est pas chose nouvelle, puisqu'ils étaient déjà en usage il y a plus de quarante ans, au temps de Braid. Et remontant aux temps antérieurs, nous rencontrons tous et chacun de ces faits dans le magnétisme florissant il y a plus d'un siècle, au temps de Mesmer. La seule différence qu'il y ait entre les faits mesmériques anciens et les faits hypnotiques d'aujourd'hui, est que les premiers étaient très souvent accompagnés de phénomènes de clairvoyance, de prévision, de pénétration de choses occultes, phénomènes que la plupart des hypnotistes modernes rejettent au rang des fables. Nous disons la majeure partie ; parce qu'il ne manque cependant pas aujourd'hui d'hypnotistes qui tendent au merveilleux. Outre ceux que nous notons dans les chapitres XII, XIII et XV, nous pourrions citer des faits récents de transposition des sens, de divination de choses inconnues et de l'état morbide du sujet, de parler des langues que l'hypnotisé ne connaît pas, faits attestés par le docteur Cervello, professeur à l'Université de Palerme, et rendus authentiques par le nom illustre du professeur Giovanni Semmola, de Naples [1].

D'autres sont cités par Lombroso qui, outre la transposition des sens, admet aussi « la vision et la transmission de la pensée à distance [2] ». Il ne manque pas néanmoins de matérialistes qui prétendent expliquer de tels phénomènes, psychiques, comme ils disent, par le mouvement de la matière ; et parmi ceux-ci est Lombroso, qui s'indigne de ce que « nous avons une sainte séminaristique horreur pour tout ce qui rapproche la pensée des phénomènes de la matière [3] ».

Il ne nous serait pas difficile, en remontant plus haut dans l'histoire, de retrouver les faits hypnotiques d'hier et d'aujourd'hui dans les possessions diaboliques de tous les temps, dans la magie, dans les cultes païens de tous les siècles et de tous les lieux. Nous en rencontrerions non seulement dans les relations des voyageurs modernes de la Chine, de l'Inde, de l'Afrique, de l'Océanie, de l'Australie ; mais nous en aurions une riche moisson dans les mémoires grecques, romaines et orientales. Nous en trouvons dans les récentes et très doctes recherches de M. F. Lenormant, sur les

1. Cf. Franc. Vizioli, *Lecture* à la section de Médecine, etc., dans le XI° Congrès de l'Association médicale italienne à Pérouse, 18 septembre 1885 : lecture rapportée en entier dans le *Giornale di Neuropato'ogia* de Naples, numéro de septembre, octobre, novembre, décembre 1885.
2. Docteur Cesare Lombroso, *Studi sull' Ipnoptismo*. Turin 1886, p. 15-18-40 et suivantes.
3. Même ouvrage, p. 19.

peuples Chaldéens, mis de nouveau en lumière par la découverte des caractères cunéiformes. Maspero en parle dans l'Histoire des peuples d'Orient [1]. Chabas en 1860 « a traduit et commenté le *Papyrus magique*, dit *de Harris*, manuscrit égyptien en langue hiératique, qui n'a pas moins de 28 ou 30 siècles avant l'ère vulgaire ; et dans ce manuscrit les faits hypnotiques ne sont pas inconnus.

Les auteurs modernes, tant croyants qu'incrédules qui ont traité cette question, ont reconnu la diffusion générale et l'antiquité de l'hypnotisme. Mais entre eux et nous, il y a une différence et même une opposition capitale, en ce qu'ils expliquent le merveilleux des faits anciens en les ramenant à des phénomènes physiques d'hypnotisme ; quelques-uns essaient d'expliquer par l'hypnotisme, avec autant d'impiété que de sottise, les miracles de Jésus-Christ et tout le surnaturel que l'on rencontre dans les vies des Saints : tandis que nous n'admettons aucune similitude entre l'hypnotisme et le miracle proprement dit ; et en outre nous sommes portés à expliquer certains faits hypnotiques modernes par le préternaturel ancien, et à étendre à l'hypnotisme le nom déjà donné par tout le genre humain aux faits qui lui ressemblent. Mais n'anticipons pas sur les dernières conclusions, et procédons avec ordre.

---

[1] Maspero, *Histoire ancienne des peuples d'Orient*, 4e édition, Paris 1886, pages 70-77, 142-144.

Pour nous ouvrir la voie à la détermination de la nature des phénomènes hypnotiques, commençons par chercher à quel ordre de faits ils appartiennent. Si nous écoutons le cri des hypnotiseurs de théâtre, et encore plus des docteurs en médecine, qui dit hypnotisme ne dit rien de plus et rien de moins qu'une perturbation nerveuse passagère, ou bien un sommeil provoqué par l'art médical et accompagné de symptômes spéciaux caractéristiques ; plus brièvement, une névrose ou maladie nerveuse d'un genre particulier. Les hypnotistes de grande réputation s'accordent pour accepter ces définitions ou descriptions. Laissons les parler, et d'abord M. Braid, fondateur du magnétisme, nous dirons *laïcisé*, parce qu'il le dépouille des faits merveilleux et le réduit au simple hypnotisme. Pour lui l'hypnotisme : « c'est un état particulier du système nerveux, déterminé par des moyens spéciaux [1] ».

Le docteur Charcot, qui a rendu la vie à l'hypnotisme de Braid, et qui est le chef de l'école des hypnotiseurs d'aujourd'hui, en parlant devant l'Académie de médecine de Paris, en 1882, le définit ainsi « une névrose expérimentale [2] ». Le docteur Dumontpallier et le docteur Magnin ajoutèrent que c'est une névrose expérimentale à divers degrés

1. Voyez ci-dessus chap. II.
2. Cullerre, *Magnétisme et Hypnotisme*, p. 281.

d'intensité [1]. Il n'y a pas de doute que le célèbre docteur Paul Richer ne le considère comme une maladie véritable et particulière, puisqu'il en parle comme d'une dépendance du haut hystérisme, avec trois ou quatre degrés, de léthargie, de catalepsie, d'état suggestif et enfin de somnambulisme [2]. Et ensuite il écrit formellement : « L'hypnotisme est une névrose, mais une névrose expérimentale », et ailleurs : « C'est une perturbation artificiellement produite dans les fonctions normales du système nerveux, une vraie névrose expérimentale ». Ailleurs, en copiant Braid presque à la lettre, il dit : « C'est l'ensemble des états particuliers du système nerveux, provoqués par des moyens spéciaux [3] ».

Les doctrines de Charcot se répandirent en Allemagne sans grands changements. M. Heidenhain définissait l'hypnotisme « une catalepsie expérimentale », et « l'état hypnotique comme une suspension de l'action du cerveau ». [4] Le docteur Hoffman, qui fut rapporteur dans l'affaire d'interdiction de l'hypnotisme à Vienne en 1880, appela l'état hypnotique « un état névropathique »[5], nous

1. Même ouvrage, p. 182.
2. Voyez sa théorie exposée ci-dessus au chap. III.
3. Paul Richer, *La Grande Hystérie*, p. 512-517.
4. Cf. Fr. Vizioli, *Lecture* citée ci-dessus.
5. Idem, *Relazione sul l'operato del Consiglio superiore di sanità*, lue à l'Académie royale de Médecine et de Chirurgie de Naples, dans la séance du 27 juin 1886, inséré dans le *Giornale di Neuropatologia* de Naples, fascicule de mars-avril 1886, page 140, en note.

en disons autant et avec plus de raison de l'Italie, où les expériences de Charcot et de son école ont été popularisées par les articles du docteur Miliotti [2]. Déjà quelques médecins avaient écrit sur ce sujet. Plusieurs que nous avons mentionnés plus haut, comme Morselli et autres, admettent à son égard comme un état pathologique du système nerveux, une crise nerveuse, en un mot, une névrose. Ajoutons la définition du docteur Mosso : « Les phénomènes de l'hypnotisme sont l'exagération morbide de phénomènes physiologiques qui s'observent dans le sommeil et dans le somnambulisme [2]. » Dans le Congrès médical à Pérouse, en 1885, le doct. Francesco Vizioli fit une conférence qui avait pour sujet : « De la *maladie* hypnotique et des suggestions ». Ainsi parlent en général les médecins italiens, et tel est leur avis commun, comme l'affirme le doct. Edouard Gonzales, dont nous avons cité les paroles au chap. IV. Nous en avons aussi une solennelle affirmation dans l'avis du Conseil supérieur de santé, siégeant à Rome, qui, « examinant objectivement la question de l'hypnotisme et des suggestions hypnotiques, et spécialement les spectacles donnés jusqu'à présent en Italie et à Milan et à Turin *(par Donato)*,

---

1. Doct. Miliotti, dans la *Gazz. degl Ospedali* de Bologne, n° 62 et suivants, septembre et octobre 1885.
2. Doct. Mosso, *Fisiologia e patologia dell' ipnotismo*, dans la N. *Antol.* de Rome, cahier du 1er juillet 1886, page 69.

affirme qu'il n'est plus nécessaire de discuter sur la partie scientifique et technique du somnambulisme provoqué et des suggestions hypnotiques, étant l'un et l'autre partie intégrante des doctrines modernes *Névro-pathologiques*. » Et peu après il appelle les phénomènes hypnotiques « faits psychiques morbides ». [1]

Nous, par conséquent, devant de si graves et si décisives assertions des hommes compétents pour juger les questions de cette nature, nous sommes contraints de nous incliner. Ils affirment que l'hypnotisme est une maladie nerveuse! Soit. Certainement nous aurions mauvaise grâce à le contester. La perturbation nerveuse dans l'hypnotisé est si évidente que pour la nier il faudrait s'arracher les yeux de la tête. On voit se manifester en lui l'altération du système des nerfs moteurs, l'altération du système musculaire, spécial, volontaire, l'altération dans la circulation du sang, l'altération dans les facultés sensitives, l'altération dans les organes supérieurs servant aux fonctions mentales. Et quelles altérations! l'hypnotisé va jusqu'aux convulsions toniques, aux contorsions cloniques, etc., du grand hystérisme, jusqu'à l'amnésie (oblitération de la mémoire), à l'aboulie (impuissance de la volonté), aux hallucinations,

---

1. *Parere del Consiglio superiore di Sanità*, etc., dans tous les journaux italiens de juin 1886.

au délire, à l'épilepsie, à la catalepsie, au somnambulisme forcé. Je défie, qui que ce soit, de ne pas reconnaître une perturbation nerveuse dans une si formelle révolution des nerfs et de toutes leurs dépendances. De plus, le paroxysme dissipé, il reste souvent à l'hypnotisé le tremblement, la céphalalgie, la faiblesse et une tendance aux névropathies, et enfin à la frénésie.

Donc les phénomènes hypnotiques constituent une maladie nerveuse, provoquée, oui, et passagère, mais vraiment telle. Nous ne croyons pas devoir tenir compte de quelques médecins, comme M. Bernheim et M. Bottey qui ont nié l'état pathologique, parce qu'ils n'arrivaient pas à connaître les causes de la maladie.[1] Pour nous, en restant avec la majorité des médecins et avec le bon sens, nous raisonnons ainsi : dans l'hypnose, les symptômes de profonde perturbation physiologique du système nerveux existent, se voient avec les yeux, se touchent avec les mains : donc c'est une maladie. Consiste-t-elle seulement dans les symptômes, ou les symptômes accusent-ils une affection latente qui les produit ? Il n'est pas nécessaire de le chercher : d'autant plus que certains docteurs nient avec raison l'existence des maladies purement symptomatiques. Chaque fois qu'il y a alté-

---

[1]. Voyez leurs opinions dans Cullerre, *Magnétisme et Hypnotisme*, p. 282-283.

ration dans les fonctions, il y a, selon eux, altération matérielle, ne fût-elle que purement passagère. Et dans les névroses (qui se rapprochent davantage de l'objet de notre étude), ils supposent une modification moléculaire qui en serait le fondement et la cause. De toute manière, que l'on appelle l'hypnotisme symptomatique ou idiopathique, il sera toujours une maladie.

Mais la maladie hypnotique est-elle *simplement* une maladie ? Est-elle *seulement* une maladie comme toutes les autres ? N'accuse-t-elle pas quelque élément étranger à la physiologie et à la pathologie ? Voilà la recherche que nous allons aborder, elle est d'autant plus travaillée par les dissensions qu'elle est plus importante et plus capitale.

XIX

Que l'Hypnotisme a quelque chose de contraire à la nature dans ses causes

Ayant démontré que l'état hypnotique est un état morbide, étudions maintenant la nature de cette maladie. Suivons en cela la méthode des nosologistes et des nosographistes les plus exacts. Ils établissent d'abord les causes certaines ou probables d'où elle dérive ; c'est ce qu'ils appellent l'*étiologie*. Ils en décrivent ensuite les *symptômes*, ou les signes sensibles, réputés caractéristiques et révélateurs des altérations cachées, que l'on suppose. Des causes vraies ou présumées et des signes symptomatiques se forme la *diagnose* ou description de la maladie en elle-même. Considérant ensuite, suivant l'expérience, la marche ordinaire et les changements qui, habituellement, suivent les premières attaques du mal, ils établissent la *prognose* ou pronostic de sa durée et de son issue finale. Sur de telles données, on fonde la thérapeutique ou les moyens directs pour combattre et détruire le mal dans la mesure à laquelle il est parvenu, ou au moins pour retarder ou diminuer les conséquences fâcheuses que la science ne peut empêcher.

L'analyse d'une hypnose dans toutes ces parties en général et en particulier constituant la connaissance du mal, devient profondément obscure et mystérieuse. Et quiconque l'étudie se trouve embarrassé çà et là par certaines difficultés devant lesquelles l'esprit s'arrête et raisonne ainsi : mais cela n'est pas selon les lois de la nature, c'est un cas particulier qui échappe à la science physiologique et pathologique, et se révèle comme étant d'un ordre hétérogène.

En effet quelles causes peut-on assigner à la névrose hypnotique ? Nous citons un peu plus haut l'opinion de deux célèbres hypnotistes, les docteurs Bottey et Bernheim, lesquels nient carrément l'état morbide, à cause du défaut absolu d'étiologie, c'est-à-dire de causes génératrices. Mais sans aller jusqu'à cet excès, de nier l'effet visible et palpable, parce qu'on en ignore la cause, il convient d'avouer que la production de l'hypnotisme, que les docteurs appellent *hypnogénésie*, est un chaos profond. Deux hypothèses peuvent être imaginées pour lui assigner une cause un peu plausible : 1° l'émission d'un fluide de l'hypnotisant à l'hypnotisé ; 2° le développement des phénomènes, par l'énergie de l'imagination individuelle, excitée ou non par l'hypnotiseur, favorisé ou non d'une prédisposition personnelle. Ces deux hypothèses ont formé deux écoles. Braid les distingue parfaitement en appelant théorie *objective* la première, et théorie *subjective* la seconde : c'est très bien nommé, parce que la première attribue les phénomènes hypnotiques à un fluide, à un agent réel et objectif bien que mystérieux, passant de l'opérateur à l'opéré, et qui est la cause efficace de l'hypnose et des symptômes qui l'accompagnent ; la seconde les fait naître du sujet en vertu d'une idée fixe [1].

Les deux écoles comptent de nombreux adeptes.

1. Cf. Braid, *Neurypnologi*, page 227. Le fameux incrédule Littré, qui finit ensuite chrétiennement, publia en 1856 une autre théorie, qu'il appela *Spontanée*, supposant que les phénomènes magnétiques sont absolument chimériques, imaginaires, dus à l'hallucination personnelle. De notre temps, les phénomènes sont tellement prouvés et certains, que l'opinion de Littré ne mérite plus d'être discutée.

Les plus anciens magnétistes furent presque tous *objectivistes*. Mesmer, il y a cent ans, inventa le fluide *universel*, cosmique, thaumaturge, passant du magnétisant dans le magnétisé ; et ses disciples l'ont suivi pendant un demi siècle. Ils ont seulement fait varier la nature du fluide. Les docteurs Maupied, Caupert, Charpignon, l'appelèrent fluide *magnétique*, de même nature que le magnétisme minéral connu de tous les physiciens. Un monde de savants au contraire combattirent pour le fluide *nerveux*, le fluide *vital*, le fluide *zoomagnétique*, le fluide *électro-dynamique*, tous fluides hypotétiques, imaginaires et reniés non moins par la physique que par la physiologie. D'autres voulurent que ce fût un fluide éthéré ou éther, d'autres la *chaleur animale* communiquée, d'autres *une force nerveuse transmissible*. Plus étranges que tous, certains allemands inventèrent le fluide *odique* et le *spirodique;* Gœrres (très allemand en cela) imagina la *réverbération des idées et des volitions* du magnétisant au magnétisé. Un anglais, M. Gregory, recourut à la *dualité du cerveau*, enseignant qu'une moitié de l'encéphale, sans usage dans l'état normal, entre ensuite en exercice pendant le sommeil magnétique. Et cette idée nébuleuse n'est pas sans prosélytes même aujourd'hui, comme nous le démontre l'ouvrage de Bérillon [1]. Ceux-là furent

1. Doct. Edga Bérillon, *Hypnotisme expérimental. La dualité cérébrale et l'indépendance fonctionnelle des deux hémisphères cérébraux.* Paris, 1884.

prudents, qui ne sachant que dire, sortirent d'embarras en attribuant les phénomènes magnétiques à une faculté d'un genre inconnu, Les piétistes ne manquèrent pas non plus, ils attribuaient les effets magnétiques aux anges de Dieu, ou à un privilège propagé par quelques hommes depuis Adam ; ou à des facultés latentes dans la nature [1].

Ils ne nous semblent pas bien déraisonnables ceux qui, considérant la variété très riche et la puissance des phénomènes hypnotiques, et sachant que nul effet n'est sans cause, se creusent le cerveau pour fabriquer des causes proportionnées aux effets étonnants qu'ils voient chez les magnétisés. Leur idée est si naturelle que de nos temps elle a plu au docteur Baréty, qui en 1881, devant la société biologique de Paris, ressuscita l'idée d'un fluide *nerveux rayonnant* [2]. Nous dirons de plus : ceux mêmes qui nient l'influence du magnétiseur sur le magnétisé, se laissent bien souvent aller à la supposer. Ainsi Donato, bien qu'il nie le fluide mesmérique, affirme cependant *l'influence*. Pour lui, « quand l'influence est pratiquée d'homme à homme, elle prend le nom spécial de magnétisme humain... quelqu'en soit le principe inconnu et la source ignorée, cette influence ne peut-être

---

[1]. On peut voir beaucoup de ces hypothèses, exposées et jugées dans la *Civiltà Cattolica* dans l'année 1864 et suivantes, sous le titre : *Lo spiritismo nel mondo moderno.*
[2]. Cf. Richer, *La Grande Hystérie*, page 506 en note.

niée [1] ». Le fameux émule ou collègue de Donato, le danois Hansen, dit que peu de personnes possèdent la propriété spécifique de magnétiser [2]. Donc il admet que le magnétiseur communique quelque chose de lui, et que l'effet en dépend beaucoup: autrement tous les magnétiseurs seraient également habiles et capables.

En opposition avec les hypnotiseurs objectivistes, défenseurs d'un fluide ou d'une influence réelle de l'hypnotiseur à l'hypnotisé, est venue l'école des subjectivistes qui le nient. L'argument le plus puissant de ces derniers est l'autohypnotisation, c'est-à-dire les cas d'hypnotisme réel sans une autre personne jouant le rôle d'hypnotisant. Nous en rapportons quelques cas et nous en indiquons un grand nombre, au chap. VII. Nous avons en outre le jugement de Faria, fameux magnétiseur qui nia tout fluide transmis, toute influence positive. Braid, copié à la lettre dans les doctrines et dans les pratiques hypnotiques des opérateurs modernes, nie aussi le fluide et affirme l'autohypnotisme. Les médecins hypnotiseurs qui sont en grand nombre aujourd'hui (voyez chap. XVII) ne reconnaissent pas, au moins en théorie, la communication de l'opérateur à l'opéré, d'aucun élément produc-

---

1. Donato, *Introduction à la Revue générale des sciences physio-psychologiques*, n° 1, 10 février 1886, page 11.
2. Cf. Mosso, *Fisiol e patol. de.. l ipnotismo*, dans la *N. Antologia* de Rome, n° du 1er juillet 1886, pag. 63.

teur efficace des phénomènes hypnotiques. Et vraiment l'existence de cas sans nombre d'autohypnotisation constitue un argument invincible et sans réplique. Comment pouvons-nous imaginer une influence active où il n'existe aucun influent?

Il ne reste donc que l'imagination propre et individuelle de l'hypnotisé pour déchaîner la tempête de la maladie hypnotique, brève, oui, mais des plus effrayantes que puisse voir la médecine. Or tous nos lecteurs qui ont eu la patience de parcourir la série des faits que nous avons racontés aux chap. V—XV, protesteront contre cette cause supposée. Dans ces faits il est très évident, au moins pour la plus grande partie et même pour la presque totalité, que les sujets hypnotisés ne faisaient pas le moindre effort d'imagination pour s'exciter au sommeil magnétique ou à toute autre chose relative à l'hypnotisme. Que nos bienveillants lecteurs relisent cette série que, non sans motif, nous avons placée en tête de notre traité, et qu'ils nous disent avec conscience s'ils voient aucune trace de travail personnel des hypnotisés. Ils n'en verront aucune, absolument aucune, excepté dans les cas d'autohypnotisme. De plus tout hypnotisé sait avec une profonde et inéluctable conscience qu'il n'a pas contribué ou voulu contribuer physiquement à sa propre hypnotisation. Tout au plus il a donné son consentement pour être hypnotisé : mais le consentement de la volonté n'est pas une cause physique d'effets physiques. Il sait en outre qu'il est resté à la discrétion de l'hypnotiseur dans un état purement passif, comme une victime sacrifiée. De plus, il y a des cas avérés d'hypnotisation par pure surprise, sans le formel consentement du patient, témoins les faits atroces et ignominieux, relatés par plusieurs auteurs, notamment par Cullerre [1]; témoins les cas d'hypnotisation pendant le sommeil du patient, dont parle Richer [2]. Il est évident qu'une personne dormant d'un sommeil simplement physiologique, ne peut ni consentir, ni contredire, et encore moins concourir avec l'énergie de sa volonté ou de son imagination à produire l'hypnose.

Où est donc, et quelle est la cause de la maladie hypnotique ? Il n'y en a aucune, ni externe de fluides transmis, ni interne provenant de l'imagination personnelle et volontaire. Donc les médecins et les autres observateurs raisonnables sont contraints d'admettre une maladie passagère mais violente, sans aucune étiologie, c'est-à-dire sans causes génératrices, ni certaines, ni hypothétiques, et cela est pleinement naturel ?

---

[1]. Doct. Cullerre, *Magnétisme et Hypnotisme*, p. 336 et suiv.
[2]. *Richer, la grande Hystérie,* pag. 533-534.

XX

Ni les actes hypnogéniques, ni la fascination, ni la prédisposition ne sont des causes suffisantes de l'hypnose.

Mais on objectera : la cause des phénomènes hypnotiques peut être l'hypnogénésie même, comme disent les médecins, c'est-à-dire l'action hypnotisante, partant de l'hynoptiseur, ou de l'hypnotisé dans les cas d'autohypnotisme. Nous répondons : Cela ne peut pas être. Si l'acte hypnotisant était une véritable cause physique, elle serait, comme tout autre cause physique, constante et nécessaire dans son effet. Or il n'y a rien de plus inconstant, de plus variable, que l'action hypnotisante. De quelque action que l'on se serve, elle est également efficace, et tous les moyens sont parfaitement indifférents. Mesmer employait les cuvettes, la baguette magique, et d'autres grimaces souvent lubriques et très laides. Puységur traitait le patient comme un aimant. Puis vinrent à la mode les *passes* ou les mouvements de la main mesmérisants et démesmérisants : moyen absolument absurde, puisqu'en le variant de mille manières on obtenait le même effet, et que de plus, comme Braid l'observe, on obtenait des effets contraires avec le même mouvement, selon les cas [1]. Un italien, le comte Mami, en 1850, substitua aux mouvements de contact, les mouvements à distance, et un autre italien ingénieux, M. Tommasi, à Turin en 1841, magnétisa avec des aspersions d'eau. Mais un français le surpassa en hypnotisant par un simple souffle, ce qui maintenant est le moyen usité pour déshypnotiser. M. Faria, comme nous l'avons dit, endormait avec une simple parole impérieuse : Dormez. Ce moyen a été employé tout récemment par le doct. Federici à l'hôpital de Santa Maria Nuova, à Florence. Son précepte, à ce que l'on dit, est resté efficace pendant plusieurs heures, jusqu'au moment fixé au malade. Après les exploits de M. l'abbé Faria, on supprima la parole extérieure, et on endormit les sujets par le seul commandement intérieur de la volonté ; et enfin, même sans acte de volonté, par la seule présence du magnétiseur. Cette présence même paru superflue, et on produisit le magnétisme par le moyen d'objets, d'arbres, de verres, d'eau mesmérisée, d'anneaux, de broches à tricoter, de crayons, de cartes de visite, etc., etc. [2].

La méthode qui prévaut aujourd'hui consiste à fixer le regard sur un objet brillant. C'est le moyen particulier de Braid, des magiciens égyptiens et

---

1. Braid, *Neurypnologie*, page 252 et suivantes.
2. Cf. *Civiltà Cattolica*, ser. V, vol. XII, p. 195 et suivantes.

indiens, de Hansen qui courait, il y a peu de temps, les théâtres de l'Allemagne; et on peut, comme il est manifeste, s'en servir sans le secours du magnétiseur. Une autre méthode aujourd'hui très commune, consiste en ce que l'hypnotisant regarde fixement dans les yeux de son sujet. C'est ainsi qu'opère Donato, entre autres, et il appelle ce moyen *fascination*. Les médecins s'occupant d'hypnotiser des hystériques, des fous et autres malades, se servent du regard, de la lumière, du bruit, des pressions, du toucher, des courants électriques, de l'aimant, du son d'un orgue, des attouchements, du tictac d'une montre, etc. [1].

En résumé, tout peut servir, tout moyen est bon. Cela revient à dire que le sommeil magnétique, avec tous ses phénomènes, n'a aucune cause déterminée; et d'aucun genre d'action hypnogénique, on ne peut dire : voilà la cause physique de la maladie hypnotique. Or, il nous semble curieux et étrange, pour ne pas dire autrement, qu'un ensemble de phénomènes physiques puisse être produit par une cause quelconque choisie à volonté. Jusqu'ici tous les métaphysiciens et tous les expérimentateurs de physique, en y comprenant expressément les médecins, avaient toujours enseigné et prouvé que tout effet physique a sa cause physique, propre et déterminée. Ainsi le feu

---

1. Richer, *La Grande Hystérie*, pages 519-536.

chauffe, la glace refroidit ; et jamais la libre volonté humaine ne fera que le feu glace, et que la glace chauffe. Et la raison en est qu'on ne peut rien trouver dans l'effet qui ne préexiste formellement ou éminemment dans la cause : une cause donc qui ne contient pas l'entité de l'effet ne peut le produire ; on ne peut donc choisir une cause à son gré pour produire un effet donné. Seul l'hypnotisme fait exception. Est-il possible d'accepter cette exception ?

A l'inconstance s'ajoute la disproportion de telles causes avec l'effet. Comment ? un désordre physiologique très grave qui secoue et agite le système nerveux, musculaire, sanguin, cérébral, avec des symptômes des plus graves maladies, et qui donne à l'hypnotisé l'aspect d'un fou furieux, un tel désordre se produit en fixant volontairement les yeux sur une pomme de cuivre brillant ? ou par le fait d'être regardé dans les yeux par un autre homme ? ou avec quelque mouvement de main à distance ? ou avec une aspersion d'eau ? ou avec une carte de visite mesmérisée ? Certainement tout homme raisonnable sentira une difficulté insurmontable à le croire. Comme dans la mécanique c'est une loi reconnue de tout temps que le choc éprouvé par un point donné, est égal à l'impulsion qu'il reçoit : ainsi c'est une loi éternelle dans la physiologie que l'altération qu'éprouve un corps est égale à la force qui l'altère et le change.

Dans l'hypnose au contraire une altération corporelle immense, serait produite par une action hypnogénique minime, c'est-à-dire par une force presque nulle. Nous ne le croyons pas et les médecins de bons sens ne le croiront pas non plus.

Mais la fascination des yeux ! s'écrient quelques uns, la fascination est puissante. Nous répondons que jusqu'à présent les médecins et particulièrement les médecins italiens ont regardé comme des contes de bonnes femmes, l'action de la fascination et maintenant, par suite du besoin de trouver une cause à des effets inexplicables, on revient à la fascination [1]. Mais raisonnons. Que serait la fascination ? Nous admettons bien que l'apparition imprévue d'un péril extrême et inévitable paralyse l'action, que l'esprit et le système musculaire en soient affectés de manière à anéantir les forces, le mouvement, la voix. Nous admettons que cet effet est réel chez les bêtes et chez les hommes. C'est bien. Mais qu'on ne vienne pas nous dire qu'un coup d'œil de travers, fixe, pénétrant, d'un charlatan sur la scène produise les mêmes effets. A Turin à Milan, à Montpellier, à Paris, à Vincennes, à Breslau, etc., tantôt Hansen, tantôt Verbeck, tantôt Donato ont hypnotisé beaucoup d'hommes adultes et forts, des jeunes gens, des étudiants de l'univer-

---

1. Cf. Fr. Vizioli. Rapport cité ci-dessus, p. 140 en note.

sité, des journalistes, des gentilshommes, des savants, des professeurs, des soldats, des officiers. Croira-t-on jamais que tous ces hommes ont été domptés et assujettis par un regard d'un jongleur? Nous le comprendrions s'il s'agissait d'une femme hystérique, d'une jeune fille anémique, d'un imbécile à demi fou : mais pour des hommes sains et vigoureux, non ; nous ne le croyons pas et aucun homme raisonnable ne le croira, non plus qu'un médecin qui parle selon sa science et sa conscience.

On ne peut pas recourir aux prédispositions latentes du sujet, qui aident l'action de l'hypnotiseur. Dès son temps, Braid, qui ne laissa rien à inventer aux hypnotistes d'aujourd'hui, Braid présenta très bien cette espèce d'explication du grand effet hypnotique, produit par une cause minime et évidemment disproportionnée. « Je soutiens, dit-il, que l'opérateur fait comme un mécanicien, qui met en action les forces de l'organisme du patient [1]. »

Supposons, disent les hypnotistes, une grande force latente, c'est-à-dire la disposition du sujet à l'épilepsie, au somnambulisme etc. ; l'hypnotiseur l'éveille par l'acte hypnotisant : et voici les phénomènes qui se produisent en abondance. Très heureuse échappatoire de Braid ; et les hypnotiseurs modernes n'ont rien inventé de plus plau-

[1]. Braid, *Neurypnologie*, pag. 236.

sible. Le mal est que la supposition est tout à fait fausse.

On comprend que par un simple fait d'ouvrir une soupape on produise une inondation ; mais il faut que derrière la soupape soit accumulée une masse énorme d'eau : on comprend qu'en tournant un levier on fasse marcher un convoi de soixante vagons ; mais il faut que la chambre à vapeur du moteur soit remplie de vapeur et à haute pression. Dans le cas de l'hypnotisé, la disposition à produire des phénomènes hypnotiques est une pure invention imaginaire, une chimère. Et par conséquent l'hypnotiseur en cherchant à l'éveiller, ne devrait naturellement en tirer aucun phénomène.

Oui, la prédisposition physique de l'hypnotisé, mise en action par l'hypnotisant, et regardée comme cause efficiente des phénomènes morbides est une chimère. Et d'abord parce que l'action hypnotisante est choisie arbitrairement par l'hypnotiseur, elle n'est donc pas la vraie et propre cause physique, comme nous l'avons démontré plus haut ; et elle ne peut réveiller physiquement aucune prédisposition ni aucune autre force de l'organisme humain. Secondement parce que, quand même cette cause serait vraie, elle est minime et presque nulle en comparaison de l'effet à obtenir. Troisièmement parce que la prédisposition supposée n'existe pas, au moins dans un très-grand nombre de cas ; nous disons au moins dans un très grand nombre de cas parce que, en quelques rares cas, elle pourrait exister. Nous ne croyons pas improbable qu'un cerveau affaibli, un fou, une hystérique du haut degré, puisse, avec une petite secousse, être jeté dans la catalepsie ; c'est la goutte d'eau qui fait déborder le vase plein. Nous aurions bien quelque difficulté à admettre cela, vu la nature spéciale de certains phénomènes hypnotiques: mais pour le moment nous concédons aux médecins hypnotiseurs qu'avec des malades ils parviennent à obtenir de très grands effets par de légères excitations.

Ce que personne ne pourra admettre, c'est que tous les hommes soient si prédisposés à une aussi grave maladie que l'hypnose, qu'il suffise d'un regard pour les y précipiter et qu'un rien les jette dans l'océan des névroses les plus formidables, avec le délire, etc. Braid n'hypnotisait pas seulement les anémiques, les chlorotiques et les hystériques : il raconte lui-même avoir hypnotisé dans une séance publique à Manchester quatorze adultes du sexe masculin, de bonne santé, inconnus; et que dix sur quatorze restèrent endormis. Il en hypnotisa vingt à Rochdale et deux seulement résistèrent. Dans une autre occasion il en hypnotisa dix huit à Londres, et trente deux enfants, sans y rencontrer un seul réfractaire, etc. [1].

1. Braid, œuvre cit. p. 29 et suiv.

Cinquante ans avant lui, et après lui, sans discontinuer, on a fréquenté les séances magnétiques en France, en Italie, particulièrement à Turin par les soins de M. Guidi, en Angleterre et partout ailleurs; et dans ces réunions, c'était une pratique très commune de produire le sommeil magnétique dans toutes les personnes qui le voulaient, sans choix des nerveux ou des non nerveux, des malades ou des gens sains. M. Filassier, en France, préférait, comme sujets hypnotisables, les paysans et les soldats.

Mais, pour ne pas nous borner aux faits anciens, nous avons les exemples d'hier et d'aujourd'hui. Le doct. Janet affirme ceci : « Un jour, en présence de M. Liégeois, j'endormis presque toute une série de malades, la plupart phthisiques, emphysématiques, rhumatisants, convalescents : deux seulement sur vingt étaient hystériques.[1] »
Dans les revues scientifiques allemandes de 1880, on rapporte les exploits de l'hypnotiseur Hansen sur les médecins et les savants à Breslau, semblables en tout à ceux de Donato à Turin et à Milan : et on y remarque aussi que M. Hansen, au lieu de choisir des sujets faibles et maladifs, que la faiblesse nerveuse devrait rendre plus aptes à subir l'action du fluide magnétique, acceptait de préfé-

---

1. Doct. Paul Janet. *De la suggestion dans l'état hypnotique*, Paris. 1884 ; et M. Cullerre, œuvre. cit., p. 282.

rence les individus forts, robustes, de santé florissante [1]. Donato montre un registre sur lequel s'inscrivirent de leur propre main trois mille personnes hypnotisées par lui; on y voit figurer des personnes de toutes les classes de la société, depuis le peuple jusqu'aux princes, depuis les idiots jusqu'aux savants les plus distingués. Or, devons-nous penser que ces trois mille personnes étaient toutes hystériques ou prédisposées à la névrose hypnotique? Au fort de Vincennes, près Paris, Donato hypnotisa un grand nombre de sous-officiers présentés par les officiers supérieurs; à Brest, des médecins et des étudiants; à Lille, une vingtaine d'étudiants sous les yeux de leurs professeurs de la Faculté de médecine; ensuite, à Turin et à Milan, des hommes de toute condition, même des jeunes gens robustes, des journalistes, des étudiants de l'Académie et de l'École Polytechnique, des hommes sains et pleins de force. Un jour, à Turin, il eut à hypnotiser une quarantaine d'officiers de la garnison; j'aime à croire qu'ils n'étaient pas tous névropathiques. Si le bruit public est vrai, nous n'en féliciterons ni les officiers ni le général qui, dit-on, les lui envoya. Mais nous en prenons note pour conclure que les prétendues prédispositions, cause de l'hypnotisme,

---

[1]. Figuier, *Histoire du Merveilleur*, vol. III, p, 472. Où Figuier oublie que les hypnotistes modernes, surtout les médecins, nient le *fluide magnétique*.

sont une fable inventée par le besoin d'assigner une cause à une maladie dont on ne parvient pas à expliquer l'origine et l'étiologie.

Donc les amateurs d'hypnotisme, tant charlatans que médecins, doivent se résigner à reconnaître l'existence d'une maladie qu'ils provoquent artificiellement, sans pouvoir, en aucune manière, lui assigner une étiologie probable purement physiologique. Ils ne peuvent indiquer, pour cause efficace de la maladie, le fluide infusé au patient, parce que le fluide est discrédité près des savants, et qu'il est démontré inutile par le fait des hypnotisations sans hypnotiseur pour exercer une influence. Ils ne peuvent attribuer la maladie à l'action hypnogénique, c'est-à-dire aux passes de main, à des objets brillants, etc.; parce que, soit que l'hypnotisé opère sur lui-même, soit qu'il subisse l'action d'autrui, ce sont des moyens minimes à côté des grands effets qui en résultent. On ne peut attribuer la maladie ni à la fascination, ni aux prédispositions parce que, évidemment en beaucoup de cas, il n'existe ni fascination ni prédisposition.

Il est si évident pour les médecins sincères que l'effet très grave et foudroyant, c'est-à-dire la maladie hypnotique, surpasse les moyens employés pour le produire, que les deux patriarches de l'hypnose moderne, Braid qui l'inventa il y a quarante ans, et Charcot qui l'a remise en vigueur tout récemment, l'avouent franchement. Voici les paroles de Braid : « Je dois avouer qu'il m'est impossible d'expliquer le *modus operandi* de la production de certains phénomènes. » Et il poursuit en assurant que personne n'a pu le lui expliquer et qu'il se considérerait comme très obligé à celui qui pourrait l'éclairer sur ce point [1].

« Charcot, (dit le doct. Cartaz, après avoir raconté les fameuses expériences de la Salpêtrière), Charcot, jusqu'à présent, n'en donne aucune explication scientifique, et déclare qu'il n'en connaît pas [2]. »

Il serait donc raisonnable que les médecins, les hypnotistes et les personnes à hypnotiser, avant de se lancer dans l'océan de l'hypnotisme, s'arrêtassent un instant et que, ne découvrant aucune cause naturelle de la maladie hypnotique, ils commençassent à soupçonner quelque cause occulte qui intervient en dehors de l'ordre naturel... Voulez-vous donc dire, nous crient les positivistes, les matérialistes et les naïfs, voulez-vous donc dire que le démon se trouve là-dessous ?... c'est un préjugé du moyen-âge..., ce n'est plus un raisonnement scientifique.. Un instant, répondons-nous : nous découvrirons notre pensée en son temps et tout entière, et sans aucune lâcheté de respect humain.

1. Braid, *Neurypnologie*, p. 13.
2. Doct. Cartaz dans la revue scientifique, *La Nature*, de Paris, n° du 18 janvier 1879, p. 106.

XXI

La maladie hypnotique accuse l'élément non naturel dans ses symptômes parce qu'ils sont instantanés.

Si l'hypnose ne peut s'expliquer en entier d'une manière naturelle à cause du défaut évident de causes physiques proportionnées, elle se présente encore beaucoup moins naturelle dans ses symptômes. Nous appelons symptômes les modifications physiologiques et pathologiques qui se manifestent pendant l'état morbide et accusent la continuation, la diminution ou l'aggravation de la maladie. Dans notre cas, quels sont les symptômes? Les perturbations profondes et très variées de tous les systèmes vitaux de l'hypnotisé : le sommeil involontaire et léthargique, les désordres des nerfs, des muscles, du sang, des sens, de l'imagination, de la mémoire, de l'intelligence, de la volonté. Le lecteur s'en est formé une idée claire en parcourant les nombreux cas d'hypnotisme que nous avons rapportés au commencement de ce traité. Mettons de côté, pour le moment, les phénomènes transcendants, cités au chap. XV.

Tous ces phénomènes ou symptômes sont-ils naturels? Pour deux raisons très fortes nous affirmons que s'ils sont naturels dans leur substance, ils ne le sont pas pour cela dans leur manière d'être ; parce qu'ils sont subits et imprévus, et parce qu'ils sont dépendants de la volonté humaine : deux qualités qui répugnent aux symptômes des maladies naturelles. Expliquons-nous.

Chaque symptôme ou désordre pathologique que nous voyons paraître pendant l'hypnose ne surpasse pas les forces de la nature. Nous les voyons en effet paraître séparément, comme des symptômes naturels, dans d'autres maladies, dans l'ivresse du vin, de l'absinthe, de l'alcool, de l'haschich, de l'opium ; dans les fièvres putrides, dans la folie, dans le haut hystérisme, dans la catalepsie, dans l'épilepsie, dans le somnambulisme spontané, etc. Mais chez l'hypnotisé de tels symptômes apparaissent d'une manière toute contraire à la manière naturelle. C'est un fait notoire pour les médecins et même pour ceux qui ne sont pas médecins, que chaque symptôme morbide se présente avec ses prodromes, c'est-à-dire avec des signes qui, ou promptement ou lentement, montent au degré du symptôme complet et quelquefois au paroxysme. Et en parlant de l'hystéroépilepsie qui, selon l'école de Charcot, serait le fondement et la base de l'hypnose, et qui en tout cas est certainement la maladie la plus analogue à l'hypnose, Richer dit : « L'attaque d'hystéroépilepsie, ou grande attaque d'hystérisme *ne surprend pas*, elle est toujours précédée, et quelquefois pendant plusieurs jours, par un cortège de phénomènes qui permettent aux malades de prévoir le moment où elles éprouveront une attaque. Ces signes précurseurs sont nombreux et variés : ils accusent une perturbation de l'économie tout entière, et on peut dire qu'aucun des grands systèmes du corps humain n'en reste exempt [1]. La même précession tantôt plus, tantôt moins sensible, est observée par les médecins et par de simples infirmiers dans presque tous les grands phénomènes pathologiques qu'éprouvent les malades et spécalement les névropathiques.

Dans l'attaque hypnotique au contraire, rien de semblable. C'est un ensemble de symptômes horribles qui tombe du ciel comme une bombe. Un jeune homme qui, une minute avant, était éveillé et jouissait de la santé la plus enviable, une minute après, est léthargique, anesthétique, hyperesthétique; toutes ses sensations sont fausses et morbides; il est délirant, somnambule, etc.; et quand il a parcouru tout ce tourbillon de phénomènes très graves, il se trouve guéri par un souffle de l'hypnotiseur. Il est clair qu'il a présenté en lui les symptômes que les médecins distribueraient entre huit ou dix malades atteints de diverses maladies.

[1]. Richer, *La Gr nd' Hystérie*, premières paroles du traité : Etudes sur l'Hystéro-épilepsie.

Laissons aux docteurs en médecine et aux hommes de bon sens, le soin de juger si cette apparition des symptômes est selon la nature. Certainement dans ces personnes il se manifeste une réelle et profonde altération de tous les systèmes vitaux : est-il naturel que de profondes altérations physiologiques se produisent et se guérissent instantanément ? Les docteurs ont-ils jamais observé rien de semblable dans leurs cliniques ou près du lit de leurs clients? Nous comprenons très bien qu'une saignée, une douche froide, une piqûre de morphine puissent, dans certains cas, produire un soulagement instantané : mais *produire instantanément* un ensemble de désordres effrayants dans toute la machine, et les *dissiper instantanément*, cela ne s'est jamais vu.

XXII

Que la suggestion n'explique pas les symptômes hypnotiques, que loin de là, elle les montre contraires à la nature.

Frappés de l'incroyable instantanéité des phénomènes hypnotiques, qui apparaissent et disparaissent à l'improviste, les hypnotistes ont cherché à en donner une explication plausible, en disant qu'elle dépend naturellement de la *suggestion*. Ils raisonnent ainsi : le sommeil hypnotique étant produit, et l'hypnotisé poussé jusqu'à la catalepsie et au somnambulisme, il est naturel qu'il ne soit plus maître de lui, et qu'il obéisse à l'impulsion suggestive qui le fait mouvoir comme un automate.

Nous croyons avoir déjà anéanti cette doctrine en démontrant que le sommeil hypnotique n'est pas produit naturellement. Mais admettons pour un moment qu'il soit obtenu naturellement : même dans ce cas on ne peut expliquer l'instantanéité des terribles symptômes de l'hypnose. Nous admettons volontiers que certaines maladies troublent les sensations, en altérant, comme l'enseignent les pathologistes, les organes qui concourent aux sensations. Nous connaissons aussi les idiosyncrasies plus étranges, qui font agréer à l'idiosyncratique des aliments contraires à la nature. Bien que nous ne nous honorions pas de diplôme médical, nous n'ignorons pas que, dans le somnambulisme spontané, quelquefois le somnambule dit quelque chose par suggestion externe ou fait quelque acte selon ses coutumes ordinaires. Mais on observe que, si dans l'hypnotisé quelques phénomènes semblables sont possibles, il est toutefois contraire à la nature et naturellement impossible que ces symptômes morbides soient portés à l'excès.

Voilà que Tizio est hypnotisé ; et par cela seul il est devenu une créature nouvelle dans les mains de son hypnotiseur. Il n'y a plus de loi de la nature pour le malheureux patient. L'hypnotiseur veut-il l'attirer à lui ? Il le regarde, et Tizio se déplace, conduit par une force supérieure, et ensuite il s'arrête, s'assied, se lève, saute, monte, descend, danse, chante, rit, pleure selon ce qui lui est *suggéré*. Donc ce n'est plus un somnambule qui cède à quelque suggestion selon sa manière de faire habituelle, c'est un automate, comme le disent précisément les hypnotistes, un automate humain dont tout le système des nerfs moteurs et des muscles volontaires est en la puissance de l'hypnotiseur. L'opérant suggère à son patient qu'il ne voit plus un objet présent : et voilà l'objet disparu de ses yeux. Il lui *suggère* de voir blanc ce qui est noir et noir ce qui est blanc : et la métamorphose est instantanée. Il lui suggère de sentir le mal de ventre, de goûter la saveur d'une orange dans une rave, d'éprouver la chaleur du Soudan et peu d'instants après le froid de la Sibérie. Toutes ces sensations ont lieu tour à tour en réalité dans l'hypnotisé. Par tous les signes extérieurs on voit clairement que les sensations sont réelles et non de pures hallucinations de sensibilité morbide. En effet nous lisons d'une hypnotisée, à laquelle le doct. Lombroso avait suggéré d'être aveugle : « elle reste insensible à la lumière et à l'approche brusque d'une épée...; le doct. lui suggéra d'être sourde et elle ne fit aucun mouvement lorsqu'on tira à l'improviste un coup de révolver à son oreille ¹ ».

Il est clair que la suggestion ne suffit pas pour changer les sensations à un tel point. M. Morselli, a beau dire : « par la suggestion on peut varier à volonté l'état musculaire des sujets, provoquant alternativement, la parésie, la paralysie, des contractions, des spasmes, l'impuissance de se mouvoir, de remuer les bras, etc. ² » La vérité est que pour produire un changement physique dans les muscles, une cause physique est nécessaire et non une cause morale, comme la suggestion. Pour qu'un homme sente, il faut que objectivement il y ait une chose sentie, c'est-à-dire la qualité qui produit l'impression sensible et que l'objet ainsi qualifié soit en relation convenable de contact ou autrement avec l'organe sensitif ; ou bien que l'organe sensitif soit subjectivement changé de nature et modifié de la même manière qu'il serait affecté si la chose sentie faisait réellement impression. Mais la suggestion est une cause morale et non physique, elle ne peut donc produire ces effets physiques, parce qu'elle ne change pas physiquement les organes des sens, et ne

1. Prof. Cesare Lombroso, *Studi sull'Ipnotismo.* Turin, 1886, pag. 13.
2. Doct. Morselli, *Il magnetismo animale e la fascinazione del Donato,* dans la Gazetta letteraria etc., de Turin, 1 Mai 1886.

crée pas la qualité physique qui doit être sentie. Donc la suggestion n'explique pas les phénomènes ou les symptômes de l'hypnotisme : une certaine hallucination sensitive quelconque est possible dans quelques maladies qui altèrent les sens ; mais un désordre sensitif, aussi complet qu'est celui qu'éprouve l'hypnotisé, ne peut être produit par la seule vertu d'une suggestion externe.

Le même argument peut encore s'appliquer avec plus de raison aux hallucinations imaginaires, au délire, à l'amnésie, à l'aboulie et autres désordres des facultés supérieures qui se présentent chez l'hypnotisé. Qu'on relise les cas d'hypnotisme que nous avons racontés des hypnotisés de Turin et de Milan (chap. V) et plus particulièrement les hallucinations des étudiants de Sassari (chap. VIII); de Madame A... qui représente et imite cinq personnages très différents en un quart d'heure (chap. XII), de Madame Emma, qui voit le serpent qui lui est suggéré par le seul commandement de la volonté (chap XIII); que l'on voie aussi le fait de l'étudiant hypnotique, dont parle Lombroso et auquel il fit « en moins d'une heure changer l'écriture, comme le moral, en celui d'un enfant, d'une paysanne qui porte des colombes, de Garibaldi, d'un calligraphe, d'une vieille de 90 ans » ; le fait d'un autre sujet, qui fit aussi en peu de temps beaucoup de métamorphoses incroyables [1]. Et en-

1. Cesare Lombroso, *Studi sull'Ipnotismo*. Turin 1886, p. 8.

suite que l'on dise si, dans les nosographies des maladies naturelles, il y a des exemples de fureurs et de délires semblables. Hypnotiser un sujet équivaut à lui verser dans la poitrine une tasse de poison, ou plutôt de dix poisons, de l'alcool, de l'opium, de l'haschich, et de le changer en dix fous, fou par manie fixe, par fièvre, par hystérisme, etc.

Les médecins, s'ils veulent être sincères, conviendront que la suggestion peut donner la raison de quelques actes d'un somnambule naturel, actes le plus souvent ordinaires et selon ses habitudes, mais une orgie si effrenée de l'imagination et des facultés mentales n'est pas de nature à être obtenue par une simple suggestion.

Il y a plus : la suggestion porte avec elle un autre signe d'extra-naturel, très flagrant. Parce que si elle était une cause naturelle, son action serait naturelle ainsi que son effet et cela nécessairement chaque fois que la cause agirait; et quiconque produirait cette cause, obtiendrait cet effet. Or dans l'hypnotisme, la chose marche entièrement à l'envers. Les théâtres où opéraient Hansen, Donato et Zanardelli, regorgeaient de curieux. Les spectateurs tous ensemble *suggérant* à l'hypnotisé ne pouvaient rien sur lui : l'hypnotiseur seul pouvait tout : cela arrive communément. Cette circonstance, extrêmement suspecte, que l'hypnotisé dépend de l'hypnotiseur seul, avait déjà été notée

8

dans la Lettre de la suprême Inquisition, en 1856, comme un des motifs de condamnation [1]. Comment peut-on expliquer ce mystère d'une cause physique qui, mise en action par un, opère, mise en action par un autre, est inefficace? Jusqu'à présent quiconque avait tourné le plateau d'une machine électrique, chargeait d'électricité les tubes ou récipients naturels; quiconque avait composé une pile de Bunsen, obtenait le courant électrique; bref, quiconque avait mis en activité une cause physique, produisait l'effet propre de cette cause. Or pourquoi cent spectateurs *suggèrent-ils* à l'hypnotisé, le stimulent-ils par des gestes, par des cris, par des piqûres, sans obtenir aucun résultat? Pourquoi l'hypnotiseur lui fait-il à peine signe qu'il est obéi? Pourquoi un officier (Giov., lieutenant d'artillerie à Turin) invité par Donato au théâtre, se railla-t-il de l'invitation, puis l'heure fixée étant venue, voulut-il y aller et insulta-t-il ses camarades et ses supérieurs qui, par des *suggestions* et des menaces voulaient le retenir? pourquoi empêché par la force, entra-t-il en furie, et ensuite tomba-t-il dans le sommeil hypnotique, et se réveilla-t-il à la fin, ne se souve-

---

[1] « *Præsertim ope muliercularum* (maintenant on emploie aussi des hommes), *quæ unice a magnetizatoris nutu pendent.* » Supremæ S. R. Univ. Inquis. Encyclica ad omnes Episcopos adversus magnetismi abusus. Fer. IV, die 20 iulii 1856.

nant plus de rien [1] ? Entre l'hypnotisé et l'hypnotiseur il existe donc un lien secret, il intervient une force inconnue, un agent que nous ne connaissons pas opère. Il est naturel que l'on pense au prestige, quand on voit un symptôme morbide aussi bizare, et contraire à toutes les lois connues de la physique.

XXIII

Que les symptômes hypnotiques ne sont pas naturels, parce qu'ils dépendent de la volonté.

Mais cela devient encore beaucoup plus clair si l'on considère que les prétendus symptômes morbides de la maladie hypnotique ne dépendent pas de la nature du mal, mais bien de la volonté de l'hypnotiseur. Que les médecins disent si, dans le trop grand royaume de la nosologie, ils ont jamais rencontré rien de semblable. Ils se souviendront d'avoir quelquefois tranquillisé un client par leur éloquence persuasive, ou, avec une simple pilule de *mie de pain,* calmé l'imagination exaltée d'une hystérique : mais quand ont-ils jamais pu, par un simple commandement, chasser de la tête d'autrui une migraine caractérisée ? ou des veines

---

Le cas est raconté par le prof. Lombroso, op. cit. p. 20.

une grosse fièvre? Et faire revenir ensuite l'une et l'autre par un acte de volonté impérative?

Ce qui n'est jamais arrivé aux médecins et ce qui ne leur arrivera jamais, arrive chaque jour couramment aux hypnotiseurs. Ils traitent le sujet comme un jouet dont on s'amuse. Et l'hypnotisé qui n'obéit à personne, parce qu'il est anesthétique, épileptique, cataleptique, somnambule, obéit immédiatement au signe de l'hypnotiseur, et avec ses sens, avec ses muscles, avec ses facultés mentales dans un bouleversement complet : il parcourt par force la série des désordres imposés par le libre arbitre d'une personne qui est étrangère à ses nerfs, à ses muscles et à ses facultés mentales.

Mais quand jamais une volonté extrinsèque peut-elle s'imposer si violemment à un malade, au mépris de toutes les lois corporelles et spirituelles? On a beau recourir à la suggestion : ce n'est pas une raison. Parce que, comme nous l'avons déjà expliqué dans le chapitre précédent, la suggestion peut expliquer tout au plus que le malade tend en quelque manière à agir selon ce qui lui est suggéré : mais elle ne peut pas faire, non, elle ne peut pas faire que le malade *sente* dans ses membres la chaleur ou le froid, si la température n'est pas changée, elle ne peut pas faire qu'il *oublie,* s'il se souvient ; elle ne peut pas faire qu'il *s'asseye,* s'il veut rester debout. Pour que le sujet s'imagine un lion, etc., il faut qu'il *délire,* et le délire ne s'impose pas en le suggérant. Ces changements, que les assistants et les médecins avouent être réels et objectifs, ne peuvent s'effectuer par une parole extrinsèque; ils veulent une cause réelle et intrinsèque qui les produise. Et ici la cause intrinsèque ne se trouve pas, il y a seulement la volonté d'autrui qui commande. Voici un mystère qui donne à penser.

On dira que ce que l'on voit des symptômes dépend de la maladie, en tant que l'état maladif étant provoqué, il est naturel que l'homme se laisse conduire par la suggestion. Mais ceci est faux : parce que, si c'était une conséquence naturelle de la maladie, le malade aurait le délire à sa volonté, ce qui n'arrive pas chez l'hypnotisé. S'il avait le délire par suggestion, ce délire serait incertain, difficile, imparfait, comme il arrive lorsqu'on cherche à suggérer quelque acte à un somnambule naturel : tandis que l'hypnotisé obéit à la baguette. Et en outre, la suggestion pourrait se faire par n'importe lequel des assistants; tandis que l'hypnotisé ne ressent pas la suggestion d'un autre que de l'hypnotiseur. En somme, la dépendance automatique de l'hypnotisé, pour réaliser tous les symptômes qui lui sont imposés, l'instantanéité, le plein abandon, l'excès, en un mot, de son obéissance passive, non pas seulement par l'esprit, mais par les nerfs, par les muscles, par tous les systèmes vitaux, montrent qu'il y a en lui une cause latente et opérante, d'une force inéluctable, outre la parole suggestive extérieure.

Quelle échappatoire reste-t-il pour soutenir que les symptômes hypnotiques sont purement naturels ? On pourra encore dire que la grande versatilité de l'hypnotisé dépend de la grande exaltation mentale du sommeil cataleptique. A quoi nous répondons : Oui, la catalepsie exalte l'imagination, aiguise et accélère les mouvements de l'esprit, soit : on pourrait le contester, mais supposons-le. Qu'en résulterait-il ? Que l'hypnotisé, avec toutes les forces de l'imagination lancée à grande vitesse, se mettrait à divaguer sur un point, ne saurait plus se diriger, et continuerait dans cette voie comme nous le voyons arriver aux exaltés et aux hallucinés naturellement. Or, ici le fait est contraire ; parce que l'hypnotisé, sur une seule parole, va où veut l'hypnotiseur, comme une machine à clavier. Plongé dans un genre de délire, il s'en retire sans opposition et se plonge dans un délire absolument différent.

Les hallucinations des sens, aussi bien que le délire de l'imagination et des facultés mentales, donnent toujours lieu à la difficulté que nous avons déjà indiquée, c'est qu'il manque dans l'hypnotisé la propre cause de ces symptômes morbides. Nous ne nous lasserons pas de le répéter, et nos bienveillants lecteurs voudront bien y donner leur attention, parce que c'est un argument capital et invincible : la suggestion et la docilité cataleptique, etc., du malade pourraient faire qu'il sente, voie et s'imagine ce qui lui est suggéré : mais ils ne pourraient jamais causer le désordre physiologique qui est nécessaire pour amener les hallucinations et les délires. On ne devient pas fou parce que quelqu'un nous dit : Faites le fou. Pour que quelqu'un devienne fou, il faut que physiquement son organisme soit troublé : pour qu'il sente la chaleur, il faut que la température soit physiquement élevée : pour qu'il sente l'amertume dans ce qui est doux, il faut qu'objectivement le doux se change en amertume ou que physiquement son sens du goût se pervertisse. La suggestion extérieure ne peut faire toutes ces choses. Non, répétons-nous avec une évidente raison, non, la suggestion est tout-à-fait impuissante à produire ces hallucinations très fortes et caractéristiques, ces délires résolus et énergiques de l'esprit, de l'imagination, des sens, que nous voyons chez les hypnotisés, et qui sont si facilement obtenus. Il reste donc que le phénomène ou symptôme morbide, n'ayant pas de causes propres, est uniquement venu de la volonté de l'hypnotiseur. Ce qui étant absurde et impossible, force est de soupçonner l'intervention d'une autre cause qui produit cet effet à la volonté de l'hypnotiseur.

Voici une autre preuve que les symptômes hypnotiques ne sont pas purement physiologiques. Il est très vrai, trop vrai ! que l'hypnotiseur conserve une certaine domination morale sur l'hypnotisé, même après l'expérience. Aussi les hypnotistes médecins (M. Richer, par exemple) et les charlatans enseignent-ils que, par la fréquence des expériences, le patient reçoit une espèce d'*éducation hypnotique*, en vertu de laquelle il devient extrêmement facile à hypnotiser. Nous en avons cité divers exemples aux chap. V et IX. Mais pourquoi arrive-t-il que, malgré cette facilité au sommeil magnétique, le patient, en dehors du sommeil, n'obéit, en aucune manière, aux suggestions ni de l'hypnotiseur ni d'autres personnes ? Pourquoi la suggestion non hypnotique reste-t-elle inefficace ? Si c'est une cause physique, elle devrait opérer quand elle est mise en action. Et cependant le patient hypnotisé est absolument dans la main de l'hypnotiseur ; et s'il n'est pas hypnotisé, il n'y a pas moyen de le faire obéir. Dans les cas rapportés au chap. IX, on parlait d'une paralysie partielle provoquée dans l'hypnose, avec ordre qu'elle durât aussi après le sommeil. La paralysie dura après le sommeil. Les médecins s'efforcèrent, en dehors de l'hypnotisme, de la faire cesser, en usant des remèdes ordinaires que l'art prescrit. Tout fut inutile. Il fallut rendormir la malade, et, dans le sommeil, ayant reçu le commandement de revenir à la santé, elle y revint instantanément. Une parole eut plus de puissance que toutes les suggestions naturelles, plus que tous les remèdes naturels. Donc, le symptôme de la cessation de la paralysie n'était pas produit par la suggestion, prise physiquement ; parce que toutes les suggestions et les remèdes, employés en dehors de l'hypnotisation, étaient restés sans effet. Il fallait l'hypnotisme ! Pendant l'hypnose, une légère suggestion, sans le secours de la médecine, obtint un effet triomphant. Or, n'est-ce pas là une preuve que, dans l'hypnose, on rencontre, outre la suggestion, l'effet d'une autre force inconnue ? Une force inconnue qui obéit au signe de l'hypnotiseur, mais seulement pendant l'hypnose ? Donc, un tel symptôme est dépendant de la volonté ; donc, ce n'est pas une force physique. Qu'est-ce donc ? Qu'on nous dise si nous n'avons pas raison de soupçonner que les symptômes hypnotiques sont contraires à la nature.

Que l'on considère aussi le cas du doct. Féré, rapporté au chap. XII. Pendant l'hypnose on avait commandé à la malade d'effacer de sa mémoire le médecin qui la soignait et de l'effacer indéfiniment. Cette dame, après son réveil, ne paraissait plus reconnaître ce médecin : il était devenu un étranger pour elle, bien qu'il l'eut soignée jusqu'alors. Au bout de six jours elle persistait encore dans l'oubli qui lui avait été imposé. Est-il naturel, demandons-nous, qu'une personne oublie quelqu'un qu'elle connaît et voit chaque jour d'une manière telle que le voyant devant elle, parlant avec lui, elle ne se souvienne pas l'avoir jamais vu ni connu ? Pourquoi la suggestion produit-elle un symptôme si violent dans l'hypnose? et pourquoi hors de l'hypnose, n'en produit-elle aucun ? Pourquoi, la malade éveillée et libre d'esprit, pressée de reconnaître son médecin, ne peut-elle le reconnaître, et à peine rendormie et déliée de cet ordre le reconnaît-elle aussitôt ? Il est évident que la mémoire de la malade était liée par un lien, placé pendant l'hypnose et qui ne pouvait être délié en dehors de l'hypnose et que par l'hypnotiseur : sinon la même cause libératrice aurait dénoué le lien sans une nouvelle hypnotisation. Or en quoi consiste ce lien ? Certainement il n'est pas physique : parce qu'aucune cause physique, excepté certains poisons, ne peut produire la perte de la mémoire en produisant en même temps la folie. Qu'était-ce donc ? C'était un lien de nature inconnue, placé par une cause inconnue. Mystère très suspect !

Autre nœud gordien. Parmi les symptômes de l'hypnose il en est un très connu, que tous les médecins observent et que les juristes étudient aujourd'hui, c'est celui des actes suggérés à échéance. Par exemple, l'hypnotiseur dira au sujet : après que vous serez éveillé, vous ne pourrez plus écrire ; vous, à telle heure fixe demain, ou dans vingt jours d'ici, vous exécuterez cet ordre, etc.

— 143 —

Et l'hypnotisé se sent forcé d'obéir à point. Nous en avons rapporté divers cas, aux chap. IX, X, XI, et nous en avons mentionné un très étrange dans le chap. précédent, celui de l'officier invité au théâtre par Donato. Un autre beaucoup plus incroyable est rapporté par le doct. Seppilli : c'est un certain V... auquel on suggéra pendant le sommeil hypnotique « qu'à huit heures du soir il sentirait le besoin de dormir et serait éveillé à cinq heures du matin. A huit heures il s'endormit profondément et l'hypnotiseur lui dit : Un quart d'heure après que vous serez éveillé votre bras présentera sur tel point un V qui donnera du sang. Peu après avoir reçu cette suggestion, le malade tomba dans une de ses crises, à la fin de laquelle il se trouva sur son bras une effusion sanguine en forme de V [1]. »

Que les médecins consciencieux et doctes nous disent si l'on peut considérer comme purement naturel un symptôme d'une névrose qui va et vient et retourne au gré de la volonté ? C'est impossible, nous répondront-ils : les symptômes sont des effets physiques de la maladie, aucune volonté humaine ne peut les produire, comme aucune volonté humaine ne peut les détruire ou les gouverner à son gré. C'est évident dans tous les symptô-

[1] Doct. Giuseppe Seppilli, dans la *Rivista sperimentale di Freniatria et di Medicina legale*, de Reggio Emilia, année 1885, fasc. II-III, p. 343.

mes de l'hypnose et cela devient une évidence éclatante dans les symptômes commandés à échéance. Parce que, l'expérience terminée, le patient éveillé et l'état hypnotique ayant cessé, on ne peut plus chicaner avec les causes prétendues, qui seraient la prédisposition, l'action hypnogénique, la suggestion. Tout cela est passé, et quelquefois passé depuis cinq, dix, vingt jours ; et le malade est pleinement guéri. L'officier cité plus haut, s'était moqué de l'invitation, il n'en voulait rien savoir. Et l'heure fixée étant sonnée, il fallut obéir. Dans le malade V..., quelle cause peut-on assigner à cet étrange phénomène, en dehors de la libre volonté *procédant* du médecin ? Si cela n'était pas ainsi dans le cas à échéance, quelle serait donc la cause qui reproduit précisément le symptôme voulu après tant de temps, et contre la volonté de l'hypnotisé ? Qui est ce qui force le sujet guéri à retomber dans le délire pour un moment donné, et à faire acte de délirant, en commettant un acte inconvenant, criminel peut être, certainement non délibéré librement par la personne qui le commet ? Pour que le patient soit en délire même momentanément, il est nécessaire qu'il y ait en lui une cause morbide de délire, une ivresse momentanée, une cause d'épilepsie, de catalepsie, ou de névrose hypnotique, un hystérisme aigu, ou autre chose semblable. Or quel est celui qui a placé dans le patient cette cause morbide, depuis tant de jours, à heure fixe ? Ténèbres profondes ! Il y a un agent qui produit la cause, mais il est entouré de mystère.

Si la cause des symptômes morbides était un fluide émanant de l'hypnotiseur, on pourrait dire que celui-ci le communique à la manière d'un poison doctement dosé, de sorte qu'il produise son effet à un moment fixe. Mais le fluide est aujourd'hui justement renié par les médecins. Et en supposant qu'il opérât à la manière d'un poison bien dosé, quel est ce docteur (et souvent les hypnotiseurs ne sont pas médecins) qui est capable de mesurer l'action d'une potion pharmaceutique, assez justement pour la faire agir après une semaine, à une heure précise, ni une minute avant, ni une minute après ?

Avouons donc que les symptômes ou phénomènes à échéance sont inexplicables. Qui peut comprendre une maladie qui disparaît entièrement avec tous ses symptômes, et ensuite, à une heure librement choisie par le médecin, reparaît pour un moment, et disparaît? Ce serait une maladie dépendante de la volonté : ce qui est absurde en physique, en pathologie et en bon sens. Et cependant c'est le cas évident de la névrose hypnotique dont les symptômes sont tous plus ou moins dépendants de la volonté.

Concluons donc qu'ils ne sont ni sots, ni fanatiques, ni fous ceux qui, examinant les causes et les symtômes de la maladie hypnotique, et trouvant que ces causes et ces symptômes sont diamétralement contraires à ce que nous voyons arriver dans toutes les maladies naturelles, et à ce qui est une loi éternelle de la physique et de la pathologie, commencent à douter fortement que l'hypnose n'est pas toute naturelle, mais plutôt mêlée de naturel et de préternaturel. Si l'on examinait les faits de suggestion purement mentale, que nous avons rapportés au chap. XIII, arrivés en présence du peuple et des savants à Rome, l'argument deviendrait encore plus concluant : surtout si l'on examinait aussi les phénomènes transcendants, de visions de choses cachées, de connaissances de faits éloignés ou avenir, des pensées intérieures, etc. que nous avons rapportés au chap. XV. Mais nous ne voulons pas nous en occuper en ce moment. Et même sans ceux-là, l'hypnotisme tel qu'il se présente maintenant sur les scènes et dans les cliniques, donne lieu à de très graves soupçons d'être une maladie contraire à la nature, par ses symptômes auxquels quelque agent en dehors de la nature semble certainement concourir.

XXIV

Que la maladie hypnotique se montre contraire à la nature dans sa prognose et dans sa cure.

Les médecins fondent la *prognose* ou jugement probable de l'issue du mal, sur l'étiologie, c'est-à-dire sur les causes de la maladie et sur la marche des symptômes; d'après cela ils prescrivent la *thérapie* ou cure, quand cela est possible. Quel pronostic les docteurs et les hypnotistes en général portent-ils de la maladie hypnotique ? Qu'elle se terminera à leur gré, comme elle avait commencé à leur gré. Tout enfant qui a assisté aux séances hypnotiques, est capable de faire la prognose, aussi bien qu'un docteur et il dira : n'en doutez pas cette maladie finira subitement, et finira par une entière guérison.

La haute névrose ne procède pas, comme les autres névroses ses sœurs, d'anémie, de clorose, d'hémorragie, de passions sensuelles, de souffrances d'esprit, de terreurs subites, de fatigues excessives de l'esprit, de lésions internes de parties délicates, de rhumes prolongés, etc., rien de cela. L'hypnose naît en fixant un objet brillant, ou par un regard, ou par toute autre action dite hypnogénique d'égale importance. Et néanmoins, du comble de la plus florissante santé, le patient est précipité dans les plus graves névroses par un rien; et de même un rien suffira pour le ramener du fond de la plus grave névrose à sa santé première.

Un pronostic et une cure aussi contraires à la nature disent clairement que la maladie n'est pas entièrement naturelle. Que les lecteurs nous pardonnent, si, pour graver cet argument dans leur esprit et dans leur imagination, nous les invitons encore une fois à contempler les expériences hypnotiques. Asseyons-nous au parterre, pendant que sur la scène un hypnotiseur, Hansen par exemple ou Donato, travaille sur un patient qui est venu se jeter en pâture à la curiosité des assistants. Pauvre jeune homme! il est dans le paroxysme de la névrose hypnotique; nerfs, muscles, sang, tout est en rébellion contre les lois normales de la nature. Ses sensations deviennent tellement folles, qu'il mange un charbon en le prenant pour une pêche; il croit entendre des hurlements horribles autour de lui pendant que tout est silencieux; il fait des cabrioles de saltimbanque et un instant après sur un signe de l'hypnotiseur il se raidit comme un marbre. Selon qu'il lui est ordonné, il rit, il pleure, il se fâche. Le frappez-vous? il ne le sent pas. Il n'entend pas la cloche du dôme qui sonne à assourdir et se plaint du tic tac de votre montre qui lui fend les

oreilles. Sur un signe il sue, il brûle, il étouffe de
chaleur ; sur un second signe, il grelotte de froid;
l'atmosphère et la température changent autour
de lui par une seule parole. Une autre parole encore, et pour vous faire plaisir, il oublie tout ce qu'il
a fait dans toute sa vie, il oublie ses parents, et
ne sait même plus son nom : il n'a plus de volonté,
c'est un tronc d'arbre. Mais, si l'hypnotiseur le lui
commande, il revit dans un autre monde, il re-
cueille toutes les hallucinations de l'imagination
que vous lui suggérez ; il se croit un héros historique, un écrivain fameux, un roi quelconque, un
enfant, une femme, un singe, un crapaud, et fait
les actions de ces nouveaux personnages qu'on lui
a imposés. Ensuite il s'imagine (pour peu que son
maître le lui ordonne), qu'il navigue sur l'océan,
qu'il se perd dans une forêt et est aux prises avec
les lions et les serpents. L'opérateur veut-il en
faire un faussaire? l'hypnotisé écrira et signera un
acte faux. Veut-il lui arracher un secret auquel il
tient ? il le lui demande et il le saura. Veut-il le
changer en un voleur, en un assassin ? Il lui
suggère le délit à accomplir, lui place en main
un pistolet : et le patient le déchargera dans la
poitrine de sa mère. Veut-il que le délit soit
accompli après dix jours ? il lui prescrit le jour
et l'heure. Veut-il enfin que le patient fasse
son testament et ensuite se tue ? il commande
et il sera irrésistiblement obéi. Enfin, le patient

hypnotisé est un automate, comme le disent les hypnotistes ; c'est un instrument aveugle, qui ne se distingue pas autrement des machines que par l'âme privée du libre arbitre.

Sa maladie n'est pas à proprement parler unique, c'est un tourbillon frémissant, formé de huit ou dix autres maladies, ou bien c'est une névrose informe, monstrueuse, dont on croirait l'existence impossible *in rerum natura*. Et de ces malades la scène peut contenir non pas un seul, mais une douzaine, une troupe. Et tous semblablement en substance, quoique d'une manière différente, sont en furie et font un sabbat du diable. Les spectateurs se croient transportés dans une bouche de l'enfer de Dante. Mais, chut ! le magicien ou l'hypnotiseur se lève et apaise la tempête par un souffle. S'il y a beaucoup de patients, il les passe en revue, souffle sur chacun d'eux, et le calme le plus profond succède à la tempête.

Pauvres médecins ! ils ne connaissaient pas encore ces maladies à déclanchement, qui se déchaînent par un coup d'œil, et disparaissent par un souffle ! Jusqu'alors quand il s'agissait d'un peu de névrose, curable par une cuillerée d'antihystérique, ils n'étaient jamais certains de la guérison ; s'il s'agissait d'une névrose caractérisée, ils se désespéraient, parce que la prognose et la guérison étaient pour eux un coup de hasard, une tentative dans l'obscurité complète. La névrose *est la croix des médecins,* s'écrie le docteur Kunze.[1] Et les docteurs s'armaient, pauvres gens ! d'une pharmacopée tout entière de spécifiques, et appelaient à leur secours les décubitus, les pressions, les aliments spéciaux, les bains, l'hydrotérapie, tout un monde de remèdes puissants, remèdes dont se jouait souvent l'obstinée névrose. La névrose hypnotique est aujourd'hui de si bonne composition, qu'après avoir bouleversé le sujet un instant par des phénomènes effrayants, elle s'apaise par un simple souffle.

Par un souffle ? Oui, par un souffle. Autrefois la thérapie du mal hypnotique était un peu plus variée. M. Braid le guérissait avec un coup vif sur la main ou sur le bras, ou en comprimant les paupières, ou avec un courant d'air frais sur le visage. On employa une fois un petit verre de liqueur de genièvre [2]. Nous avons vu, au chap. X, guérir un cas d'hypnose obstinée, par un chatouillement. De même que, pour éveiller la maladie, tous les moyens sont bons, il en est de même pour la guérir. Mais à notre époque, tant sur la scène que dans les hôpitaux, la cure indiquée, solennelle, universelle, est le souffle. C'est aujourd'hui une chose jugée en médecine que la haute névrose avec les lugubres accessoires d'épilepsie,

---

[1] C. F. Kunze, *Sunto di medicina pratica*, trad. ital. Naples 1875, p, 64.
[2] Braid, *Neurypnologie*, p. 52.

d'anesthésie, de délire, etc., se dissipe de la même manière que l'on éteint une chandelle ou que l'on crève une bulle de savon. Il est vrai qu'autrefois le souffle fut employé pour hypnotiser : peu importe, maintenant il est de mode pour déshypnotiser ; et il déshypnotise.

Reprennons notre argumentation. Nous ne nous adressons pas aux charlatans qui opèrent par la pratique, en aveugles : nous parlons aux savants, et spécialement aux docteurs en médecine. Croient-ils réellement, sur leur honneur, qu'un souffle, un chatouillement, soient des remèdes physiquement suffisants pour arrêter le cours d'une névrose effrénée, maladie qu'ils savent être presque incurable ? Et cependant les phénomènes de la haute névrose sont palpables, et un souffle les détruit : qu'en disent-ils ? Qu'ils en disent ce qu'il leur en semble, pour nous, nous croyons raisonner selon les règles de la logique et de la physiologie, en disant que cette maladie est mystérieuse et contraire à la nature dans son issue et dans sa cure comme dans tout le reste.

Concluons : L'hypnose, tous les médécins en conviennent, est une névrose, c'est-à-dire une maladie des nerfs, courte mais violente, provoquée pour un essai expérimental : et cependant les symptômes morbides existent, ils se voient, ils se touchent. Mais dans leur mode d'existence, il n'y a rien de naturel. Il ne suffit pas pour expliquer les absurdités pathologiques de jeter là un mot : hypnotisme. Que les hommes de science y réfléchissent sans prévention et ils reconnaîtront que ce mal très grave, contrairement à ce que nous voyons dans toutes les maladies, naît sans étiologie, c'est-à-dire, sans causes proportionnées ; et l'acte hypnogénique lui même n'est aucunement en rapport avec la gravité de la maladie qui se déchaîne, et en outre, il est choisi au gré de l'opérateur, ce qui répugne évidemment à une cause réelle et physique. Les médecins resteront convaincus que les symptômes, quoique matériellement physiologiques et possibles dans la nature, ne sont cependant pas le fruit naturel de la maladie, parce que, par un prodige extraordinaire, ils dépendent dans leur genèse, dans leur variété infinie, dans leur véhémence ou leur faiblesse, du libre arbitre d'un homme. La prognose n'est pas naturelle, parce que le mal se termine, non par le développement physique des symptômes, mais bien selon la libre volonté de l'hypnotisant qui impose la guérison. Enfin le moyen curatif d'un souffle, ou d'un chatouillement n'est pas naturel, quand il s'agit de dissiper en un instant une maladie réelle et souvent sans remède.

Que les savants veuillent bien nous pardonner si, en voyant de si grandes absurdités, nous ne pouvons nous résoudre à croire que l'hypnotisme est naturel, c'est-à-dire purement naturel ; sachant qu'il n'y a pas d'effet sans cause, nous supposons que, où il n'y a pas de causes physiologiques il y en a une extraphysiologique, c'est-à-dire en dehors de la nature. C'est notre opinion et notre conviction solide et absolue, nous l'exposerons mieux dans les derniers chapitres de conclusions pratiques.

XXV

Que l'Hypnotisme nuit à la santé : on le prouve par la doctrine des médecins.

Que l'hypnotisme soit un ennemi public de la santé, cela nous semble une vérité évidente par elle-même, il n'y a pas besoin de démonstration après ce que nous venons de dire. Comment? Serait-il donc possible qu'en excitant dans les foules populaires une maladie nerveuse il n'en résulte aucun mal ? Peut-il être sans danger de rendre endémique et épidémique le somnambulisme et le délire? Surtout un délire mystérieux, suspect en toutes ses parties et de nature à inspirer la méfiance ? Néanmoins, afin que la vérité soit basée sur l'autorité des juges compétents, qui sont les docteurs en médecine, nous nous contenterons de les interroger et de faire notre profit de leurs doctrines.

Dès le temps de Mesmer, des cas très funestes

provenant de cures magnétiques, provoquèrent l'intervention énergique de la Faculté de médecine de Paris, par l'acte resté fameux, du 11 août 1784. Cet acte intimait aux médecins la défense formelle de faire usage du mesmérisme, précisément parce qu'il était reconnu malfaisant pour la santé, pour les mœurs et pour la bourse, et parce qu'il était mystérieux dans ses procédés : *Civium saluti, bonis moribus et fortunis abstrusas molitur insidias* [1]. Dans le rapport des docteurs (et parmi eux étaient Benjamin Franklin et Lavoisier), sur lequel se fonda la Faculté pour prononcer sa sentence, on notait spécialement le dommage pour la santé provenant des spectacles publics de crises mesmériques, comme excitant facilement des névroses chez les spectateurs nerveux, surtout dans le sexe le plus faible [2]. Dans le rapport que les mêmes docteurs composèrent ensuite pour le roi, ils répétèrent le même argument : « Rien n'empêche que les convulsions ne deviennent habituelles, qu'elles ne se répandent dans la ville comme une épidémie et qu'elles ne s'étendent aux générations futures [3]. »

Il est incontestable que les cures hypnotiques sont en tout semblables et même identiques aux

---

[1]. Cf. Figuier, *Histoire du Merveilleux*, trad. ital., t. III p. 239.
[2]. Cf. Figuier, OEuv. cit., p. 250, 251.
[3]. Cf. Figuier, OEuv. cit., t. III, p. 257.

cures mesmériques, quant aux phénomènes qu'elles présentent au public. Et c'est pour cela que le docteur James Braid, lorsqu'il se préparait à rajeunir le magnétisme, en lui enlevant ce qui sentait le spiritualisme et le merveilleux, n'eut pas de peine à comprendre le côté dangereux de la cure hypnotique. « On ne doit pas en user, disait-il, comme d'un amusement, entre les mains des ignorants, pour satisfaire une vaine curiosité. Ceux qui sont disposés à l'apoplexie, ou souffrent d'un anévrisme ou de notables affections organiques du cœur, ne doivent pas en user sans une grande précaution et seulement dans le but de diminuer la force et la fréquence de l'action cardiaque [1] ». Et avant il avait écrit : « J'ai toujours condamné dans les termes les plus énergiques, l'usage de ce moyen (l'hypnotisme) entre les mains de personnes étrangères à la médecine. Qu'on le fasse par curiosité, ou pour le motif plus noble et plus charitable de soulager les malades ; je suis convaincu que l'hypnotisme ne doit être pratiqué que par des médecins. Il m'est arrivé des cas dans lesquels j'ai cru dangereux de l'appliquer, etc. [2] ».

Si du fondateur de l'hypnotisme, Braid, nous passons au restaurateur et chef de l'école moderne, Charcot, lui aussi, comme il est notoire.

1. James Braid, *Neurypnologie*, p. 52.
2. James Braid, *Neurypnologie*, p. 18.

désapprouve les scènes publiques d'hypnotisme ; on a vu dans tous les journaux italiens ses félicitations au Conseil supérieur de santé réuni à Rome, parce qu'il avait prohibé l'hypnotisme dans toute l'Italie ; il est à remarquer que ce Conseil avait motivé sa condamnation sur les dangers et les dommages auxquels la santé est exposée par les exercices d'hypnotisme. Nous avons donc l'accord sur l'insalubrité de l'hypnotisme, des chefs mêmes du mouvement hypnotique, de ceux qui, en particulier (non avec beaucoup de logique), le croient utile ou au moins tolérable.

La raison qu'ils en donnent est que l'hypnotisme est en soi dangereux et, par conséquent, doit rester sous la garde d'hommes savants qui savent en user avec le tempérament que la science prescrit. Raison évidemment très bonne. Est-il possible, demandons-nous à nos lecteurs, que l'hypnotisme, en passant sur la scène, reste toujours entre les mains de médecins sévères et prudents ? Est-il possible que, parmi le nombre infini des ignorants, des imprudents, des étourdis, il ne vienne à aucun le caprice d'hypnotiser et d'en faire jeu de société et de salon ? Nous voyons qu'à Turin et à Milan, après les spectacles de M. Donato, les tentatives d'hypnotisation se répandirent un peu partout ; avec quels inconvénients, nous le verrons sous peu.

Nous avons, en outre, l'accord d'autres docteurs

dignes d'être cités, parce que leurs recherches hypnotiques sont très estimées. Paul Richer, qui ne désapprouve nullement l'hypnotisme employé par les médecins comme étude sur les personnes hystériques, convient cependant que « les expériences sur les personnes jeunes et saines, conduites sans mesure, peuvent favoriser le réveil de dispositions névropathiques latentes, et il est à craindre que l'état de désordre mental momentané, qui est le caractère propre de l'hypnotisme, ne persiste entre une épreuve et une autre et ne devienne permanent. [1] » En d'autres termes, l'hypnotisme peut conduire à des maladies nerveuses et à la folie. Les paroles du docteur Charles Richet seraient beaucoup plus graves, mais nous les laissons de côté pour ne pas être trop long. Dans l'Université de Montpellier, un des centres des études médicales de France, le docteur Grasset, remarquable pour sa clinique et auteur d'ouvrages de névrologie, enseigne : « Si l'on prend une personne de bonne santé, seulement disposée à l'hypnotisme, très facile à endormir et qu'on l'endorme un certain nombre de fois d'un simple sommeil nerveux, on en fera une névropathique, ensuite une hystérique et souvent une folle. » Et le doct. Vizioli, qui cite ce trait du célèbre médecin français, y a ajouté : « Ce dernier mot n'est pas

---

1. Richer, *La Grande Hystérie*, p. 794.

trop fort. » Vizioli avait eu, en effet, lui-même à soigner un jeune homme devenu fou pour avoir subi l'hypnotisme à Montpellier, lors du passage de l'hypnotiseur Verbeck [1]. »

Il serait très facile de multiplier les citations d'avis semblables des médecins italiens et étrangers : mais nous ne voulons pas enfoncer une porte ouverte. Seulement il nous plaît de recueillir aussi l'aveu des fauteurs de l'hypnotisme. Dans l'opuscule *l'Hypnotisme dévoilé*, tout en faveur les pratiques de Donato, nous lisons : « Ce n'est pas un simple et innocent divertissement pour une personne susceptible d'entrer dans l'état hypnotique, de se soumettre fréquemment aux pratiques magnétiques : il peut arriver que par là, son esprit s'affaiblisse temporairement et même *perpétuellement*... Beaucoup d'accidents, quelquefois irrémédiables, ont été causés par l'inexpérience du magnétiseur... Quand on magnétise une personne d'une extrême sensibilité, on peut provoquer les symptômes de la suffocation, qui, si on ne les arrête pas à temps, peuvent produire une véritable suffocation. Pendant le sommeil hypnotique, un somnambule peut être frappé par un accident fortuit et indépendant du magnétiseur, et si on

---

[1]. Cf. Fr. Vizioli, *Relazione sull' operato del Consiglio superiore di sanità*, etc., lue dans l'Académie Méd.-Chirurg., etc., insérée dans le *Giorn. di Neuropatologia* de Naples, fasc. de mars-avril 1886, p. 147; dans l'opusc. séparé, p. 14.

n'en neutralise pas tous les effets, il peut se produire une congestion cérébrale. Quand on opère sur une personne qui n'a pas fini sa digestion, spécialement si elle est affectée d'embarras gastrique, la congestion suivie de mort peut se produire facilement. Les convulsions prolongées même après le réveil, les difficultés du réveil, certaines formes d'épilepsie et d'idiotisme persistant après la magnétisation, la folie même produite par le magnétisme, doivent persuader ceux qui n'ont pas beaucoup étudié, de s'abstenir de magnétiser. [1] » Que peut-on dire de plus ? Le prof. Zanardelli, qui a parcouru beaucoup les théâtres d'Europe en hypnotisant et qui hypnotisait dernièrement à Rome des savants, des princes, des députés (tous de peu de jugement), dans de nombreuses réunions, a écrit un chapitre entier sur les « dangers de l'hypnotisme », dans lequel il décrit les dangers de coups de sang à la tête et au cœur, de perte de la voix et de la respiration, de suffocations, de convulsions, de syncopes ? [2] Il est vrai qu'il trouve la solution de chaque difficulté, spécialement avec sa plaque Fechner, mais nous avons la faiblesse de croire plus aux dangers qu'à la plaque.

Ainsi, forcés par un dernier reste d'honnêteté, parlent les auteurs qui pratiquent l'hypnotisme,

1. *L'Ipnotismo svelato*, etc., Turin, 1886, p. 10.
2. Prof. D. Zanardelli, *La verità sull' ipnotismo, rivelazioni*. Rome, 1886, p. 28 et suiv.

manquant d'ailleurs de catéchisme, d'histoire et de bonne littérature.

XXVI

Que l'Hypnotisme nuit à la santé : on le prouve par les faits.

Voyons maintenant comment les obscurs pronostics de la science médicale ne sont, en réalité, que trop vérifiés par les faits. Et nous le ferons, en suivant pas à pas la série des malheurs répandus sous nos yeux par Donato dans sa funeste apparition en Italie. *Ab uno disce omnes* : puisque les magnétiseurs sont tous les mêmes et que Donato vaut autant que Verbeck, Hansen, Zanardelli. Le rideau était à peine baissé sur les faits hypnotiques de Turin que parut, dans une gazette médicale, une lettre du docteur Benedikt, de Vienne *(hypnotiseur)* au prof. Rummo, de Naples *(hypnotiseur fameux)*, « sur le bruit soulevé récemment en Italie par un hypnotiseur charlatan ». Après quelques mots sentencieux sur les origines du mesmérisme, que le docte allemand s'amuse à nous faire venir des très anciens peuples Aryens et Sémitiques par la voie des Jésuites, il arrive au fait : « Maintenant, nous demandons si l'hypnotisme peut être nuisible à la santé. Sur le fait que l'hypnotisation augmente le nombre des hypnotiques, il ne peut y avoir de doute. Il en résulte que le système nerveux réagit contre cet affaiblissement qui porte le trouble dans son mode normal de fonctionner. (Ici la rédaction médicale napolitaine a inséré une note : « Et de cela nous en avons trop de nouveaux exemples après les derniers spectacles donnés par Donato sur les scènes de Turin et de Milan. ») Déjà, par la libre pratique de l'hypnotisme dans les réunions publiques, le nombre des personnes *sensitives* s'accroît d'une manière effrayante... Les expériences hypnotiques peuvent enfin causer un dommage direct. Je suis même en mesure d'en rapporter un exemple. J'ai eu l'occasion de voir comment, sur un étudiant, l'expérience hypnotique qu'il exécuta sur lui-même, amena l'amaurose *(cécité absolue)* d'un œil et l'amblyopie *(cécité imparfaite)* de l'autre, et comment la vision perdue n'a pas pu se rétablir... Même dans les cliniques *(et cependant elles sont entre les mains des médecins!)* on ne devrait pas soumettre fréquemment à la pratique *(hypnotique)* des personnes très excitables, puisque, sans aucun doute, leur névrose en est gravement augmentée. [1] »

Voilà en quels termes on écrivait de Vienne

---

1. Nous ne nous souvenons plus dans quel journal médical nous avons lu ces paroles : mais les paroles que nous citons sont exactes, et sont datées de : « Vienne, 30 juin 1886 », et signées par « M. Benedikt »

au sujet des scènes de Donato vues à distance. Le prof. Cesare Lombroso, qui les a vues de près de ses propres yeux, en a dit beaucoup de mal dans le Conseil supérieur de santé qui fut réuni à Rome. « Il a exposé, raconte Vizioli, une série de faits de personnes rendues malades pour s'être présentées comme sujets à être hypnotisés.[1] » Le commandeur Sapolini et le prof. Strambio en firent autant dans l'assemblée romaine, en parlant des résultats de Donato à Milan, dont ils avaient été témoins oculaires[2]. »

Celui qui voudrait savoir quels furent précisément les maux déplorés par Lombroso, peut l'apprendre de lui-même. Et nous, sachant que certains caractères faciles à émouvoir ont vraiment besoin d'être détournés de l'hypnotisme par la peur du mal physique, pour leur avantage et pour l'avantage de ceux qui les dirigent, nous rapporterons ici une longue, mais très utile page de Lombroso lui-même : « Nous aliénistes, ici à Turin, nous avons déjà plusieurs cas d'épilepsie, d'hystérisme, de somnambulisme, d'amnésie, développés ou renouvelés après que ces manœuvres hypnotiques se furent répandues sans les précautions dont

---

1. Doct. Franc. Vizioli, dans la *Relazione sull' operato dal Consiglio superiore di sanità*, etc., lue à l'Académie de Médecine et de Chirurgie de Naples, dans la séance du 27 juin 1886, dans le *Giornale di Neuropatologia* de Naples, fasc. de mars et avril 1886, p. 136 et p. 150.

2. Id., p. 136 et 150.

doivent et savent user (*pas toujours,* disons-nous) les aliénistes. Criv..., procureur du roi et écrivain illustre, fut pris de parésie [1], après trois quarts d'heure d'assistance à un spectacle de Donato; il fut guéri ensuite par les soins du doct. Bellosta. — Une dame F... fut prise d'un sommeil hypnotique avec catalepsie pendant un spectacle semblable. — Une dame R..., hystérique, se croit continuellement hypnotisée, c'est un vrai délire hystérique. — Une dame X... eut des convulsions épileptiformes après avoir assisté au spectacle de Donato. — Col..., étudiant, déjà somnambule et ensuite guéri, ayant été hypnotisé par Donato, eut des accès de somnambulisme. — Lesc... retomba plusieurs fois dans l'hypnotisme à la vue d'objets brillants. Et il n'a pu résister à l'invitation de Donato de se présenter au théâtre à heure fixe, malgré sa volonté manifeste et l'opposition de ses compagnons. — R..., étudiant de mathématiques, se réhypnotisait chaque fois qu'il fixait son compas; et il dut cesser pour quelque temps le dessin. — Giov..., lieutenant d'artillerie, déjà hypnotisé par Donato, riait d'une invitation que celui-ci lui donna de se trouver au théâtre et de se donner en spectacle; mais, à l'heure fixée pour l'invitation, il se sentit un tel désir d'y aller qu'il invectiva violemment ses compagnons et ses supérieurs qui le

1. Espèce de paralysie légère et passagère.

retenaient ; empêché par la force d'exécuter son dessein, il s'endormit du sommeil hypnotique après un accès de fureur, et, à son réveil, il avait oublié tout ce qui était arrivé. — Bon..., étudiant de mathématiques, (après des pratiques hypnotiques), retomba dans l'épilepsie dont il était guéri. — R..., marchand de vin, avoua avoir perdu la mémoire après ces pratiques et fut, la nuit suivante, affecté d'un eczéma, s'étendant à tout le cou et à la poitrine ; cet eczéma dura huit jours. — X..., lieutenant, est porté à courir dans les rues derrière toutes les voitures ayant des lumières allumées. — Ercol..., employé au télégraphe, devint d'abord somnambule ou plutôt tomba dans un état d'hypnotisme continuel, ensuite dans des convulsions épileptiformes avec le délire maniaque. — Le lieutenant Y..., s'étant prêté aux expériences de quelques hypnotiseurs qui avaient appris de Donato la pratique de l'hypnotisme, fut pris de somnambulisme, d'une espèce de Miriachit [1], avec tendance à l'imitation des gestes, avec exagération de tous les réflexes et avec des idées lipémaniaques [2], d'être sur le point de mourir, etc. Catt..., jeune fille délicate, mais n'étant sujette à aucune maladie mentale, fut prise, après deux épreuves d'hypnotisation de Donato, par des accès

1. Espèce de névrose assez commune en Russie, qui force le patient à imiter les actes et les gestes des assistants.
2. Délire mélancolique.

de somnambulisme et des symptômes de folie qui durèrent un mois.— Civ..., jeune homme robuste, souffre de maux de tête et d'affaiblissement mental. — D. T..., jeune homme de dix-huit ans, de Milan, de famille riche, qui, auparavant, était très honnête, intelligent, après avoir été hypnotisé et en avoir rapporté un état névrotique qui fut observé par les gens de la maison, comme insomnies, cris nocturnes, stupidité, mauvaise humeur, tenta une vengeance absurde sur Donato en lui demandant une somme d'argent s'il ne voulait pas lui révéler son secret, ce qui, évidemment, n'est que la manifestation d'une espèce de folie mentale... Il y eut beaucoup d'étudiants en mathématiques qui, après l'hypnotisation, étaient incapables de dessiner, ou de fixer leurs instruments de précision...

« Donc, les conséquences les plus fréquentes peuvent se résumer ainsi : continuation atténuée du grand accès provoqué *(entendez de névrose hypnotique)*, état de somnambulisme ou de demi-somnambulisme, facilité d'y retomber pour de très légères causes, exagération des phénomènes réflexes qui va jusqu'au Miriachit, aux convulsions, à l'aliénation, à l'affaiblissement mental, à l'amnésie [1], quelquefois à l'eczéma, ce qui ne paraît pas étrange à celui qui connaît les liens très étroits

---

1. Perte de la mémoire.

qui existent entre les affections cutanées et celles des nerfs [1]. »

Tels furent les vestiges glorieux laissés derrière lui par l'hypnotiseur Donato à Turin. Il mit le même désordre à Milan, ainsi que l'attestèrent les docteurs Sapolini et Strambio. Il préparait de semblables faveurs pour Florence et d'autres villes italiennes, si le Conseil supérieur de santé à Rome ne lui en eût fermé le chemin. On dit que, dégoûté de la pauvre Italie, indigne de ses hautes œuvres, il lui a tourné le dos et s'est embarqué pour la République Argentine. Certes, s'il eut à se louer de l'accueil qu'il reçut à Turin et des faveurs qui lui furent accordées par ceux qui le devaient le moins, il ne put autant se glorifier de la bourgeoisie milanaise. Là, les docteurs médecins remplirent leur devoir mieux qu'à Turin, où le célèbre prof. Henri Morselli publia, le 1er mai, un solennel article de près de 20 colonnes compactes dans la *Gazzetta letteraria,* aussi érudit en magnétisme que faux en philosophie, flatteur envers l'hypnotiseur Donato et favorable aux exercices hypnotiques. Il fut le seul, dit Vizioli (certainement il eut quelques rares imitateurs), qui « fit vibrer une corde dissonnante entre les savants d'Italie. [1] »

[1]. Prof. Cesare Lombroso, *Studii sull' Ipnotismo,* etc., Turin, 1886, p. 20-24.
[1]. Doct. Fr. Vizioli, *Relazione,* déjà citée. Opusc. séparé p. 7-8 en note.

A Milan, au contraire, excepté le docteur G.-B. Verga, premier médecin de l'asile provincial, qui encouragea, par une malheureuse lettre [1], les spectacles hypnotiques, nous ne connaissons pas d'autre médecin qui ait mêlé ses louanges à celles des journaux adulateurs de Donato. L'*Osservatore cattolico* combattit vigoureusement contre eux par de très fortes raisons, [2] et peu après, en s'appuyant d'observations médicales, le doct. Gonzales, directeur de l'asile de Milan, s'éleva contre les *épidémies hystériques,* comme il appela l'hypnotisme.[3] L'excellent journal l'*Unità cattolica* avait déjà dissuadé des pratiques hypnotiques sous le juste titre d'*Une invasion de délire épidémique.* [4] Le doct. Tebaldi, prof. de Psychiatrie à l'Université de Padoue, combattit l'hypnotisme dans les journaux milanais, et le prof. Lombroso, [5] par une lettre de Turin, fit connaître les très graves dommages causés à la santé publique, par les pratiques hypnotiques. Une autre lettre très importante, signée des docteurs L.-M. Bossi et Henri Malespini, concourut aussi à rappeler quelles consé-

1. Dans l'*Italia*, 22-23 mai 1886.
2. *Osservatore catt.*, 20-21 mai 1886, et dans d'autres numéros suivants. Deux autres journaux de très mauvais principes, comme la *Perseveranza* et le *Secolo*, combattirent aussi l'hypnotisme.
3. Lettre datée de Milan, 24 mai 1886, dans l'*Oss. catt.*, 27-28 mai.
4. *Unità cattolica*, de Turin, 26-27 mai 1886.
5. *Oss. catt.*, 26-27 mai 1886.

quences très graves peuvent dériver non seulement de l'*abus*, mais aussi du seul *usage* de la propagation des phénomènes hypnotiques.[1] En somme, à Milan, Donato n'eut pas de chance et fut regardé par les médecins comme un propagateur de la peste.

XXVII

Que l'Hypnotisme nuit à la santé; on le prouve par les avis des commissions sanitaires.

La douloureuse histoire n'est pas finie ici, car le Conseil directeur de la Société royale italienne d'Hygiène, siégeant à Milan, assemblé pour délibérer sur les pratiques hypnotiques, rendit une sentence défavorable. La questure réfléchit, recourut au Conseil sanitaire de la province; et celui-ci, ayant considéré les dommages auxquels sont exposés, non seulement les hypnotisés, mais aussi les *simples spectateurs*, exprima le vœu que l'on interdise à Donato, et éventuellement à tous les individus se disant hypnotiseurs, magnétiseurs, fascinateurs, les expériences publiques sur les théâtres et dans tous les lieux publics. Et de plus, il avertit le Gouvernement pour qu'il puisse pourvoir, par une défense générale, à la santé de l'Italie.[2]

[1]. *Secolo*, de Milan, 27-28 mai 1886.
[2]. *Corriere della sera*, de Milan, cité par l'*Unità cattolica*, 3 juin 1886.

— 170 —

Ce que fit le Gouvernement ainsi stimulé, tout le monde le sait. Il réunit le Conseil supérieur de santé à Rome et y invita plusieurs autres médecins connaissant la matière, dont quelques-uns ont déjà été cités par nous. Le doct. Guido Baccelli, ex-ministre de l'instruction publique, le présida, et le rapport fut fait par le doct. Francesco Vizioli, un de ceux dont nous avons déjà parlé. On peut lire les détails dans le rapport plusieurs fois cité : *Relazione sull' operato del Consiglio superiore di sanità*, etc., lu par le doct. Vizioli à l'Académie R. médico-chirurgicale de Naples, dans la séance du 27 juin 1886.[1] Nous donnons ici volontiers le texte de l'avis du sénat médical de Rome (sans en louer la doctrine médicale), uniquement pour l'attestation pratique qu'il rendit à notre thèse, des funestes effets de l'hypnotisme.

« Le Conseil supérieur de santé du royaume, examinant objectivement la question de l'hypnotisme, des suggestions hypnotiques et spécialement les spectacles donnés jusqu'à ce jour en Italie, et dernièrement à Milan et à Turin, affirme qu'il n'est plus nécessaire de discuter sur la partie scientifique et technique du somnambulisme provoqué et des suggestions hypnotiques, étant l'une et l'autre partie intégrante des doctrines névropathologiques modernes ;

[2]. Dans le *Giornale di Neuropatologia* de Naples, fascicule (en retard) de mars-avril 1886.

« Considérant ensuite que les spectacles d'hypnotisation peuvent produire une perturbation profonde dans l'impressionnabilité du public, ce qui, outre les preuves scientifiques de la clinique et de la physiologie, est établi par des avis formels des corps scientifiques qui s'occupent particulièrement de ce problème ;

« Retenant pour faits scientifiquement prouvés et officiellement confirmés, que l'hypnotisation peut être nuisible aux personnes ;

« Et considérant que ce dommage peut être plus grand chez les adolescents, les névropathiques, chez les personnes excitables ou affaiblies par un excessif travail d'esprit, personnes qui toutes ont droit à la protection de la société ;

« S'élevant enfin à la question éthico-juridique, et considérant que la protection de la liberté individuelle ne peut permettre que la conscience humaine soit abolie par des pratiques génératrices de faits psychico-morbides dans les personnes prédisposées, et qu'ainsi un homme se rende esclave d'un autre, sans qu'il ait connaissance des dommages qu'il peut subir ou produire :

« Le Conseil est d'avis que les spectacles d'hypnotisme dans les réunions publiques doivent être prohibés. »

Et ils furent prohibés. Et ce fut bien. Mais combien est pauvre et misérable le grand comité romain, si nous le comparons au splendide rapport des docteurs français d'il y a un siècle, délégués pour examiner la question du mesmérisme qui est frère de l'hypnotisme, et en informer l'Académie de médecine et le Roi! Ce rapport, signé par Bailly, entre vivement dans la question proposée, il décrit en bel et bon latin les phénomènes mesmériques, en montre les dangers physiques et moraux avec une supériorité et une sûreté qui le feront toujours regarder comme un modèle de rapport médical. Le rapport romain, outre qu'il n'est pas fort en fait de langue italienne, nous dit en quatre mots embrouillés que les médecins connaissent déjà l'hypnotisme et que l'expérience et l'autorité des autres conseils médicaux déterminent la docte assemblée à voter comme eux et à condamner les expériences publiques d'hypnotisme comme pernicieuses pour la santé publique et pour la liberté morale des citoyens. Pourquoi n'a-t-on introduit dans l'avis aucune des nobles et fortes paroles du rapporteur le doct. Vizioli au sujet des dommages moraux de l'hypnotisme? On ne sait: il parut peut-être indigne de docteurs médecins, hommes de progrès, de se montrer zélés pour la moralité.

Quoi qu'il en soit, leur avis est une sentence médicale pleine d'autorité, et avec celle de Bailly et celles des deux Conseils médicaux de Milan, elle formerait la quatrième réponse des corps académiques contre l'usage de l'hypnotisme. Nous croyons avoir vu de semblables avis venant de l'Espagne et du Portugal : mais nous n'en avons pas les documents. Nous devons des remerciments au prof. Enrico Morselli, qui nous rappelle que « l'année 1880, la police prussienne, sur l'avis de la R. députation médicale..., avait arrêté la course triomphante de Hansen au milieu des villes allemandes [1] ». Nous remercions aussi le doct. Vizioli qui, dans son *rapport* à l'Académie napolitaine, nous parle de l'avis de la Faculté de Médecine de Vienne. « Nous croyons, dit le doct. Vizioli, être les premiers du monde civilisé à émettre un verdict qui devait sauvegarder la science d'une part, tout en paraissant être un signe d'obscurantisme et de réaction, et d'autre part, protéger la santé publique. » Toutefois, nous trouvons que, à Vienne, en 1880, une commission de la Faculté de Médecine, dont le rapporteur était l'illustre prof. Hauffmann, fut appelée à donner son avis sur les conséquences possibles des représentations d'Hansen, le célèbre magnétiseur danois. Elle répondit que les états de perte de connaissance et de contraction tétanique pouvaient avoir des inconvénients sérieux : qu'il s'agit d'états anormaux, dont personne ne peut établir jusqu'à quel point ils pourraient être poussés sans dommage pour le sujet. Le rapporteur fit remarquer la possiblité d'une paralysie du cœur imprévue, spécialement dans

---

1. Prof. ENRICO MORSELLI, *Il Magnetismo animale, la fascinazione e gli Stati ipnotici*, Torino, 1886, p. 386.

les individus affectés de maladies de cœur ; ajoutant d'autre part que la représentation des états névropathiques, en réalité ou en apparence anormaux, pouvait exercer sans aucun doute une influence fâcheuse sur les personnes disposées aux troubles nerveux ou mentaux, puisque l'expérience, non seulement du moyen-âge, mais encore de l'époque actuelle, nous enseigne que de semblables excitations ont produit diverses épidémies d'affections mentales ou nerveuses. Se fondant sur ce jugement, la police de Vienne interdit les représentations d'Hansen.[1] »

Très récemment, le Conseil du canton de Berne, imitant l'exemple de l'Allemagne, défendit, lui aussi, les spectacles d'Hypnotisme et de Magnétisme.[2]

On peut résumer clairement ce que nous avons dit jusqu'ici :

1° Qu'un très grand nombre de docteurs, tant en particulier que réunis en assemblées solennelles, ont condamné les spectacles d'hypnotisme comme nuisibles à la santé, sources funestes de névroses, d'hystérisme, de convulsions, de paralysies, de congestions cérébrales, d'affections cardiaques, d'épilepsie, d'amnésie, de folie, et d'au-

---

1. Doct. Fr. Vizioli, *Relazione* déjà citée dans le *Giornale di Neuropatologia* de Naples, p. 150 et les suiv., dans l'opuscule séparé, p, 17.

Osservatore cattolico, de Milan, n° du 1er octobre 1887.

tres maladies y compris expressément la mort subite.

2° Que non seulement l'*abus* des pratiques hypnotiques est pernicieux, mais même le simple usage. Parce que, outre l'affirmation des docteurs sérieux, la raison dit elle-même : qu'il est impossible que l'usage ne dégénère pas souvent en abus, quand un instrument dangereux en lui-même est fréquemment employé et souvent par des personnes inexpérimentées, légères, imprudentes, sur des sujets faibles et disposés aux maladies qui bouleversent profondément l'organisme humain.

3° Que les plus exposés aux dangers de l'hypnotisme sont naturellement les insensés qui se présentent volontairement comme patients. Si ce sont des personnes maladives, des jeunes filles délicates, des femmes nerveuses, le danger est tel qu'il équivaut à la presque certitude d'un malheur.

4° Qu'enfin non seulement les hypnotisés, mais encore les simples spectateurs des scènes hypnotiques paient souvent cher leur curiosité en courant le risque de terribles maladies. Un docteur Allemand, M. Drosdow, raconte qu'une dame, institutrice municipale, dût se démettre de son emploi, parce qu'elle avait contracté la maladie hypnotique, pour avoir assisté à des séances d'hypnotisme. Que nos lecteurs se rappellent combien de personnes, dans la seule ville de Turin, contractèrent des maladies très graves, seulement pour avoir *vu* Donato opérer au théâtre Scribe, et non seulement des jeunes filles faibles, mais aussi des jeunes gens robustes et des hommes de toute condition. Si l'on recueillait les tristes souvenirs de Milan, de Rome, de Naples, etc., avec le soin que le docteur israélite professeur Lombroso a mis à noter les malheurs de Turin, le catalogue des dommages causés par l'hypnotisme en Italie s'accroîtrait outre mesure.

Ces vérités pratiques, nous les rappelons à tous les hypnophiles et spécialement nous les recommandons à certaines bonnes dames, trois fois bonnes, à certains bons messieurs, trois fois bons, qui admettent l'hypnotisme dans les soirées comme un amusement de salon. Qu'ils se persuadent que c'est une vraie trahison envers leur santé et celle de leur société. On ne joue pas impunément avec le feu, avec la dynamite, avec le choléra. De très grands malheurs pourraient en résulter et faire tourner les divertissements au tragique ; et ce ne serait pas la première fois qu'on devrait appeler en grande hâte le médecin de la pharmacie la plus voisine, pour remédier aux douloureux accidents d'un hypnotisé ou d'une hypnotisée. Nous pourrions en donner plusieurs exemples : mais il suffit de raconter ceux avoués par l'hypnotiseur public D. Zanardelli. « Plus d'une fois il m'est arrivé d'être appelé en toute hâte, près de quelque famille (*imprudente !*) pour éveiller des somnambules imprudemment magnétisés par quelque amateur : je me suis aussitôt tiré facilement d'embarras, en me servant de la plaque électrique Fechner. A propos de cela, je me souviens qu'un soir je fus appelé avec une grande hâte à la maison du général Echevarria à Madrid, pour éveiller une jeune fille tombée en catalepsie à la suite de manœuvres d'un magnétiseur ignorant (*Et il y en a tant !*). La famille était épouvantée, dans la maison c'était une confusion indescriptible, la jeune fille, raide, immobile, avait l'aspect d'un cadavre, etc. etc.[1] »

Plus loin nous donnerons d'autres raisons plus décisives contre les pratiques hypnotiques. Cela suffit pour ce qui est du mal physique causé par l'hypnotisme tant dans les assemblées publiques que dans les maisons particulières ; nous allons dire un mot du mal moral.

XXVIII

L'Hypnotisme est parfaitement immoral.

La question de la moralité ou de l'immoralité de l'hypnotisme se résoud substantiellement en démontrant qu'il n'est pas permis de renoncer à sa propre liberté morale, comme cela arrive dans

---

[1]. Prof. D. Zanardelli. *La verità sull' ipnotismo, etc.*, p. 36.

les pratiques hypnotiques. Et la démonstration est faite depuis longtemps et passée en force de chose jugée dans les codes des nations civilisées. Toute âme raisonnable sent avec une profonde conviction qu'il n'est pas permis d'éteindre la lumière de l'intelligence et par là de rendre muet le jugement de la conscience; parce que l'homme resterait indifférent à vouloir le bien comme il le doit et indifférent à repousser le mal défendu. Autant l'obligation de faire le bien et d'éviter le mal est grave, autant est absolu le devoir de ne pas se rendre impuissant à l'un et à l'autre. De là l'universelle condamnation de s'enivrer, de fumer l'opium, de boire l'hashisch, et de faire quelqu'autre chose qui ait pour résultat de se priver, même pour peu de temps, de la liberté morale. Il n'est pas d'homme si sauvage qui ne sente l'avilissement et la culpabilité de celui qui volontairement se dépouille de son libre arbitre, s'expose naturellement à mille périls matériels et devient capable de toutes sortes de délits; comme si pour lui il n'existait plus de loi et qu'il fut changé en brute.

Nous savons bien que quelques-uns défendent l'hypnotisme en le comparant au chloroforme. Mais l'usage du chloroforme même est illicite pour la raison que nous venons de donner, hors le cas de grave nécessité et toujours avec les précautions nécessaires. Dans ce cas le bien durable qu'on obtient par son moyen, compense le mal momentané de la suspension de la liberté morale. Il y a une disparité absolue entre l'hypnotisme et le chloroforme : c'est que le chloroforme n'expose pas le patient à un millième des périls auxquels l'hypnotisé est exposé, parce qu'il ne produit d'autre effet qu'un sommeil tenace et une bienfaisante anesthésie, pendant laquelle le malade est insensible à toute douleur, de même qu'il est incapable de toute activité mauvaise.

Il arrive tout le contraire à l'hypnotisé. Sous l'influence de l'hypnose, son activité croît démésurément, et au milieu des hallucinations et du délire il agit aveuglement, selon la suggestion extérieure. Il n'y a pas de désordres personnels qu'on ne puisse lui imposer, il n'y a pas de délit qu'il ne puisse commettre s'il lui est commandé. L'hypnotisé est un homme qui a signé un billet en blanc et l'a ensuite mis en une main inconnue, et sur cette feuille, celui à qui elle a été remise peut écrire tout mal, toute honte, tout méfait. Cette raison fondamentale a été reconnue par le Conseil supérieur de santé réuni à Rome, par ses paroles embrouillées, mais au fond très dignes des sages législateurs : « S'élevant enfin à la question éthico-juridique, et considérant que la protection de la liberté ne peut permettre que la conscience humaine soit abolie par des pratiques génératrices des faits psychico-morbides dans les personnes prédisposées (*et dans celles qui ne sont pas pré-*

disposées ajouterons-nous) de manière à rendre un homme esclave d'un autre, sans qu'il ait connaissance du mal qu'il peut subir ou produire : le Conseil est d'avis que les spectacles d'hypnotisme en réunions publiques (*et pourquoi pas aussi dans les réunions privées ?*) doivent être prohibés. [1] »

Nous savons la défense que tentent d'opposer les hypnophiles. Ils protestent que le péril d'abus est éloigné par le seul fait que personne n'est hypnotisé malgré soi ; et que, par conséquent, chacun est libre d'accepter l'hypnotisme dans les seules circonstances où il n y a pas à craindre d'abus. Cette défense que nous avons déjà citée au chapitre XI a été imaginée par le père de l'hypnotisme moderne, le doct. Jacques Braid, [2] et rééditée par Donato (voyez ci-dessus, chap. II) et par tous les fauteurs des pratiques hypnotiques. Mais nous savons également que d'autres magnétiseurs nient absolument la nécessité du consentement et assurent au contraire pouvoir hypnotiser autrui par surprise et même contre sa volonté formelle. Parmi ceux-ci est le doct. Husson dans son célèbre rapport à la Faculté de médecine de Paris, [3] il faut y joindre deux célèbres magnétiseurs, M. Lafontaine et M. Bertrand. Ce dernier dit expressément que les phénomènes magnétiques peuvent

1. *Parere*, etc., cité ci-dessus.
2. Braid, *Neurypnologie*, éd cit. p. 28.
3. Figuier, *Histoire du Merveilleux*, vol. III, p. 450.

s'obtenir *avec la volonté, sans la volonté, contre la volonté.* On sait, en effet, pour citer seulement des faits modernes, que le doct. Robouam a magnétisé un malade à l'Hôtel-Dieu, à Paris, et une dame âgée, malgré eux et malgré tous les efforts contraires [1]. Le docteur Bernheim et après lui beaucoup d'écrivains qui se sont occupés d'hypnotisme moderne racontent les cas lamentables de malheureuses femmes hypnotisées par surprise et par fraude [2]. Richer raconte des cas de personnes hypnotisées pendant le sommeil, c'est-à-dire sans que ces personnes s'en aperçoivent et sans qu'elles y aient consenti librement. Elles se trouvèrent donc passer du sommeil naturel et physiologique au sommeil hypnotique dans lequel elles restaient *la proie brute,* comme dirait Lombroso, de l'hypnotiseur [3]. Ces cas d'hypnotisation forcée sont rares, mais ils suffisent pour infirmer l'objection que l'on tire de la nécessité du consentement.

Mais supposons que le consentement de la personne à hypnotiser soit nécessaire pour recevoir l'influence hypnotisante : quel obstacle ce consentement peut-il apporter contre les abus de l'hypnotisme ? Chacun sait combien il est facile d'obte-

1. Cf. *Civiltà cattolica.* Ser. V, vol. XII, p. 149.
2. Fr. Vizioli, *Lettura* à la Section médicale du Congrès de Pérouse, dans le *Giornale de Neuropatol.* de Naples cité ci-dessus; et dans la brochure séparée, p. 36 et suiv.; Cullerre, *Magnétisme et Hypnotisme,* p. 356 et suiv.
3. Richer, *La Grande Hystérie,* p. 533-534.

nir un consentement. Nous avons vu dans les réunions hypnotiques de Turin, de Milan, de Rome, de Naples, de Sassari, etc., la jeunesse et les hommes mûrs courir en foule se soumettre à l'hypnotisme ; nous y avons vu des étudiants, des savants, des militaires, des princes romains. Chacun sait que, dans les réunions particulières, des jeunes filles, des jeunes femmes, avides de sensations nouvelles, se laissent hypnotiser sans la moindre résistance. Les médecins, dans l'intimité des familles et avec la confiance inspirée par leur profession salutaire, n'ont aucune peine à faire accepter une cure hypnotique ; dans les cliniques et dans les hôpitaux, tout docteur, comme *in anima vili,* est maître absolu. Quelle jeune fille éprise d'un jeune homme qui sait hypnotiser résisterait à ses insinuations ? Quel jeune homme résisterait aux instances de ses amis quand il s'agit de plaisanter ? Donc la nécessité du consentement de l'hypnotisant, si même elle existe (ce qui n'est pas toujours vrai), serait un obstacle presque nul et dont un hypnotiseur hardi peut facilement se faire un jeu.

Les hypnotistes présentent encore un autre moyen de défense ; ils prétendent que, pendant le sommeil hypnotique, la lumière de l'esprit n'est pas toujours voilée et la conscience n'est pas toujours oblitérée. Ecoutons avec patience cette vaine excuse. Pour ne pas accumuler ici une montagne de citations, rappelons seulement sommairement les trois opinions des hypnotistes. La première affirme que pendant l'hypnose la conscience reste libre : la seconde le nie absolument : la troisième concède à l'hypnotisé une sorte de crépuscule de conscience en vertu duquel il peut, jusqu'à un certain point, repousser une suggestion extérieure si elle est immorale. La vérité entre ces opinions est qu'il y a des degrés possibles, mais que quand l'hypnotisation est parfaite, la conscience est aussi parfaitement abolie. Ainsi pensent en effet les docteurs les plus accrédités dont les avis ont été brièvement résumés par le doct. Paul Richer : « M. Heidenhain et M. Berger ont prouvé que les symptômes les plus caractéristiques de l'automatisme peuvent exister sans la production du sommeil et avec l'entière conservation de la conscience. Le doct. Charles Richet a prouvé que l'illusion et l'hallucination pouvaient se réaliser dans les sujets à peine endormis, quand ils n'ont encore perdu ni la conscience de leur état et de leur personnalité, ni la mémoire des faits qui arrivent pendant leur sommeil. Le docteur H. Tuke... arrive à cette conclusion que le sujet hypnotisé peut être conscient ; il peut passer rapidement ou lentement à la pleine conscience ; les manifestations hypnotiques ne dépendent pas de la permanence ou de la suspension de la conscience, ce qui est purement un épiphénomène. Il ne nous est jamais arrivé *(Paul Richer)* d'observer dans nos hystériques ces cas d'hypnotisme incomplet, avec persistance d'un degré variable de conscience. Le sommeil était toujours profond et, dès le premier moment, poussé à sa limite extrême. [1] » Ce qui revient à dire que la conscience était entièrement abolie.

Le prof. Fr. Vizioli rappelle quelques hypnotisations pendant lesquelles il resta quelque lueur de conscience [2]. Et nous aussi, nous rapportons des expériences semblables parmi les faits hypnotiques cités dans les premiers chapitres de ce traité; nous pourrions en ajouter quelques autres à notre connaissance personnelle. Mais deux choses sont indubitables : la première est que, dans les cas rares où l'hypnotisé conserve un crépuscule de conscience obscurcie et mourante, il lui est toutefois absolument impossible de résister à la suggestion impérative de l'hypnotisant : il accomplira par force le suicide, le parricide ou quelque autre atroce scélératesse qui lui soit *suggérée ;* il se pliera au délit peut-être avec des signes de répugnance, avec quelque effort de résistance, mais il se pliera : la seconde est que, en général, lorsque l'hypnose est parfaite, l'aveuglement de la conscience est complet; et cet aveuglement ne dure pas

---

1. Richer, *La Grande-Hystérie*, p. 772.
2. Fr. Vizioli, *Lettura* déjà citée, opusc. séparé, p. 21.

seulement pendant l'expérience, mais il peut, comme un nuage, reparaître sur l'horizon et obscurir de nouveau l'esprit à échéance fixe. En outre, après l'hypnose, il ne reste plus aucune trace dans la mémoire du sujet de ce qu'il a fait de bien ou de mal sous l'influence de la maladie ; il lui reste tout au plus une réminiscence faible et confuse. Pour confirmer ces vérités que nous affirmons comme certaines et hors de controverse, nous pourrions ajouter un volume aux faits que nous avons déjà racontés, sans autre peine que de les copier à la lettre dans les traités d'hypnotisme et spécialement dans les écrits des médecins dont nous avons déjà parlé.

En fait les hypnotistes sont unanimes pour représenter l'hypnotisé comme un *automate* raisonnable. C'est l'expression solennelle et consacrée des docteurs. Au lieu de vingt ou trente citations faciles, nous nous bornerons à citer M. Seppilli, un des plus estimés de ceux qui s'occupent de cette matière en Italie. « L'individu hypnotisé ressemble à un automate, à un mécanisme vivant qui répond aveuglément aux incitations qu'il reçoit du dehors; et, par cette propriété, on peut provoquer sur lui à la volonté de l'hypnotiseur, par le moyen d'excitations opportunes sur divers appareils des sens, une série innombrable de phénomènes, des plus simples aux plus complexes, dans chaque sphère de l'activité cérébrale, qui sont connus sous le nom générique de *suggestions hygnotiques* [1]. » Et cette doctrine, il la démontre par 25 pages compactes in-8°, toutes remplies de faits qui paraîtraient extraordinaires et incroyables, s'ils n'étaient pas absolument semblables à ceux qui sont communément attestés par les médecins hypnotistes.

Maintenant on demande si la morale honnête (nous ne parlons pas de la morale chrétienne) peut tolérer qu'un homme se *rende esclave d'un autre,* comme le déclare le Conseil supérieur de santé ? qu'il se *donne* à un autre, comme exige Donato ? qu'il se fasse la *proie brute* de l'hypnotiseur, comme s'exprime Lombroso ? qu'il descende à la condition d'un *automate,* d'un *mécanisme* entre les mains d'autrui, comme en convient Seppilli, et avec lui tous les hypnotistes ? Cela fait horreur et dégoût, rien que d'y penser. L'homme ne doit se soumettre à un autre homme que lorsque celui-ci possède un droit légitime sur lui, parce qu'en ce cas, ce n'est pas devant l'homme, son semblable, qu'il s'incline, mais devant la loi, devant Dieu Lui-même, auteur de la loi : et le fait d'observer l'ordre constitué par Dieu, en conformant ses actes à la rectitude infinie de la volonté divine, n'abaisse pas la créature raisonnable, mais l'ennoblit et l'élève. Il est donc naturel que nous éprouvions un senti-

---

[1]. Doct. Joseph Seppilli, dans la *Rivista sperimentale di freniatria et di medicina legale* de Reggio Emilia, 1885, fasc. II-III, p. 325.

ment de mépris pour celui qui, volontairement, abdique sa propre liberté et sa conscience. On peut retrouver les traces de ce jugement qui condamne les automates hypnotisés, au commencement de cet ouvrage, dans les relations que nous avons citées des faits hypnotiques de Turin et de Milan, bien qu'elles soient écrites par des journalistes très peu soucieux de la dignité humaine : « Il y a, disent-ils, quelque chose de pénible, de convulsif dans leurs traits et de macabre dans leurs gestes. » — « Cette lutte entre la volonté impuissante et la force extérieure qui la subjugue, se révèle par les gestes comiques et tragiques, qui font peine et surprise, qui suscitent le rire et déchirent. » — « Le public impressionné hurle : « Assez ! »

En fait, quel homme bien élevé peut supporter la vue d'un plancher scénique encombré de jeunes gens, d'hommes honorables, de militaires et d'officiers, de gentilshommes, tous réduits à l'état d'un troupeau d'idiots volontaires qui suivent un bateleur comme des petits chiens, qui obéissent comme des singes dressés, qui sautent comme des fous, qui rient sans savoir pourquoi, qui se déshabillent honteusement, qui se mettent dans toutes les postures qu'on leur impose pour divertir l'assemblée ? Que nos lecteurs se rappellent la bande d'étudiants de Sassari hypnotisés par le prof. Rattone (chap. VIII), se jetant par terre remuant les pieds, se débattant, et ensuite, qu'ils nous disent si c'est une séance que l'on puisse voir de gaieté de cœur?

Il est impossible que de tels exercices n'abaissent pas le caractère moral par leur indignité. En outre, l'effet physiologique propre de l'hypnotisme est d'énerver la vigueur de l'âme, de disposer les facultés corporelles au vice, et d'augmenter les inclinations mauvaises. Et pour que certaines âmes ingénues ne nous soupçonnent pas d'exagération, nous hommes d'Église, qui cependant savons cela certainement mieux que tous autres et qui l'affirmons sans aucune hésitation, nous donnons comme garant un docteur d'un mérite réel dans ce genre d'études et de grande réputation, bien qu'égaré au point de vue des idées religieuses, nous voulons dire le professeur Césare Lombroso. « Un dommage plus fâcheux, écrit-il, parce qu'on y prend moins garde, est celui du caractère, déjà si faible en nous par tant de causes, et auxquelles maintenant on ajouterait une nouvelle cause et non moins intense d'affaiblissement. Il est notoire que le changement momentané du caractère moral, qu'on observe dans les accès (*hypnotiques*), peut se perpétuer après une série de semblables expériences; et c'est naturel, puisque à chaque condition anormale de l'épiderme correspond une modification du caractère et de la moralité (*cette particularité d'une modification dépen-*

dant de l'épiderme, etc., avec la permission du docteur matérialiste israëlite, nous la croyons fausse). On a déjà démontré comment ces individus deviennent facilement faux, immoraux ou au moins faibles, de manière à céder aux plus faibles pressions, non seulement de l'hypnotiseur, mais aussi de toute autre personne, ainsi du reste qu'on l'observe dans l'hypnotisme et dans toutes les irritations corticales [1]. » Voilà ce que dit Lombroso qui parle entièrement selon la science et l'expérience.

Renoncer à la liberté morale et à la conscience, même pour un temps très court, sans de très graves raisons, est en soi-même un désordre et une source de corruption. Nous devrions aussi ajouter que l'hypnotisme est profondément anti-social, parce qu'il peut faciliter mille fraudes et mille délits. Il est trop manifeste qu'une personne devenue *esclave, possession, proie, automate, mécanisme* entre les mains d'une autre est exposée à toutes les injures, si elle tombe dans le piège d'un hypnotiseur habile, mais criminel. Or qui ne voit que les malfaiteurs peuvent s'emparer de l'hypnotisme rendu désormais facile et vulgaire ? Et sans tenir compte des malfaiteurs de métier, tout homme possédé par une passion violente, sera

---

1. Prof. Césare Lombroso, *Studi sull' Ipnotismo*, Turin, 1886, pag. 22.

tenté d'appeler à son secours l'hypnotisme pour atteindre son but. On peut pendant l'état hypnotique ravir au patient des secrets de famille et d'état; l'honneur de la femme est mis à la discrétion de l'hypnotiseur et de quiconque veut en abuser par son moyen; obligations, billets, testaments, consentements de mariage, seraient imposés selon le bon plaisir de celui qui aurait pour complice un adroit magnétiseur.

Surtout en ce qui concerne les suggestions dites à échéance, un fripon peut en faire des applications innombrables au préjudice de la paix des familles, des biens et de l'honneur d'autrui. Ce serait à n'en pas finir, si nous voulions entrer dans ce champ que nous laissons parcourir par l'imagination des lecteurs, éveillée et guidée par le peu que nous en disons en parlant des suggestions à échéance et des suggestions ayant un but criminel [1]. Le fait certain est que non seulement les excellents écrivains de l'*Unità Cattolica,* du *Corriere di Torino,* de l'*Osservatore Cattolico* se préoccupèrent des faits et gestes de Donato, mais encore les docteurs-médecins ayant de la conscience comme M. Tebaldi, M. Bufalini, M. Lombroso, et d'autres en grand nombre; et les criminalistes comme M. Liégeois et M. Campili se sont

---

[1]. Cf. les chap. X-XI. et les autres chap. où on raconte des faits semblables.

occupés à cette occasion des abus criminels de l'hypnotisation. M. Campili a pris la peine de publier une longue «*Casuistica esemplificata sulla scorta del Cod. civ. it.* [1] » qui est une vaste collection de fraudes que l'on peut commettre facilement avec l'aide de l'hypnotisme. Et pendant que nous écrivons, on plaide devant les tribunaux la cause du docteur Castello Fusco, député au Parlement et de M. Conte, écheveau fort embrouillé de supercheries hypnotiques qu'il ne sera pas facile de démêler, comme nous l'avons appris par un journal médical napolitain.

L'hypnotisme est donc un nouveau foyer d'immoralité, un nouvel attrait pour le libertinage, un nouvel instrument placé entre les mains des scélérats.

XXIX

L'Hypnotisme est encore plus immoral pour la jeunesse et pour la femme

Ce que nous avons dit jusqu'ici sur l'immoralité de l'hypnotisme en général pourrait suffire. Mais pour éclairer plus complètement nos lecteurs, nous leur rappellerons ce qu'ils savent et ce que les docteurs en hypnotisme sont d'accord pour

[1]. Doct. Giulio Campili, *Il Grande ipnotismo*, etc., pag. 34, note A.

reconnaître, c'est que la jeunesse et la femme étant plus faciles à hypnotiser, sont aussi plus exposées à ressentir plus gravement les dommages moraux de l'hypnotisation.

Qui ne sait que la jeunesse est portée à se laisser vaincre souvent et volontiers par l'attrait de la nouveauté quelle qu'elle soit ? Malheur si les scènes hypnotiques arrivent à attirer les jeunes gens ! L'épidémie hypnotique avec tous ses dangers physiques et moraux devient inévitable et pernicieuse. Nous le savons par Lombroso, hypnotiseur, et non suspect d'exagération. Selon lui « l'état hypnotique est propagé rapidement et sur une large échelle un peu par l'ignorance, même des classes instruites, en cette matière qui fait voir des phénomènes merveilleux et nouveaux quoiqu'en réalité déjà connus ; un peu par la vanité de figurer en public, alors que des personnes bien élevées devraient refuser de se mettre, comme une proie brute, aux pieds d'un homme vulgaire ; et un peu par cette espèce de volupté que procure toute modification nouvelle de nos grands centres nerveux qui nous fait recourir aux narcotiques les plus désagréables. Ces diverses causes font qu'à peine l'invitation adressée au public, on accourt à l'envi ; et ensuite non seulement les hypnotisés sont nombreux, mais aussi les hypnotiseurs de seconde main qui trouvent l'expérience plus facile sur des sujets déjà opérés et en abusent pour leur propre amusement : c'est ainsi que se produit une épidémie ; non seulement les *clubs* mais jusqu'aux collèges (que nos lecteurs le remarquent : les *clubs* et les *collèges*) sont remplis de gens qui, ou tentent ou exécutent ces périlleuses manœuvres. Souvent les hypnotiseurs s'hypnotisent réciproquement, prolongeant cet état et le renouvelant d'une manière dangereuse pour leur santé. Qui peut mesurer les dommages d'une semblable épidémie qui ne permet plus de compter comme rares les individus hypnotisés, comme ils l'étaient jusque-là dans les laboratoires, mais en grand nombre et sans les réserves et les précautions nécessaires, mais à toute heure au jour et par le fait du premier venu [1]. »

Voilà ce que dit Lombroso après avoir vu de ses yeux les malheurs qui sont arrivés à Turin, pendant les représentations théâtrales de Donato. Les mêmes faits, peut-être avec moins d'intensité, sont arrivés à Milan et se sont produits un peu partout dans diverses proportions. En conséquence nous ne saurions trop blâmer un certain directeur de collège qui invita Donato à faire des expériences d'hypnotisme sur les élèves. Il fit un acte au moins très imprudent au grand dommage physique et moral des jeunes gens confiés à ses soins.

[1]. Prof. Cesare Lombroso, *Studi sull' Inoptismo*, Turin 1886, pag. 23-24.

A moins que ce qui a été dit au sujet de cet abbé Bernard (qui s'appellerait ainsi) principal du collège de Saint François de Mâcon, en France, soit une fable imaginée par Donato dans la lettre dans laquelle il avait à se défendre de la tache d'irréligion [1]. Mais que cela serve d'avertissement à ceux qui devraient détourner des pratiques hypnotiques et qui les ont conseillées ou permises.

On ne doit pas perdre de vue que ce qui arrive dans les institutions de jeunes gens, peut arriver dans les pensionnats de jeunes filles, avec des suites dix fois plus funestes. Tout le monde connaît l'extrême irritabilité des nerfs des fillettes : une épidémie nerveuse peut se répandre en peu de jours. Les médecins nosographiques en ont compté cent exemples, enregistrés dans l'histoire. A notre souvenance, il y en eu un récemment en Amérique et un autre en Italie, qui arriva par la faute lourde des directeurs, tous gens du gouvernement, et qui fut pitoyablement couvert par la charité maçonnique. Il y a plus de quarante ans, lorsque M. Braid divulgua la doctrine de l'hypnotisme et de l'autohypnotisme, les historiens rapportèrent le malheur d'un pensionnat de Glasgow en Écosse, où les élèves se firent toutes hypnotisatrices et s'hynotisaient chacune à leur tour, et le lecteur

---

[1]. Donato *Lettera* datée de Milan 8 juin 1886, dans l'*Osservatore cattolico* de Milan, 9-10 juin 1886.

peut penser le profit qu'en retirèrent l étude, l'éducation, la discipline, et quelle fut la satisfaction des parents [1]. Et il faut savoir aussi que les enfants habitués à ces pratiques, peuvent arriver à leur but mieux qu'on ne pourrait le croire. Braid lui-même, le grave Braid, raconte qu'une enfant de cinq ans et demi, assista à une séance d'hypnotisme, et qu'étant rentrée à la maison elle imita parfaitement les actes de l'hypnotiseur et hypnotisa sa gouvernante [2].

Mais le plus grand danger provient des visites, des soirées, des réunions, où se rencontrent avec une confiance familière des hommes, des femmes, des jeunes gens et des jeunes filles. Que le lecteur s'imagine une nombreuse compagnie dans un salon ou dans une maison de campagne où arrive, non pas ce qui est arrivé sur la scène de Turin et de Milan, non pas l'orgie hypnotique des étudiants de Sassari, dont nous avons parlé, mais seulement quelque chose ressemblant même de loin à ces faits. Ce serait un spectacle si indigne et si dégoûtant que l'on a peine à le concevoir. Nous avons entendu des dames nous demander en tremblant : Que deviendrons-nous si l'hypnotisme pénètre dans les maisons? Nous répondîmes et nous répondons, que Dieu ne permettra pas que

---

[1]. Figuier. *Histoire du merveilleux*, trad. ital. t. III, p. 425.
[2]. Braid, *Neurypnologie*, p. 100.

ceux qui font bonne garde dans leurs familles et fuient le danger, tombent dans le piège malgré eux : mais malheur à ceux qui le bravent! ce sera leur faute et leur perte.

Ce ne serait pas, du reste, une chose nouvelle. L'hypnotisme en 1778 (alors qu'on l'appelait magnétisme ou mesmérisme) remplissait de scandale les familles de Paris et de toute la France. Sans parler du *Miriachit*, qui quelquefois envahit des contrées entières en Sibérie et en Russie, et qui est peut-être une simple épidémie nerveuse, nous avons une espèce d'hypnotisme, disent les médecins, très connu aux Etats-Unis sous le nom de *Jumping*, qui produit la folie accompagnée de gestes et d'actes dignes d'une brute chez ceux qui en sont atteints. Il est vrai que ce jumping, selon nous, est plus que toute autre chose une monomanie diabolique qui s'empare des *revivals* de certains protestants méthodistes. Les revivals sont des assemblées fanatiques qui se tiennent dans les bois pendant quelques jours, avec un concours mêlé d'hommes et de femmes, sous la présidence d'un ministre déclamateur qui abasourdit les oreilles des auditeurs jusqu'à ce que les phénomènes de pénitence commencent à se produire, phénomènes qui, quelquefois, quant au décorum et à la décence, ressemblent à ceux des possédés. Et les *jumpers*, c'est-à-dire les danseurs, ont pour frères d'autres méthodistes dits *barkers*, c'est-à-dire les aboyeurs, les miauleurs, les brayeurs (cri de l'âne), les grogneurs et les *jerkers,* c'est-à-dire les secoueurs, les trembleurs disloqués de tous leurs membres. Chacune de ces familles a ses exercices de dévotion séparés, avec des ministres particuliers. Tous peuvent donc très bien se regarder, en quelque sorte, comme affectés d'hypnotisme[1]. Les explorateurs des terres Malaisiennes décrivent une maladie indigène, véritable hypnotisme, qui est connu sous le nom de *latah.* Or, « le *latah,* écrit un témoin oculaire, qui se montre rarement chez les jeunes gens, est fréquent chez les femmes d'âge mûr et même vieilles. Chez les jeunes gens, il est caractérisé par une absence complète de sens moral (qui du reste n'est pas certainement la vertu caractéristique des Malaisiens). Les femmes d'un âge avancé présentent le même symptôme et ce n'est certainement pas un des phénomènes les moins bizarres du *latah,* qu'un mot, un regard, un geste puisse pousser une femme de 65 ans à se conduire comme une coureuse de 20 ans. [2] »

Un homme de bien ou une dame frivole nous objectent : — Ces horreurs ne peuvent avoir lieu

---

1. Cela est historiquement décrit dans le récit du P. Franco, *Le Vie del cuore,* chap. LXIV, *Jerk rs, Jumpers, Barkers* 5° édit., vol. II, p. 174 et suiv.
2. *Bo'lettino d lla So ietà asiatica,* 1884, cité par le doct. Fr. Vizioli, dans sa *Relazione* citée ci-dessus, rapportée dans le *Giornale di Neuropatologia* de Naples, IV° année, fasc. 11; dans l'opuscule séparé, p. 12.

dans des pays civilisés, dans des sociétés honnêtes. Dieu le veuille! répondons-nous. Mais le fait reste contre la vaine sécurité dans laquelle on s'endort.

Beaucoup de cas de corruption sont déjà avérés et on en peut craindre de plus fréquents. Donnez un débouché à un torrent, et alors seulement on connaîtra les ravages du torrent débordé. Et nous ne sommes pas les seuls à craindre les dangers moraux de l'hypnotisme, nous, hommes d'Église (plus instruits par l'expérience et par conséquent plus compétents) : les hommes des professions médicales parlent aussi haut et clair, plus peut-être que les ecclésiastiques. Nous citerons seulement le prof. Francesco Vizioli. Ce n'est pas un ascétique timoré qui s'épouvante de la nouveauté; mais c'est un professeur public de Névropathologie à l'Université de Naples, célèbre à beaucoup de titres, et un des plus graves docteurs qui honorent la médecine dans cette ville; il excelle dans les études hypnotiques et il a été appelé, pour cette raison, au Conseil supérieur de santé à Rome pour discuter le parti à prendre relativement aux représentations hypnotiques; ses collègues l'ont choisi, entre beaucoup d'illustres médecins réunis sous la présidence du doct. Guido Baccelli, ex-ministre, pour être leur rapporteur.

Or, voilà par quelles questions il termine son rapport à la docte assemblée : « Conseillerez-vous de laisser les spectacles d'hypnotisme continuer à se produire pour satisfaire une curiosité malsaine du public, ignorant de ce qu'il voit et avide d'émotions, assistant à une danse qui peut se voir du même parterre que dans les scènes des sabbats *(qu'on entende les* sabbats *selon le sens français, que nous appelons* striazzi) classiques et romantiques, mais avec des individus qui se présentent à l'expérience, comme pour les épreuves des poisons qui se faisaient *in corpore vili,* et reproduisent en plein XIX⁰ siècle les spectacles des ilotes des anciens Spartiates. Au moins alors ces spectacles étaient donnés comme exemple des effets dégoûtants de l'ivresse, afin de fournir aux jeunes gens un enseignement pour l'éviter. Nous, quel est notre but?

« Conseillerez-vous de répéter ces spectacles au nom de la science pour l'avantage de laquelle, du reste, ils ne furent jamais organisés ou dirigés, la science n'ayant besoin que du calme, du silence, d'analyses longues, laborieuses et méthodiques faites dans les Instituts et dans les Cliniques d'où sont venues les études les plus sérieuses et les découvertes les plus importantes sur l'hypnotisme?

« Conseillerez-vous que, au nom de la morale publique, on continue ces spectacles pour disposer nos femmes à se transformer en autant de femmes Malaises affectées du *latah* dans lesquelles un geste, un regard, un mouvement sont capables de porter une femme d'un âge respectable de 65 ans à agir comme une coureuse de 20 ans ?

« Conseillerez-vous enfin de continuer ces spectacles au nom de la civilisation, de la liberté et du progrès pour voir de jeunes italiens inconscients de leur état, ressembler, ne fut-ce que momentanément, à des Indiens moschites, à des Malais et à des gens affectés de jumping, qui sont tombés dans l'abaissement moral et intellectuel et dont l'état est un triste héritage de races et de tribus dégénérées ?

« A votre science et à votre conscience de répondre. [1] »

L'assemblée médicale donna pleinement raison au rapporteur Vizioli et sans un seul dissentiment. C'est cependant quelque chose qu'un tel jugement unanime des premiers médecins de notre pays qui certainement ne sont ni trop cléricaux ni trop scrupuleux. Et au moins elle aura de la valeur pour ceux qui se rendent difficilement aux jugements des ecclésiastiques, sottement réputés ou mal informés ou excessivement défiants quand il s'agit de choses nouvelles.

---

1. Doct. Fr. Vizioli, dans la *Relazione* déjà citée dans le *Giornale di Neuropatologie*; dans l'opusc., p. 16.

XXX

Certaines pratiques hypnotiques sont certainement impies

§ 1. *Cette seconde partie est pour les chrétiens seuls.*

Pour ceux qui, au milieu des lumières évangéliques, s'entourent des ombres de l'infidélité et de l'irréligion, notre traité hypnotique se termine ici. Qu'il leur suffise, pour s'éloigner des pratiques hypnotiques, de savoir que cette maladie, provoquée artificiellement, est parfaitement ténébreuse en elle-même et ne peut se comparer avec aucune maladie produite par la nature et connue de la science; et que de plus elle est pernicieuse pour la santé, pour les bonnes mœurs et pour la société civilisée. Nous croyons avoir présenté à cet égard des démonstrations évidentes et des autorités irréfragables.

Mais il nous semble que bien peu des lecteurs de la *Civiltà cattolica* doivent être comptés au nombre de ces malheureux qui s'aveuglent volontairement. Et cependant la plupart d'entre eux, si ce n'est tous, insistent et nous demandent : L'hypnotisme est-il irréligieux et diabolique comme le dit le bruit public? Nous leur répondons en supposant fermement qu'ils se soumettent avec sincérité d'esprit et de cœur à l'enseignement de l'Eglise et à la révélation de l'Écriture-Sainte ; et nous leur répondons à eux seuls. Si nous voulions convaincre d'irréligiosité certains phénomènes hypnotiques devant le tribunal des sceptiques, des positivistes, des matérialistes, des athées, nous aurions à parcourir un chemin trop long. Nous aurions à prouver l'existence de Dieu et ensuite la création, la Providence, l'immortalité de l'âme, la révélation, la Bible, la chute des anges, etc., etc. Un volume suffirait à peine, et ce volume, nous ne sommes pas disposés à l'écrire, de même qu'ils ne sont guère disposés à le lire.

Nous démontrerons donc aux catholiques que l'hypnotisme est irréligieux ; mais tous ses phénomènes ne le sont pas à un égal degré. Pour plus de clarté, nous en formerons trois classes et nous parlerons de la culpabilité particulière de chacune. Ainsi nous ferons voir quelles pratiques de l'hypnotiseur sont absolument coupables et défendues et quelles sont celles que l'on peut tolérer quelquefois dans une certaine mesure. En même temps nous trouverons une occasion opportune de récapituler et de répéter les plus importantes des observations dont nous avons parlé jusqu'ici et qui sont utiles à retenir pour la clarté pratique dans l'application.

§ 2. *Quelles sont les pratiques les plus irréligieuses ?*

Dans la classe des phénomènes qui offensent certainement la religion, nous comptons : 1º la pénétration des pensées d'autrui, sans qu'elles soient manifestées de quelque manière que ce soit, et la communication d'idées entre l'hypnotisé et l'hypnotisant et d'autres personnes sans le moyen de signes extérieurs ; 2º la manifestation d'idées que l'hypnotisé ne peut former par lui-même, comme de parler une langue inconnue par la seule puissance de l'hypnotisme ; 3º la divination de l'avenir et la vue d'objets ou d'actions en un lieu éloigné.

Tous ces phénomènes et autres semblables, très communs chez les anciens mesméristes et chez les spiritistes d'aujourd'hui, étaient appelés clairvoyance, sommeil lucide, extases magnétiques, etc., et quelquefois ils étaient renfermés sous le nom générique de phénomènes supérieurs. Beaucoup de ceux qui s'efforcent de réduire le mystérieux magnétisme à des formes purement scientifiques et médicales, nient la possibilité et la certitude des phénomènes supérieurs ; ainsi Braid, Richer, Morselli, Gonzales et enfin Donato, dont nous avons parlé aux chap. III et XIII, et nous pourrions accroître la liste. Nous en avons rapporté seulement quelques exemples récents ; plusieurs d'entre eux, bien que provenant des spirilistes, n'en appartiennent cependant pas moins à l'hypnotisme. Nous en avons raconté qui sont arrivés à Rome cette année 1886, sous les yeux des savants (chap. XIV), et d'autres qui nous ont été rapportés par des lettres de personnages très dignes de foi (chap. XV). Nous en avons qui sont attestés par des professeurs distingués de l'art médical, comme Cervello et Semmola (chap. XVIII). Le prof. Zanardelli en réunit un grand nombre sous le nom de phénomènes de clairvoyance dans lesquels il se vante d'avoir été ou témoin ou partie [1]. Les savants ouvertement matérialistes eux-mêmes n'hésitent pas à les admettre pour possibles et vrais. Le prof. Césare Lombroso rapporte plusieurs cas, provoqués par lui, d'hypnotisés qui, dans le sommeil magnétique, disent et font ce qu'ils n'ont jamais su. L'un écrit en langue allemande qu'il ignore; un autre fait de la photographie; un autre, de la musique; un autre fait de la broderie. [2]

Ailleurs, il admet pour vrais, en compagnie des docteurs Pierre Janet, Gley, Charles Richet, les cas « de la vision et de la transmission des pensées à distance » [3]. Le docteur Jules Campili les admet et prétend les expliquer, comme nous le verrons, par le mouvement mécanique!

1. Prof. D. Zanardelli, *La verità sull' ipnotismo*, p. 45 et suiv.
2. Prof. Ces. Lombroso, *Studi sull' ipnotismo*, p. 1-11.
3. Prof. Ces. Lombroso, *Studi sull' ipnotismo*, p. 18.

Du reste, nous n'avons pas besoin de prouver ici que de tels phénomènes sont fréquents dans les pratiques hypnotiques : nous affirmons ici, pour la doctrine, que de pareils faits, quand même ils ne se reproduiraient que rarement, sont certainement impies et illicites.

§ 3. *On prouve que les phénomènes supérieurs sont certainement préternaturels.*

Et nous le démontrons. Le critérium que nous donnent les philosophes et les théologiens comme infaillible pour distinguer un fait préternaturel des faits naturels, est sa disproportion avec les forces naturelles. Tous les effets qui surpassent certainement l'activité de la nature doivent être attribués à un agent hors de la nature; puisque rien ne peut exister qui n'ait sa cause proportionnée. Or, si on considère froidement les phénomènes cités ci-dessus, on aura une sorte d'intuition immédiate et rationnelle que tous en général et chacun en particulier sont impossibles par les seules forces naturelles. Tout homme sait, par l'évidence du sens intime et avec une pleine certitude, qu'il ne peut pénétrer les pensées d'autrui, et que si cent mille hommes se réunissaient pour pénétrer dans les siennes, ils ne réussiraient à rien. L'expérience de tous les siècles répond que jamais cela ne fut possible, et en effet le genre humain a toujours reconnu comme un acte de puissance supérie de lire dans le cœur des hommes. Les théolo catholiques, guidés par les divines Écritures, considèrent comme un attribut propre de la Divinité le pouvoir de scruter les idées intérieures de l'homme : *Scrutans corda et renes Deus;* [1] *Ego Dominus scrutans cor et probans renes;* [2] *Ego sum scrutans renes et corda.* [3]

On en peut dire autant de la divination des actes libres et futurs et des faits éloignés. Dans le nom même de *divination* se montre le jugement qu'en forment les hommes, comme d'une œuvre *divine.* [2] Et c'est avec raison, parce que l'intelligence humaine, ne pouvant connaître les actes libres de l'esprit d'autrui quand ils ont lieu au temps présent, elle peut bien moins connaître ceux qui n'existent pas encore et qui sont simplement futurs, et les faits qui en dépendent. L'infirmité humaine ne parvient pas même à conjecturer avec certitude les effets qui dépendent de causes physiques et qui, pour cela, arriveront nécessairement dans un temps un peu éloigné : vu le nombre presque infini des combinaisons possibles, entre lesquelles l'esprit ne peut reconnaître le véritable. On peut prédire que le prochain hiver sera très froid : mais il n'est pas dans le pouvoir de la science humaine de prédire à quel degré le thermomètre descendra à tel jour, à telle heure.

1. Psalm. VII, 10. — 2. Jer. XVII, 10. — 3. Apoc. II, 23.
Annuntiate quæ ventura sunt, et sciemus quia dii estis aïe XLI, 23.

Un semblable raisonnement convient au cas de ceux qui, par le moyen de l'hypnotisme, parlent une langune inconnue. Car les nouvelles paroles n'étant pas connues par l'esprit de l'individu, il est nécessaire qu'elles lui soient suggérées par un autre esprit qui les connaît. Le jugement du sens personnel et du consentement universel sur ce cas particulier est consacré par le jugement de notre Mère la sainte Église qui, dans les causes de faits merveilleux, juge toujours hors nature le phénomène de parler des langues inconnues : l'attribuant soit à Dieu, comme un vrai miracle, si les circonstanses en font foi ; soit au démon comme vain prestige, ce qui n'est pas rare dans les possédés.

C'est pourquoi, dans la pratique, si le sujet hypnotisé révèle des actes de l'esprit d'autrui, ou entend des commandements purement mentaux, ou donne la diagnose d'une maladie interne, étant ignorant en médecine, ou prescrit un remède juste, ou prophétise l'avenir, ou annonce des événements qui arrivent dans des contrées lointaines, ou découvre un voleur caché, ou un objet égaré, ou s'il s'exprime dans une langue qu'il n'a jamais connue auparavant ; s'il fait ou dit quelque chose de semblable, il fait voir clairement que, dans le sommeil hypnotique, un autre esprit plus perspicace que l'esprit humain l'assiste et l'habilite à l'acte que, par ses propres forces, il ne pourrait accomplir. Tel est le raisonnement philosophique que les simples chrétiens un peu instruits sur le cathéchisme savent former pour juger préternaturels les phénomènes du spiritisme proprement dit. S'ils voient par exemple une petite table s'élever de terre, courir, danser, par le seul contact d'un doigt, ou s'ils voient le pied d'une table divinatoire écrire une réponse raisonnable à une question, ils raisonnent de suite ainsi : Un simple contact humain ne peut détruire les lois de la nature qui fait que tout corps pesant tend vers la terre ; un morceau de bois ne peut entendre une question ni penser une réponse ; donc dans les deux cas une cause nouvelle, en dehors de la nature, est venue produire les effets que les causes naturelles sont insuffisantes à obtenir.

§ 4. *Vaines explications et objections des hypnotistes.*

Ce serait ici le lieu de répondre à la difficulté vieille et rebattue : Que nous ne connaissons pas toutes les forces de la nature, ni jusqu'à quel point s'étendent celles que nous connaissons ; difficulté vaine qui milite contre la vérité et la possibilité de reconnaître les miracles. Elle ne prouve rien si ce n'est ce que tous savent, qu'il y a des cas fréquents dans lesquels il est difficile ou impossible de distinguer avec certitude une œuvre surnaturelle des œuvres naturelles. Mais cela ne prouve pas que l'on ne puisse jamais faire la distinction.

Il y a en effet certains cas dans lesquels les lois de la nature connues, universelles et certaines, sont violées si évidemment et avec un tel cortège de circonstances, que l'intervention préternaturelle et même surnaturelle et divine, y brille avec une évidence absolue. Tout homme raisonnable qui, dans des circonstances données, voit un infirme paralytique guéri radicalement par un signe de croix, ou un boiteux redressé, ou un aveugle guéri, ou un mort ressuscité, etc., bien qu'il s'efforce de rêver avec la sophistique, s'il est de bonne foi, reconnaîtra le miracle. S'il s'obstine à ne pas le reconnaître, il n'est plus un pauvre aveugle ignorant, il est un orgueilleux coupable qui ferme volontairement les yeux à la manifestation divine pour ne pas se soumettre. Notre Seigneur Jésus-Christ donnait en effet comme preuve de la divinité de sa Personne et de sa doctrine, les miracles qu'il opérait[1], ce qui n'aurait pas été logique si les miracles n'avaient pas été vrais et susceptibles d'être reconnus et distingués.

De même, parmi les phénomènes hypnotiques, quelques-uns sont tellement contraires aux lois ordinaires de la nature, qu'il est absolument impossible de les attribuer à la nature. Tels sont

---

[1]. *Si non facio opera Patris mei, nolite credere mihi. Si autem facio, et si mihi non vultis credere, operibus credite ut cognoscatis et credatis quia Pater in me est, et ego in Patre.* Jo. X 37, 38.

ceux dont nous avons parlé jusqu'ici : vue de la pensée d'autrui, divination, etc. Que tout lecteur qui cherche sérieusement la vérité se demande à lui-même s'il se sent porté à attribuer à Dieu ou à ses anges ces faits préternaturels opérés sur les scènes ou par un médecin hypnotiseur. Il entendra une impérieuse réponse de sa conscience raisonnable : Impossible! Ceci n'est pas divin mais diabolique. Nous démontrerons plus tard qu'il raisonne bien. Cela suffit pour répondre à ceux qui objectent que les forces de la nature nous sont inconnues. Nous connaissons suffisamment les forces de la nature pour pouvoir, en beaucoup de cas hypnotiques, répondre avec une insurmontable conviction : la nature ne va pas jusque-là ; le diable y intervient. Mais laissons cette difficulté qui n'est pas exclusivement propre à l'hypnotisme : pour les catholiques auxquels nous parlons exclusivement dans cette dernière partie, la réponse est déjà pleine et péremptoire, bien que touchée seulement au passage. Ecoutons plutôt les explications des phénomènes hypnotiques qu'imaginent les hypnotistes, spécialement les sectateurs d'Epicure qui, dans le monde, ne voient rien autre chose que la matière.

Certains savants matérialistes prétendent nous donner la théorie de la transmission de la pensée par le moyen de très subtiles effluves qui la transportent de cerveau à cerveau. Ainsi pour eux la pensée n'est pas autre chose qu'un mouvement moléculaire dans l'encéphale. D'autres savants de leur école réduisent l'acte mental à une combinaison chimique, à une excitation cérébrale, à une secrétion de phosphorescence. Mais revenons au mouvement. Le mouvement de la pensée doit produire, affirment-ils, sphériquement, autour de lui, une onde de vibrations dans les cellules adhérentes, onde qui se propagera aux plus éloignées et ensuite à travers le crâne dans l'air ambiant jusqu'au cerveau d'autrui, et reproduisant en celui-ci un mouvement semblable à celui du premier point vibrant, il y reproduira en même temps la pensée. Mais pourquoi l'onde, étant sphérique, ne communique-t-elle pas la pensée à la tête de chacun des assistants, mais seulement à celle de l'hypnotisé ? Le pourquoi est clair, reprend l'hypnotiseur matérialiste, l'hypnotisé seul est hyperesthétique, c'est-à-dire extrèmement sensible, et c'est pour cela que lui seul perçoit l'impression ayant son origine dans le cerveau d'autrui. C'est là un tissu de fables qu'avec un sérieux de professeur, nous administrait M. Huxley en rajeunissant ou en copiant fidèlement les idées d'autres grands hommes. A nous, Italiens, le doct. Giulio Campili, jurisconsulte, les présente avec une rare ingénuité. [1] En répondant

---

1. Doct. Giulio Campili, *Il Grande ipnotismo nei rapporti col diritto penale et civile*. Turin, 1886, p. 27 et suiv.

à ceux-ci, nous répondons à beaucoup d'autres, parce que, en ce genre de paralogisme, les médecins et les hypnotistes ne font que se copier fidèlement les uns sur les autres.

Ce n'est pas ici le lieu d'opposer à leurs erreurs un traité de métaphysique ; d'autant plus qu'eux tous, comme M. Campili, professent avec un profond dédain qu'ils n'en tiennent aucun compte. Mais le lecteur sensé remarquera lui-même combien est absurde l'idée de réduire le plus noble des actes humains à un simple tic-tac d'horloge qui bat dans la caisse cérébrale. Ce serait l'extrême ignominie de l'homme. Il est vrai que, contre un tel abaissement, l'homme a été défendu et il est défendu par les plus vigoureux penseurs du monde ; il est défendu par le sens intime de chaque homme pensant, qui a conscience d'un bien autre travail intérieur que celui d'une vibration mécanique; l'Église aussi le défend, en déclarant cette brutale philosophie une hérésie contre la révélation divine.

La raison se lève triomphante pour démontrer que la pensée ne peut pas être matérielle : parce que, quelle que soit la vibration d'une cellule ou d'un corpuscule, ou si vous voulez d'une molécule intégrante ou constituante, quelque soit son mouvement ou son activité, ce n'est et ne peut être autre chose qu'un changement de place. Or un changement local et non substantiel d'une parcelle de matière ne peut la changer de son infime état de matière, il ne peut l'éclairer pour lui faire connaître quelque chose, ni lui imprimer l'image intellective d'aucun objet, il ne peut lui communiquer l'acte très élevé de la pensée. Il y a une disproportion infinie entre un mouvement mécanique et un acte mental, tel que l'expérience nous enseigne être notre acte d'imaginer, de penser. Chacun sent ce qu'il y a de divin dans l'idée, et comment par elle l'esprit, avec une agilité infinie, abstrait, juge, raisonne, considère, se promène dans le ciel et sur la terre, lit le cours des astres, apprivoise la foudre et s'en fait un serviteur fidèle dans le télégraphe, se plonge avec délices dans le vrai et se complaît dans la contemplation du beau, s'arrête avec une volupté divine dans le bien, craint, espère, a conscience, brûle d'indignation, jubile d'amour. Une molécule est incapable, que son mouvement soit rapide ou lent, de si sublimes opérations, et pour la même raison, tout organe du corps en est également incapable. L'homme sent que tous et chacun de ces actes mentaux ne sont ni carrés, ni ronds, ni mous, ni durs, ni larges, ni étroits. ni verts, ni jaunes ; qu'en un mot ils surpassent toute condition matérielle, et sont des actes simples et spirituels. Une puissance matérielle n'est pas apte à un acte spirituel. Donc à la pensée il faut nécessairement un principe simple, indépendant comme les actes qu'il doit accomplir et qu'il accomplit en réalité; en un mot pour penser il faut une âme spirituelle, *une parcelle du souffle divin*, comme chanta Horace, presqu'en traduisant en poësie les paroles de la Genèse : *Faisons l'homme à notre image... et Il souffla sur son visage le souffle de la vie, et l'homme fut doté d'une âme vivante* [1]. Ainsi le comprirent Platon et Aristote, et avant comme après eux le genre humain tout entier.

Si la pensée était uniquement une oscillation mécanique, comment expliquerait-on que l'homme est libre de la sentir ou de ne pas la sentir? En d'autres termes comment arriverait-il que je puisse, à mon choix, penser à une chose ou ne pas y penser. Il est clair qu'il existe des pensées libres. En outre je me sens libre de vouloir ou de ne pas vouloir telle chose, d'aimer ou de haïr, etc. Tous ces faits sont des actes de liberté ou de mouvement propre; or le mouvement mécanique répugne absolument à la liberté : une parcelle de matière ne peut pas agir sur elle-même et se communiquer le mouvement qu'elle n'avait pas et qu'elle n'a pas, comme un œil ne peut pas se regarder lui-même ; et l'on n'a jamais vu une horloge se révolter contre l'horloger, ni une locomotive lutter avec le chauffeur. Donc il faut ou nier

---

1. Faciamus hominem ad imaginem et similitudinem nostram. *Genes*, 1, 26; et inspiravit in faciem ejus spiraculum vitæ, et factus est homo in animam viventem, ib, 11, 7.

le libre arbitre, ou admettre un principe non matériel, spirituel, se déterminant par lui-même à agir, et pour cela capable d'actes libres.

Donc les hypnotistes qui soutiennent que la pensée est matérielle, arrivent à nier le libre arbitre. Mais ils ne s'effrayent pas de voir leurs théories hypnotiques en contradiction avec la liberté humaine, bien plus ils s'en font une arme contre elle, et ils ne s'indignent pas de faire cause commune avec les matérialistes les plus avilis. Le brave docteur Campili, dans ses recherches sur les peines à établir contre les abus de l'hypnotisme, n'a point eu honte de combattre de tout son pouvoir « la prétendue liberté humaine [1]. » Bravo, notre jurisconsulte ! Et vous ne vous apercevez pas que, la liberté enlevée, vos lois pénales deviendraient une infâme tyrannie ? Si vous niez la liberté, vous niez la faute, ou plutôt vous niez tout l'ordre moral, la vertu, le mérite, le devoir, la religion, l'espérance et les sanctions éternelles ; l'humanité entière ne serait qu'un troupeau de pourceaux au milieu desquels le code civil ne servirait qu'à empêcher que l'un ne se vautre dans l'auge de l'autre; et encore cela serait injuste parce que, la liberté étant enlevée, tout citoyen de la république porcine opérerait par nécessité et ce serait cruauté que d'imposer une peine à un bonnête porc qui, par un

[1]. Doct. Campili, ouvrage cité, pag. 31.

appétit irresitible, croquerait le gland là où il le trouve. Mais nous avons assez parlé des absurdités des savants hétérodoxes. Nous croyons avoir assez clairement montré où nous conduisent logiquement les explications des hypnotistes qui prétendent que la pensée se transmet d'homme à homme, par la seule intervention des forces naturelles.

Autant l'acte intellectif répugne à la molécule, soit immobile, soit oscillante, autant et peut être plus on a de répugnance à admettre la transmission de la pensée d'un cerveau à un autre par le moyen proposé par les hypnotistes. Supposons avec eux que l'acte intellectif, le sublime verbe de l'âme, soit précisément une oscillation mécanique d'un point cérébral, ce qui est une absurdité colossale, mais admettons le pour un moment. Qui a révélé a M. Huxley et aux hypnotistes ses disciples, que l'oscillation primitive ne s'éteint pas subitement dans les parois entre lesquelles elle se produit? La prétendue onde sphérique de vibrations devrait certainement s'éteindre dans la masse non élastique du cerveau qui l'entoure. Cela ne suffit pas : comment ne se brise-t-elle pas lorsqu'elle heurte contre la *dure-mère?* Mais non, les hypnotistes en ont besoin, et pour cela cette onde obéissante et docile traverse les pores de l'os, se répand en dehors de la tête, et bien que toujours plus atténuée dans son chemin sphérique elle ne s'arrête que quand elle trouve une autre tête humaine hypnotisée, elle pénètre alors hardiment dans l'os si dur du crâne et dans la masse cérébrale, et va justement chatouiller le point de l'encéphale qui correspond au point de l'encéphale d'où provient la première vibration, et l'ébranle jusqu'à ce qu'il reproduise le mouvement et avec lui la pensée de la tête dans laquelle il est né. Telle est la physiologie hypnotique!

Mais pourquoi, demandons-nous, cette onde de pensée ne porte-t-elle qu'une pensée seulement ? Si, comme s'imaginent les hypnotistes, l'idée n'est autre qu'un tic-tac, tous les tic-tac du cerveau devraient, pour la même raison, se communiquer également, et alors toutes les pensées de l'hypnotiseur, ou de toute autre personne en communication, se transmettraient dans le cerveau hypnotisé, y étant conduites par la sphère respective des vibrations. Ce qui est faux, de l'avis même des hypnotistes. De plus encore : pendant que la pensée de l'hypnotiseur s'achemine vers le cerveau de l'hypnotisé, pour la même raison, les pensées des autres assistants devraient aussi se mettre en voyage, puisque toutes sont des tic-tac cérébraux, et que toutes engendrent leur propre sphère de vibrations. Et ainsi l'hypnotisé se trouverait en un instant informé des pensées d'une foule de gens et de tout ce qui se passe dans leur esprit : extravagance contraire à l'expérience et si démesurée qu'aucun hypnotiste n'osa jamais la prononcer. Bon Dieu! c'est une philosophie monstrueuse! Et penser que les bonnes gens écoutent de tels oracles ornés de grands mots scientifiques, grecs, peu compris, et froncent les sourcils en disant : Qui sait ? L'hypnotisme !... la science !... La science? c'est la science de Polichinelle en habit de philosophe ; c'est une science où il n'entre pas une goutte de physiologie, ni de physique expérimentale, ni de médecine, ni de philosophie, ni de simple bon sens ; c'est une science de fous et même de fous dignes de la camisole de force.

§ 5. *De quelque sautres erreurs moins graves sur la transmission de la pensée.*

Nous devons faire remarquer que même quelques catholiques, sans pour cela tomber dans le matérialisme, se sont ralliés à l'erreur que nous venons de réfuter. Le doct. Gœrres semble avoir regardé comme possible la transmission de la pensée quand il a imaginé la *réverbération* des idées et des volitions d'âme à âme. *Quandoque bonus dormitat Homerus !* Réverbération est un mot métaphorique, réduisons-le à son sens positif et propre, et disons communication d'idées, vision réciproque des actes mentaux entre plusieurs personnes ; et on en sentira aisément l'absurdité, pour les raisons que nous avons données, et parce que cela détruirait toutes les doctrines des idéologistes et des logiciens sur l'acte de l'idée et de la pensée. Sans entrer de nouveau dans le vif de la question, il suffit, à notre avis, d'observer le sens intime contraire qu'en ont tous les hommes. Chacun sait que tous les efforts faits pour transmettre une pensée, un commandement, une idée, sans le secours de signes extérieurs, restent absolument vains. Si ces efforts réussissaient dans l'hypnotisme, il conviendrait de dire qu'une maladie (car tel est l'hypnotisme), produite par un regard d'un médecin ou d'un charlatan, a la vertu de changer la nature de l'homme et de lui donner une faculté supérieure à toutes les facultés observées jusqu'alors dans la nature, une faculté angélique, celle de communiquer les idés sans signes matériels. Outre que cela est absurde en soi-même, ce serait un renversement universel de l'ordre établi par Dieu dans les relations entre les créatures humaines, et observé jusqu'à ce jour ; renversement qui apporterait avec lui des désordres infinis. Grâce à Dieu, il n'y a rien à craindre : l'expérience nous assure que toute âme et tout cœur restent toujours impénétrables aujourd'hui comme hier et comme au commencement du monde. Les hypnotiseurs ne peuvent pas, à leur gré, nuire à la société humaine. Si quelquefois ils réussissent dans leur dessein, cela arrive, non par une force naturelle qui puisse devenir usuelle, mais seulement par l'abus de moyens préternaturels, qui ne peuvent devenir communs et qui nuiront seulement à ceux qui, par leur faute, iront chercher leur perte.

Un autre catholique, philosophe italien, qui n'est pas sans valeur, a versé dans cette ornière, avec cette seule différence que, pour véhicule de l'idée d'homme à homme, il n'a choisi ni l'onde dynamique de Huxley, ni la fantastique réverbération de Gœrres, mais bien le fluide magnétique. Il suppose que le magnétisé et le magnétisant se trouvent enveloppés dans une même atmosphère magnétique, et en supposant cette immersion de deux personnes dans un même fluide, il ne répugne pas à admettre qu'au moyen de ce fluide les deux immergés produisent des « mouvements l'un vers l'autre et communiquent entre eux, comme par le moyen du fluide de l'air les hommes produisent des mouvements l'un vers l'autre et par eux se font entendre [1]. »

Dans cette théorie, le savant philosophe ne prend pas garde que le fluide magnétique a toujours été une hypothèse que l'on n'a jamais prouvée, une hypothèse qu'aujourd'hui les savants, surtout les hypnotistes, mettent au rang des chimères. Il n'observe pas que les mouvements produits par ce prétendu fluide seraient des mouvements mécaniques et non des idées, et qu'on ne peut admettre

---

1. D. Pietro Chiaf, *Corso elementare di filosofia*, Brescia, 1869, vol. I, p. 13, en note.

qu'un mouvement mécanique de la matière devienne un acte simple et spirituel. La comparaison du fluide aérien, c'est-à-dire de la parole, est sans valeur, parce que la parole ne porte pas vraiment l'idée, mais elle produit mécaniquement (la seule chose que puisse faire un mouvement corporel) une impression physique dans l'organe auditif, laquelle, rendue au centre sensorium, y est lue d'une manière intellectuelle par l'âme, qui seule a la vertu spirituelle active de produire la pensée. L'esprit ne reçoit pas proprement la pensée par la parole, mais il la forme par elle, selon l'habitude qu'il a de se reporter à tel objet quand il reçoit l'impression de telle parole. Ce qui est si vrai, qu'un même son peut être une cause occasionnelle de pensées très différentes : *caldo* (chaud) pour un italien éveille l'idée de *calore* (chaleur), pour un espagnol l'idée de *brodo* (bouillon) ; *onos* à un latin dit *onore* (honneur), à un grec il dit *asino* (âne). Par conséquent les mouvements mécaniques d'un cerveau, si, ce qui est impossible, ils étaient sentis magnétiquement par un autre cerveau, resteraient de simples oscillations matérielles et ne seraient jamais un grain, ni une étincelle d'un verbe de l'esprit ; alors surtout que l'âme humaine n'est ni préparée, ni habituée à les traduire en des conceptions spirituelles déterminées.

Insistons néanmoins sur l'explication de M. Chiaf, parce que beaucoup de personnes s'attachent à de semblables et vaines hypothèses. Supposons que le mouvement mécanique produit par le prétendu fluide magnétique dans le cerveau d'autrui, soit en tout semblable à celui qui leur a donné naissance dans l'interieur du premier opérant, et que, comme dans le premier opérant, ce mouvement soit lié à l'idée, qu'ainsi l'idée soit excitée dans la seconde personne qui reçoit indirectement le mouvement. De cette manière, le mouvement, ne portant pas avec lui l'idée, l'occasionnerait, comme la parole l'occasionne. Qui sait? peut-être le prof. voulait-il dire précisément cela. Mais aussi cette montagne de suppositions n'est pas solide. Pour qu'une explication hypothétique d'une classe de phénomènes ait quelque valeur, elle doit se fonder sur des lois naturelles déjà connues et certaines, se soutenir et se fortifier ; et elle s'accrédite beaucoup et se confirme indirectement quand la théorie imaginée s'applique aux divers faits de cette classe, et s'accordant exactement avec eux, montre que l'hypothèse a, pour ainsi dire, deviné la vraie loi cachée de la nature. C'est ce qui donne de la valeur aux explications en partie hypothétiques de la propagation du son et de la lumière ; tandis que dans la théorie de la pensée communiquée par le mouvement magnétique, tout est hypothèse sans fondement. C'est aussi une pure hypothèse que les personnes plongées dans l'atmosphère magnétique (hypothétique elle-même) communiquent physiquement d'une certaine manière entre elles ; pure hypothèse que le fluide magnétique soit sensible aux mouvements de l'un ou de l'autre ; pure hypothèse que, même étant sensible, il soit apte à transmettre le mouvement ; pure hypothèse que le mouvement une fois transmis arrive précisément à faire impression dans le cerveau d'autrui ; pure hypothèse que, faisant une impression, cette impression soit équipollente à la parole. En faveur de toutes ces hypothèses, on ne peut alléguer ni un fait qui en éclaircisse le mode, ou en prouve l'existence, ou seulement la probabilité. Ce n'est donc pas une explication hypothétique, mais bien un amas de suppositions gratuites et fantastiques qu'on doit rejeter comme vaines et impossibles ; surtout parce qu'elles prétendent rendre possible ce que l'expérience de tous les siècles reconnaît comme impossible et qu'elles se fondent sur l'existence d'un fluide qui ne fut jamais prouvé et qui aujourd'hui est rejeté pour de très bonnes raisons (voyez chap. XIX) par la presque totalité des savants, spécialement des hypnotistes.

Nous ajoutons que cette prétendue explication, si elle expliquait quelque chose, servirait pour le seul cas des communications de la pensée à une petite distance ; à vingt ou trente mètres, elle deviendrait déjà incroyable, et à la distance de quelques kilomètres elle deviendrait absurde. Nous avons cité des exemples de pensées transmises ou de commandements donnés par l'hypnotiseur à des distances indéterminées, surtout dans les phénomènes imposés à échéance ; ces commandements peuvent suivre ou frapper soudainement l'hypnotisé partout où il est, et sans souffrir d'atténuation, pour le dire en passant, en raison de la loi connue et inévitable de la raison inverse du carré des distances. Dans ces cas, la prétendue explication de M. Chiaf n'expliquerait rien. De plus, voulons-nous supposer que, non seulement dans un lieu éloigné, mais aussi dans un temps éloigné, le mouvement magnétique continue à se faire sentir ? En somme, l'hypothèse de M. Chiaf est une fable, comme les hypothèses des autres hypnotistes que nous examinions un peu plus haut et comme celle de M. Battandier dont nous allons dire un mot.

Un Français, le doct. Battandier, après avoir raconté les cas de suggestion purement mentale de l'hypnotiseur prof. D. Zanardelli, propose timidement une explication naturelle de la transmission de la pensée, en présentant la comparaison d'un instrument (et l'on pourrait aussi dire d'une corde de violon) qui vibre de lui-même et rend le son correspondant à celui d'un autre instrument qui, auprès de lui, vibre sons l'impulsion d'une force extrinsèque [1]. Ce serait une explication analogue à

---

[1]. Doct. Battandier, dans le *Cosmos*, de Paris, cité ci-dessus au chap. XIII.

celles de Huxley et de Chiaf. On l'écarte par des motifs analogues et il n'y a pas lieu de nous en occuper spécialement.

§ 6. *Du phénomène de divination en particulier.*

Il vaut mieux porter notre attention sur l'incroyable hardiesse avec laquelle certains matérialistes tentent d'expliquer non seulement la transmission de la pensée, selon eux, matérielle, mais aussi la vision physique à travers les corps opaques, etc., et surtout la prévision de l'avenir, chose évidemment spirituelle et même divine. A la vérité tous les hypnotistes ne sont pas si sots et ceux qui sont les plus jaloux de ne pas faire rire d'eux, nient carrément ces phénomènes et ils se tirent ainsi de l'embarras d'avoir à les expliquer par les seules forces de la nature. Mais d'autres, frappés du grand nombre de ces faits et de leur certitude, font de nécessité vertu et entreprennent la tâche herculéenne et ridicule de faire prophétiser la matière. Il faut la voir pour y croire, a gymnastique insensée par laquelle ils se travaillent. Campili, par exemple, se joint à Hertzen, à Huxley, pour venir nous dire ensuite, avec les paroles mêmes de Fouillée : « Connaître et penser l'avenir n'est peut-être pas seulement le *prévoir;* c'est aussi dans une certaine mesure le *déterminer* [1]. »

C'est d'une belle force ; on sait déjà que si quel-

---

[1]. Doct. Campili, *Il grand: ipnotismo*, etc., p. 31.

qu'un se propose d'aller demain à la campagne, il peut, sans intervention naturelle d'autrui, prophétiser : Demain, j'irai à la campagne. C'est une chose naturelle, très naturelle. Mais il ne s'agit pas d'aussi sottes divinations; il s'agit au contraire d'expliquer comment, par des moyens naturels, on peut connaître les faits d'autrui et les siens propres d'un temps futur et éloigné. C'est là qu'on voit la faiblesse de ceux qui essaient de prophétiser. Quant à prouver comment l'homme peut, par les forces naturelles, connaître l'avenir, Campili ne fait pas la plus légère tentative, et aucun des maîtres dont il cite les textes, ne se montre en cela plus habile que lui. Tout finit en un assemblage confus de conceptions nébuleuses, dans lesquelles, nous le disons sur notre honneur, nous n'avons pas été capable de trouver une raison qui ressemble à une preuve. Tout se borne à affirmer, affirmer toujours sans jamais prouver. Le plus fort argument pour démontrer comment l'hypnotisé peut prévoir l'avenir, se réduit à exagérer les privilèges de l'état hyperesthésique, c'est-à-dire de la grande excitabilité et de la subtilité qu'acquiert un cerveau sous l'influence de l'hypnotisme. Mais chacun voit que, même en admettant cet admirable raffinement de l'organe pensant, comme disent les matérialistes, il reste encore un abîme à franchir pour arriver de la vivacité de la pensée à la vision de l'avenir,

C'est pitié de voir comment des hommes qui ne manquent pas de talent arrivent à prendre en dégoût la vérité solide, éclatante et confirmée par l'expérience des siècles, la vérité dont se contentèrent et dont furent convaincues les intelligences supérieures de Platon, d'Aristote, de Cicéron, d'Augustin, de Thomas d'Aquin, de Dante, de Galilée, de Newton; et ils échangent ces vérités contre des enfantillages qu'eux-mêmes ne comprennent pas et qui ne les persuadent pas, puisqu'ils ne peuvent les soutenir par une bonne raison, même pas par un sophisme un peu spécieux : tant ils sont obsédés par la manie de ne rien « attribuer à des forces latentes et mystérieuses [1] », c'est-à-dire aux forces spirituelles. Ils s'obstinent, à la grande honte de la logique, de l'honneur, de la conscience, à publier, sans le croire, que « la doctrine hypnologique, débarrassée de toute superfétation hyperphysique et de tout concept mystique dont elle était enveloppée par les superstitions fantastiques du vulgaire, peut maintenant dire qu'elle a atteint sa dernière phase, étant vengée des pitoyables insanités de démonologie ou des stériles conjectures des métaphysiciens par l'analyse de la science positive [2]. » C'est ainsi que la passion les aveugle, c'est ainsi qu'ils avalent des

1. Campili, op. cit., p. 28.
2. Même ouvrage, p. 41-42.

montagnes de mystères absurdes, pour éviter des mystères si simples qu'ils ne furent jamais des mystères pour les philosophes de bon sens.

§ 7. *On conclut que les phénomènes supérieurs montrent l'intervention diabolique.*

Après avoir discuté et anéanti les principaux efforts tentés pour prouver que les phénomènes hypnotiques, dits supérieurs, sont naturels, nous sommes en droit de les appeler préternaturels, c'est-à-dire effectués par quelque agent hors de la nature, ou entièrement, ou au moins avec son concours partiel. En vérité, nous l'affirmons : la pénétration et la communication de la pensée, les idées infusées sans l'emploi des moyens destinés à ce but, la divination des faits qui se passent dans un lieu ou dans un temps éloigné et autres faits semblables ne sont point en la puissance de l'homme; et si, dans l'état hypnotique, ils se réalisent quelquefois, il est clair que l'homme est aidé par une activité qui n'est pas son activité naturelle.

D'où procède cette nouvelle activité? Ce n'est certainement pas de Dieu ni des bons esprits. Nous parlons à des croyants. L'opération immédiate de Dieu qui produit des effets contraires aux lois constantes de la nature, est ce qui s'appelle un miracle, et l'acte miraculeux est en rapport avec la majesté de l'Opérant et avec les attributs de la nature divine; par conséquent, c'est toujours avec le grand et noble but de la glorification divine, d'un avantage pour la créature humaine, constant dans la durée, honorable dans ses moyens, ainsi que nous le voyons arriver pour les miracles racontés dans l'Ancien et le Nouveau Testament, et selon ce que démontre la philosophie et la théologie [1]. On peut en dire autant de la manière d'agir des Anges et des Saints ; d'autant plus qu'ils n'interviennent dans l'œuvre miraculeuse que par l'ordre de la puissance de Dieu, qui est l'unique arbitre des lois naturelles, comme Il en est l'unique Créateur. Maintenant il est évident que les prestiges (on appelle ainsi proprement les œuvres préternaturelles qui ne procèdent pas de Dieu) de l'hypnotisme n'ont aucune ressemblance avec l'acte miraculeux, si ce n'est dans la violation des lois naturelles. Il répugne absolument à un esprit religieux de supposer que l'Esprit-Saint obéisse au signal d'un médecin ou d'un charlatan et s'abaisse à être à leurs ordres chaque fois qu'un d'eux, par sa profession ou par son intérêt, s'amuse à hypnotiser un client qui peut être un ennemi de Dieu, comme le peut être aussi le médecin ou le charlatan. Il répugne d'admettre que l'Esprit-Saint intervienne pour révéler à l'hypnotisé ce qu'il ignore, les pensées d'autrui ou une langue inconnue, ou un objet caché, ou un voleur en fuite, ou

---

1. Cf. Th. 1, q. 110, art. 4 : *Utrum angeli possint facere miracula*, et 1, q. 114, art. 4 : *Utrum daemones possint homines seducere per aliqua miracula.*

un événement futur ; cela répugne beaucoup plus encore dans des circonstances souvent inconvenantes pour la sainteté de Dieu.

Il demeure donc certain que l'agent qui intervient dans ces cas est l'esprit mauvais. Satan ou un autre des anges déchus. Il est bien vrai que le démon ne peut opérer de vrais miracles, parce qu'il n'est pas le maître ni de la nature, ni des lois naturelles ; mais il est vrai aussi qu'il peut, avec la permission de Dieu, contrefaire les miracles et tromper les hommes imprudents ; il lui est quelquefois facile naturellement, à lui esprit très parfait, de faire ce qui est naturellement impossible à l'homme, comme de suggérer des mots d'une langue ignorée, ou de faire connaître ce qui arrive dans des régions lointaines. Nous traiterons cette question plus loin avec plus de clarté. Nous ferons seulement remarquer ici que ce concours diabolique aux prestiges est une coutume antique de l'adversaire de notre salut. L'Écriture et l'histoire nous enseignent que toujours il dressa des embûches au genre humain par de semblables moyens ; et il n'est nullement étonnant qu'il tente aujourd'hui ce qu'il a tenté dans tous les temps, et souvent avec un trop grand succès.

Cela étant entendu, il est superflu d'ajouter que, communiquer volontairement avec les esprits maudits et ennemis de Dieu et les appeler à notre aide quelle que soit notre œuvre, est un acte de rébellion contre la Divinité, encore que nous le fassions avec le prétexte d'une fin honnête. Tout commerce avec le diable est prohibé avec des menaces formidables dans la Sainte Bible; on le voit dans saint Thomas, 2ª, 2ₓ, question 92, et dans les questions suivantes qui ont pour but de démontrer combien les superstitions sont coupables. La Sainte Église catholique, non seulement le condamne comme superstition hérétique et délit énorme, mais l'anathématise, c'est-à-dire sépare de son sein celui qui le commet volontairement. Il existe à ce sujet de nombreux documents; un des plus récents est le décret de la S. R. Inquisition, adressé en 1856 à tous les Évêques de la catholicité, dans lequel sont condamnés expressément comme *superstitions, les prestiges de la divination, du somnambulisme magnétique, de la clairvoyance, de découvrir des choses ignorées et lointaines et autres choses semblables*. Mais pour ne rien exagérer en cette matière, il est à noter que, pour se rendre coupable, il suffit d'une des superstitions que nous avons énumérées; tandis que pour encourir l'excommunication, il faut qu'il y intervienne aussi une profession hérétique; ce qui est fréquent dans les pratiques spiritistes et assez rare dans les pratiques hypnotiques.

Et maintenant il nous reste à parler des autres phénomènes de l'hypnotisme, à en mesurer la plus au moins grande culpabilité, et ensuite à conclure par un coup d'œil synthétique sur l'action diabolique au milieu de la société civile de nos temps.

XXXI

De certaines autres pratiques hypnotiques très probablement impies

A cette seconde classe nous rattachons quelques phénomènes merveilleux, ressemblant aux précédents, mais non aussi évidemment diaboliques que les premiers. Ce sont : 1° la vision à travers les corps opaques ; 2° la transposition des sens ; 3° les suggestions à échéance ; 4° certaines hallucinations que nous expliquerons plus loin.

§ 1. *De la vision à travers les corps opaques.*

Quelques hypnotistes nient la possibilité d'un tel phénomène, comme M. Richer et M. Morselli. Ce dernier affirme que la seule prétention de lire une lettre enfermée dans l'enveloppe serait un tour de charlatan [1]. D'autres hypnologistes, qui ne sont ni rares, ni les premiers venus, admettent la vision hypnotique dans l'obscurité complète et la vision d'objets couverts d'une enveloppe impénétrable. Parmi ceux-ci est M. Campili qui la défend comme

---

1. Voyez les paroles de Richer et de Morselli, déjà citées au chap. III.

phénomène certain et purement naturel[1]. Nous en avons cité des exemples (chap. XIII) réalisés publiquement à Rome par Mme Emma Zanardelli, qui lisait l'heure sur le cadran d'une montre renversée, et voyait les petits objets que les assistants tenaient renfermés dans leurs portefeuilles. Dans les assemblées spiritistes c'est un phénomène élémentaire et très usité; comme il l'était déjà dans les premiers temps du mesmérisme.

Or que nous dit notre expérience individuelle et l'expérience universelle sur la vision des objets couverts? Qu'elle n'est j'amais arrivée. Certes nous ne saurions inventer aucune explication naturelle d'un tel phénomène s'il arrivait. Personne n'ignore que les corps opaques, comme une table, un carton, un mur, interceptent la lumière, et par conséquent tout rayon qui puisse apporter l'image à la rétine de l'œil. Là où il n'y a pas d'image qui fasse impression sur la rétine, ni la transmission au sensorium commun, ni l'acte vital de l'homme qui la perçoit ne sont possibles. Toutes les inventions de M. Campili, humble disciple de M. Hertzen, de M. Huxley et d'autres grands parleurs, pour nous expliquer le mode du prestige, sont ridicules et puériles. Tout se résume à nous raconter que « même à travers les corps opaques, les rayons lumineux passent, quoique diminués par

---

1. Doct. Giulio Campili, *Il Grande ipnotismo*, etc., p. 27 et suivantes.

la rencontre de la masse compacte et non élastique, et arrivant à l'œil hyperesthétique du sujet (*hypnoptisé*) y produisent une excitation, qui dans l'état normal de l'organisme, n'aurait pas été perçue et localisée [1] ».

Mais quoi, mais quoi, doct. Campili? C'est de la graine de niais que l'on trompe avec de belles phrases. La vérité est, et vous le savez comme tout autre homme au monde, que les rayons lumineux à travers un carton ou un mur ne produisent aucun effet, parce que dans notre cas, on ne demande pas seulement une excitation quelconque, mais une excitation assez forte pour équivaloir à celle d'un œil impressionné par l'image d'un objet visible; ce qui ne peut arriver lorsque les rayons rencontrent un obstacle. Toute force qui se rencontre avec une force égale se neutralise et s'annule. Deux boules égales en masse et en vitesse, se heurtant sur la même ligne, s'arrêtent subitement. De même les rayons lumineux, se heurtant contre un mur, doivent se briser et s'anéantir. En admettant même que quelques parties passent à travers les pores du mur, il en résulterait tout au plus une excitation infinitésimale qui, en mathématique, en mécanique, en physique, en physiologie, est regardée par les savants comme égale à zéro. Et quand la cause de la sensation est égale à

---

[1]. Doct. Guilio Campili, *Il Grande ipnotismo*, etc., p. 27 et suiv.

zéro, il n'y a aucune excitabilité ni hypéresthésie des sens qui puissent la percevoir ou seulement la sentir. En parlant selon la rigueur mathématique, pour ressentir une secousse infinitésimale il faut une faculté intégrée d'un infini, en d'autres termes, un organe sensitif élevé à une sensibilité égale à l'infini. Ce qui, dans notre cas, est évidemment absurde; parce qu'aucune force physique particulière n'est infinie. L'habile jurisconsulte donc, et avec lui ses maîtres en hypnologie, ont trop de confiance dans la naïveté de leurs lecteurs, quand ils viennent nous raconter avec un ton sérieux, qu'on voit à travers les corps opaques par le moyen de la délicatesse des organes hypnotisés.

Ces choses étant ainsi, on nous reprochera peut-être d'être trop indulgents envers les hypnotistes en rangeant le phénomène de la vision à travers les corps opaques parmi ceux qui sont très probablement mauvais, tandis que nous devrions le considérer comme absolument préternaturel. Il est certain que la S. Pénitencerie le condamne comme *illicite*. Peut-être ont-ils raison et avons-nous tort. Si cela leur paraît ainsi, qu'ils transportent ce phénomène au chapitre précédent et le placent parmi ceux que nous avons décrits comme tout à fait impossibles aux forces de la nature, et par conséquent franchement diaboliques. Dans un pareil cas, ils devront estimer coupables du péché de commerce diabolique tous les sujets qui s'exposent volontairement dans les expériences hypnotiques, et encore beaucoup plus les médecins spiritistes, auxquels ce phénomène est familier.

§ 2. *De la transposition des sens.*

Chacun sait en quoi consiste ce qu'on appelle transposition des sens ; c'est exercer l'acte propre d'un sens avec l'organe d'un autre, par exemple sentir une odeur avec le doigt, goûter avec le coude, entendre avec les genoux. Le cas le plus fréquent est l'abus de la vue qui se transporte à un membre n'ayant pas la faculté de voir, souvent à l'occiput ou à l'épigastre. Ce prestige est très connu depuis les premiers temps du mesmérisme, époque où le docteur Pétetin en fit la découverte. Il devint ensuite un phénomène usuel dans les réunions mesmériques, et c'est le pain quotidien dans celles des spiritistes. Les médecins modernes hypnotistes affirment aussi l'existence de faits semblables : selon eux les cinq sens peuvent changer de siège et errer sur toutes les parties de la surface du corps. Le docteur israélite Césare Lombroso en cite des cas obtenus par lui-même et par une foule d'autres médecins et savants : par Heidenhain, par Vizioli, par Cervello, par Raffaelli, par Carmagnola, par Despine, par Franck, par Angonova, par Gori[1]. On ne peut donc pas en douter.

1. Prof. César Lombroso, *Studi sull' ipnotismo*, p. 15 et suiv.

Non content d'affirmer les faits, M. Lombroso, en fidèle matérialiste, se met en devoir de démontrer que « cela ne sort pas du domaine de la matière : il s'agit de la transposition, non de la création d'une nouvelle faculté ». Prenant l'exemple de la vue, il en donne pour raison que, dans ce cas, les altérations des centres corticaux des sens pervertissent ou suppriment la sensation propre de cet organe sensoriel, ainsi « il faut admettre que le centre cortical est celui qui crée ou exclut la vision ». De cette manière, l'acte de la vision s'accomplit sans l'intervention de l'œil. Pour confirmer la possibilité de ce moyen de voir sans l'usage des yeux, M. Lombroso en appelle aux faits analogues qui arrivent (dit-il) parmi les animaux d'espèces infimes, « comme les Échinides, dans lesquels la vision se confond avec le toucher… Ce phénomène ne nous élève pas au-dessus d'Adam, il nous fait descendre [1]. »

A ces théories nous répondons : Il est vrai que la transposition des sens n'exige pas la création d'un sens, mais elle exige la production d'un acte par une faculté impuissante à le produire : ce qui équivaut à créer une faculté efficiente là où il n'existait qu'une faculté inepte. Restons dans l'exemple de la vue proposé par Lombroso, et revenons à ce que nous disions un peu avant de

1. Lombroso. Paroles citées par Campili. Op. cit., p. 34.

l'élément essentiel de la vision. Il est nécessaire que l'image de l'objet visible et éclairé se peigne sur la rétine, sur la rétine vivante et communiquant par la voie du nerf optique avec le centre des sensations, où l'homme la lit par acte vif de sa faculté imaginative, et la comprend par la faculté spirituelle de l'intelligence. Or la rétine ne se transporte pas à l'occiput, ni à l'épigastre, ni aux talons. Donc ici le travail vital et humain nécessaire pour la vision devient impossible. Les hypnotistes (et Lombroso aussi) pour parer à cette claire réfutation, ont recours à la sensibilité indéfinie de toutes les parties du corps humain hypnotisé, ce qui les rend excitables à l'égal des organes sensoriels, et les habilite aux fonctions propres de ces organes. Mais c'est une affirmation contraire à la vérité manifeste de la nature, et inventée évidemment pour expliquer le phénomène inexplicable d'un genou qui regarde et voit, l'expliquer, dis-je, « sans recourir à des interventions supérieures aux sens[1]. » En fait, étant donnée et non concédée la grande sensibilité acquise par le genou sous l'influence de la maladie hypnotique, le genou reste toujours un genou, c'est-à-dire un membre extrêmement sensible aux impressions tactiles du chaud et du froid, du dur et du mou, du solide et du liquide, mais qui ne sera jamais changé en un

---

1. Lombroso, *Studi sull' ipnotismo*, p. 19.

miroir reflétant une image. Entre une impression tactile et le dessin d'une peinture il y a un monde de différence.

De plus, voir est un acte vital et spécifique déterminé par l'objet propre et par une action d'un mode particulier où la faculté le perçoit au moyen de l'organe approprié à ce but par la nature. Personne n'est si ignorant de la physiologie et de l'anatomie, qu'il ne connaisse, au moins confusément, l'incomparable organisation de l'appareil de la vision: la cornée et derrière elle deux lentilles, celle du cristallin qui est biconvexe et celle de l'humeur aqueuse qui est convexe seulement du côté extérieur; toutes les deux ont pour fonction de recueillir les rayons de l'objet visible ; la merveilleuse structure stratifiée du cristallin a pour but d'en accroître le pouvoir réfringent; l'assemblage des surfaces courbes et des stratifications de diverses densités, est combiné de manière à produire l'achromatisme de l'image ; la vigilance de l'iris est chargée de corriger l'aberration de sphéricité en se resserrant plus ou moins selon le besoin de donner ou de refuser l'accès aux rayons tombant sur les bords du cristallin et qui pourraient produire des franges sur les contours de l'image ; la prodigieuse organisation de la rétine, membrane qui se forme naturellement par l'expansion du nerf optique en forme d'écusson et s'étend juste sous le bulbe de l'œil vis-à-vis de la fenêtre par lui laissée ouverte de l'iris. Cette membrane n'a pas une épaisseur supérieure à quatre dixièmes de millimètre, et se compose cependant au moins de sept stratifications placées les unes sur les autres ; le microscope en découvre les éléments divers, sans en révéler le but mystérieux ; ajoutez l'influence presque inconnue du mode d'opérer du centre sensitif du cerveau sur ces organes d'une délicatesse infinie ; ajoutez la fonction des liquides animaux, qui les recouvrent, et des fluides impondérables qui les accompagnent et les entourent, et ce n'est certainement pas sans leur apporter une coopération ; ajoutez une foule d'autres adminicules qui tous aussi concourent à effectuer l'acte de la vision [1]... Grand Dieu ! la nature aurait donc élaboré avec un si savant travail, une machine si merveilleuse pour former l'organe de la vision, tandis qu'il suffisait d'accroître un peu la sensibilité d'un centre nerveux sous-cutané ? Si cela suffisait pour convertir tous les membres en organes de la vision, la nature pouvait nous faire tout yeux, tout odorat, tout audition, tout goût ; comme elle nous a formé tout tact, et à peu de frais. Et les naturalistes savent que la nature ne fait jamais rien de superflu, quoique nous n'arrivions pas toujours à comprendre le but et l'utilité de chacun de

---

1. Cf. Salis Seewis, *Della Conoscenza sensitiva*. Prato, 1884, partie IVme, chap. V, *Della vista*, p. 452 et suiv.

ses appareils. Il est donc impossible d'excuser l'homme qui imagine que l'incomparable organe de la vision peut être suppléé par un genou dont les nerfs sont un peu perfectionnés. M. Lombroso est encore plus inexcusable, car il connaît plus et mieux que le vulgaire les merveilles des organes destinés par la nature aux sensations.

Prétendre que, dans certains petits animaux inférieurs, la vision se *confond* avec le tact, c'est faire une chicane de mots insensée. Elle ne se *confond* pas : Lombroso, pour parler avec la rigueur scientifique, devait dire que le tact suppléait à la vue. Il la supplée comme chez les aveugles la main supplée l'œil, ni plus ni moins, sans que pour cela le tact de l'aveugle se *confonde avec la vue*, ou que la main de l'aveugle devienne voyante. En réalité, ces insectes d'organisme imparfait trouvent dans le milieu où ils vivent tout ce qui est nécessaire à leurs fonctions individuelles et de relation, et ils le rencontrent avec tant d'abondance qu'ils n'ont pas besoin de le voir pour en faire leur choix ; le contact leur suffit, et nous pouvons le supposer très délicat pour leur faire reconnaître la présence des aliments et de toute autre chose dont ils ont besoin pour l'individu et pour l'espèce. Nous ne voyons aucune difficulté à admettre par la même raison que le tact seul leur suffit pour se conduire à tâtons dans la direction où leur besoin actuel les appelle. Donc, l'exemple des animaux imparfaits qui suppléent à la vue par le tact ne démontre nullement la possibilité de voir avec les organes tactiles, même indéfiniment sensibilisés par le moyen de l'hypnotisme.

Il nous reste maintenant à répondre au doct. Campili, et avec lui, à beaucoup d'autres copistes des copistes. Il prétend démontrer la possibilité de la transposition des sens par une voie un peu différente de celle suivie par Lombroso, bien qu'indiquée par celui-ci. Selon M. Campili, l'hypnotisme concentre toutes les forces vives de l'homme dans une partie donnée du corps; et puisque, parmi ces forces, il y a aussi celles des cinq sens, on ne doit pas s'étonner qu'une partie hypnotisée accomplisse les actes propres de plusieurs sens, bien que les organes propres des sensations relatives n'y résident pas; et ainsi il arrive que le pouvoir visuel étant transporté hypnotiquement dans l'occiput, l'occiput voit comme un œil pourrait voir. Il en est de même pour tout autre sens. M. Campili éclaircit cette doctrine par l'exemple de la cellule primordiale dans laquelle les facultés humaines, étant indivises, pourraient avoir des fonctions indivises, voir, par exemple, et toucher et sentir et entendre et goûter avec un même organe.

Telle est l'explication de la transposition des sens proposée par le vaillant jurisconsulte! Lombroso suppose que l'hypnotisme nous abaisse à la condition des animaux imparfaits. Campili suppose que l'hypnotisme nous ramène à l'état embryonnaire. Et cette miraculeuse découverte de la science, il l'expose, ou plutôt il l'embrouille en plusieurs pages ténébreuses que nous nous sommes efforcés de traduire en une langue intelligible. Outre Lombroso, qu'il révère comme un maître, il appelle à son secours M. Brown-Séquard, M. Müller, M. Büchner. M. Clausius, et avec leur autorité il s'enfonce dans le matérialisme le plus abject, enseignant que la cellule primitive contient en germe, non seulement les facultés matérielles, mais aussi la volonté humaine. De cette manière, il s'exalte en lui-même et mène le triomphe sur la *métaphysique effrénée,* sur l'*idée du surnaturel,* sur l'*élément du supra-sensible,* etc., etc.

Pauvre science! Nous nous sentons rougir de honte pour notre patrie, où de tels échafaudages d'erreurs s'enseignent dans les chaires et se divulguent dans les livres sous le nom de science. Qui a dit à M. Campili que la cellule primordiale de l'homme pourrait exercer les actes de chaque faculté comme si elles étaient déjà développées et pourvues d'organes proportionnés? Qui l'assure que l'hypnotisme a cette vertu magique de ramener toutes les facultés sensitives sous un seul organe? Il doit cependant savoir que l'hypnose est une maladie, au dire même de son vénéré prophète, M. Lombroso : or, comment peut-il s'expliquer qu'une maladie ait la vertu infinie de délier le patient de toutes les lois de la nature en vigueur pour lui, de le réduire à l'état d'embryon cellulaire, et, avec ce nouvel état, de renverser tout l'organisme existant, de concentrer les forces particulières sensitives en un seul point et de les mettre en action selon le plaisir de l'hypnotiseur qui les commande par sa parole? Ce sont des montagnes de folies monstrueuses et ridicules.

Et si, par impossible, l'hypnose possédait une si merveilleuse vertu pour concentrer les forces, comment M. Campili expliquerait-il que la main devenue capable de voir, ne soit pas en même temps capable d'entendre, de goûter, de sentir? comment expliquerait-il que (selon le matéralisme qu'il professe) la main n'est pas capable aussi d'imaginer, d'entendre, de vouloir, de raisonner et de parler? Et cependant, si l'on admet que dans la main hypnotisée se réunissent toutes les facultés, comme elles l'étaient toutes dans la cellule primordiale, la main devrait pouvoir exercer toutes ces facultés. Vous sentez-vous disposé, doct. Campili, à accepter les conséquences de votre théorie? Nous croyons que non. Enfin la concentration absurde des facultés étant même concédée, ne comprenez-vous pas que les facultés concentrées auront toujours besoin d'organes appropriés pour être mises en action? N'avez-vous jamais observé que le muet, avec toute la puissance de parler qu'il a reçue de la nature, comme homme, ne peut pas néanmoins parler parce qu'il lui manque l'organe vocal? et pareillement que le sourd n'entend pas, par suite du défaut de l'appareil auditif? Eh bien! de même que l'aveugle ne verra pas, tant qu'il lui manquera l'organe visuel, de même tout membre humain est aveugle lors même qu'il est hypnotisé.

Et combien de miracles acceptent ces hommes, miracles excessifs, extravagants, imaginaires! Et tout cela pour s'émanciper du *psychisme* (entendez de l'âme spirituelle), comme le désire ardemment M. Campili, et de *l'intervention des âmes vivant d'une vie extérieure au monde*. Mais sent-il (et les hypnotistes ses pareils le sentent-ils aussi) combien est ignoble la tâche d'un jurisconsulte, peut-être d'un magistrat, qui tente de faire croire ces doctrines monstrueuses au vulgaire, naturellement incapable de se défendre contre l'erreur, sans en avoir lui-même une idée claire, et encore beaucoup moins une conviction rationnelle? Nous faisons cet honneur à son intelligence, de ne pas le croire convaincu par ses phrases creuses de la page 25 à la page 48 de son *Grande ipnotismo*: mais nous regardons comme une insulte au bon sens italien, d'appeler de pareils contes de fées, de *nouveaux horizons des sciences juridiques*. Nous plaignons de tout notre cœur le doct. Césare Lombroso : lui, comme israëlite, ne jouit pas de la lumière évangélique, et par conséquent il l'attaque et ne la trahit pas : mais M. Campili est dans d'autres conditions. Il ne devrait pas échanger aussi facilement les grandes vérités de la philosophie chrétienne contre les ordures des écoles matérialistes, qui sont le déshonneur et la perte de la société civile.

Venons à la conclusion. La transposition des sens n'est pas possible aux forces de la nature. La maladie hypnotique ne peut pas créer l'organe sensoriel où la nature ne l'a pas placé; et l'organe sensoriel est l'instrument propre et nécessaire aux forces humaines pour voir, pour entendre, pour goûter, etc. C'est si manifeste que beaucoup d'hypnotistes nient la possibilité de ce phénomène. Nous, à la vérité, nous l'admettons et comme réellement arrivé dans les scènes hypnotiques. Et ne pouvant l'attribuer aux forces de la nature nous l'attribuons aux forces préternaturelles : non pas à Dieu qui ne s'abaisse pas à produire de pareils prestiges pour complaire aux médecins ou aux charlatans : donc au démon.

§ 3. *Des phénomènes à échéance et d'autres faits hypnotiques excessifs.*

Quant aux phénomènes d'hypnotisme à échéance, nous n'en répéterons pas ici l'histoire, ni les raisonnements déjà proposés. Nous en avons assez parlé quand le sujet l'exigeait. Voyez au chap. X, où nous en avons raconté plusieurs exemples, et au chap. XXIII, où nous les avons discutés. Nous y avons démontré qu'on ne peut en aucune manière assigner une cause naturelle aux phénomènes commandés pendant l'hypnose et exécutés après sa cessation. Si tous les autres phénomènes sont suspects, celui-ci paraît si clairement contraire à la nature que nous ne pouvons le qualifier autrement que très probablement diabolique.

Un raisonnement identique s'applique aux faits excessifs d'aliénation mentale, variant indéfiniment selon le bon plaisir du magnétiseur et extrêmement énergiques, qui portent la trace d'idées inspirées par le magnétiseur sans signes extérieurs propres à les communiquer. Madame A. en fournit un exemple très remarquable rapporté par le docteur Féré (voyez Chap. XII); cette dame en peu de temps représenta successivement cinq personnages, avec les idées et les paroles convenables à chacun, qu'il serait impossible à une dame de trouver instantanément. M. Lombroso en présente d'autres exemples très remarquables que nous avons rapportés au chap. XXII. Or nous ne pouvons en aucune manière attribuer tous ces phénomènes à des causes naturelles. Quiconque s'y est trouvé présent, est revenu convaincu par la chose elle-même et par les circonstances, que ce délire très fort, soumis à la volonté de l'hypnotisant, ne peut prendre son origine dans les idées propres de l'hypnotisé, ni être produit dans son esprit par la maladie ; il faut donc bien l'attribuer à l'intervention d'une force préternaturelle qui fournit à l'hypnotisé les nouvelles attitudes qu'il prend et ses nouvelles idées. Telle sera certainement l'impression de celui qui relira attentivement ces deux chapitres.

§ 4. *Conclusion pratique sur ce qui est licite ou illicite.*

Plus d'un lecteur nous demandera maintenant si en aucun cas, il ne peut être licite de provoquer quelqu'un des phénomènes de cette seconde catégorie, c'est-à-dire la vision à travers des corps opaques, la transposition des sens, la suggestion à échéance, les accès d'aliénation. Nous répondons que nous les jugeons toujours illicites. Si personne ne peut entrer licitement en communication volontaire avec l'ennemi de Dieu, comme nous le disions dans le chapitre précédent, il sera de même illicite de s'exposer au péril manifeste d'une telle communication. D'autant plus que l'acte, probablement injurieux à la divinité, ne peut-être excusé ni par la nécessité urgente, ni par un avantage certain à obtenir. Telle est notre conviction fondée sur les raisons que nous avons déjà exposées et sur d'autres encore. Mais nos convictions ne font pas loi pour la croyance générale et ne forment pas la règle de tous les actes. Nous attendons le jugement autorisé de notre Mère la Sainte Église, bien qu'à la vérité ce jugement ne nous manque pas entièrement. Déjà la sacrée Pénitencerie en 1841, en condamnant comme illicite la tentative de communication des pensées et les diagnostics médicaux donnés par des personnes ignorantes en médecine, y a ajouté les phénomènes consistant à lire dans un livre fermé et à transférer la vue sur la tête ou à l'épigastre ; et elle les condamne même dans le cas où ceux qui usent du magnétisme protestent tout d'abord qu'ils renoncent à tout pacte ou intervention diabolique[1].

Du reste nous ne voyons pas pourquoi un fidèle voudrait s'engager parmi les écueils que nous avons signalés jusqu'ici. Un médecin pourrait parfois être tenté d'user des commandements hypnotiques à échéance dans le but de redresser une imagination malade, ou d'autres moyens analogues dans une bonne intention. Nous donnerons aux médecins le conseil de ne pas céder à ce désir : parce que l'expérience de graves docteurs enseigne que les améliorations obtenues par de tels moyens sont rares et douteuses[2] ; en outre la doctrine chrétienne nous fait savoir que si on peut en tirer quelque avantage, on peut toujours craindre que le démon caché sous ces pratiques si incertaines ne les rende utiles un peu pour nuire beaucoup. Nous traiterons avec soin cette question spéciale

---

1. Cf. Perrone, *De virtute religionis*, Ratisbonne, 1866, p.252.
2. Voyez les cures médicales rapportées au chap. XIV.

à la fin du chapitre suivant, après avoir parlé des phénomènes simplement suspects d'intervention diabolique.

XXXII

Tous les phénomènes hypnotiques, même les plus innocents en apparence, sont suspects

§ 1. *Etat de la question.*

Il nous reste à dire quels sont parmi les phénomènes hypnotiques les plus élémentaires, ceux qui semblent à première vue de simples modifications du système physiologique et le plus souvent rien autre chose que des symptômes morbides. A cette très nombreuse catégorie appartiennent presque tous les phénomènes des expériences académiques et des cliniques médicales, excepté ceux peu nombreux précédemment discutés, dans lesquels l'influence diabolique est certaine ou presque certaine. On doit donc y ranger en première ligne la léthargie ou sommeil hypnotique; l'épilepsie et la catalepsie qui abolissent en partie ou en entier le mouvement et la sensibilité; l'état de somnambulisme dans lequel on voit croître l'énergie musculaire et l'imagination, et dans lequel le travail intellectuel devient très puissant mais entièrement gouverné par une suggestion externe. A ceux-ci on peut ajouter les phénomènes particuliers de désordres dans la circulation du sang, les désordres dans le système musculaire, comme l'immobilité, la raideur, les sauts, les contractions déterminées de quelque manière que ce soit, les désordres du système nerveux et des sens qui en dépendent, comme l'anesthésie et l'hypéresthésie de la vue, du goût, de l'odorat, etc., comme les sensations trompeuses de froid, de chaleur, de saveur, etc., comme les hallucinations, le délire, le lien de la mémoire, de la volonté, etc. Le lecteur peut se rappeler toutes ces sortes de phénomènes que nous avons décrites théoriquement dans le chap. III, et historiquement dans les chapitres suivants jusqu'au chap. XV.

Ce que nous affirmons ailleurs est vrai tout spécialement pour tous ces phénomènes, c'est-à-dire qu'ils sont naturels dans leur substance et dans leur matérialité, parce que les docteurs les observent isolément dans quelques maladies. Nous concédons aussi quelquefois le cas où l'homme fatigué et malade est amené par des causes naturelles assez faibles à un état qui présente quelques symptômes semblables. L'expérience des médecins en fait foi. Mais en même temps nous affirmons que tous et chacun de ces phénomènes produits par l'hypnotisme ne sont pas exempts de soupçon diabolique, soit en raison du moyen par lequel ils se produisent, soit en raison des circonstances. Là est la grande question et peut-être la plus pratique. Beaucoup de médecins et de personnes consciencieuses, qui rejettent avec horreur la clairvoyance, la divination, la transposition des sens et autres phénomènes transcendants, ne peuvent cependant pas se résoudre à condamner ceux d'apparence moins contraire à la nature. Toutefois nous prions les savants de considérer les raisons de nos soupçons. Nous n'avons aucun intérêt à démontrer l'influence diabolique où elle n'est pas; nous parlons seulement pour éloigner nos lecteurs du péril que nous croyons très réel et menaçant.

§ 2. *Première raison de soupçonner : l'hypnotisme est une partie du spiritisme.*

La première origine de nos soupçons est historique. Le mesmérisme, commencé en 1778, devint peu après le magnétisme, riche de tous les phénomènes qu'on appelle aujourd'hui hypnotiques et de bien d'autres beaucoup plus merveilleux. Et ceux-ci augmentèrent encore lorsque le spiritisme américain vint se greffer sur le magnétisme européen. Cela arriva avant que Braid eut institué ou découvert l'hypnotisme, et même après Braid, le magnétospiritisme continua son cours jusqu'à l'époque actuelle, en possession non seulement des phénomènes hypnotiques de clairvoyance et de divination, mais aussi d'autres effets d'apparitions de antômes parlant et touchant, etc. [1]

1. Cf. L'histoire que nous avons racontée brièvement aux chap. XVI et XVII : et Franco, *Idea chiara dello Spiritismo*, Prato 1885, p. 15.

Quelle fut l'œuvre de Braid? Elle ne fut autre que de détacher une branche du grand arbre magnétique, et après l'avoir effeuillée, pour ainsi dire, des parties trop évidemment préternaturelles, de la présenter aux médecins comme un simple produit physiologique et naturel. Les magnétistes et les spiritistes voulaient fonder une religion, Braid voulait fonder une science. Mais en réalité l'art de magnétiser et celui d'hypnotiser ne sont qu'un; les mêmes actes produisent l'état hypnotique et endorment le medium spirite ; le magnétisme, l'hypnotisme et le spiritisme produisent absolument les mêmes phénomènes. La seule différence est que l'hypnotisme est plus réservé et le spiritisme plus passionné ; mais il n'y a pas de phénomène hypnotique qui ne soit aussi commun au magnétisme et au spiritisme. Donc l'hypnotisme est une partie intégrante du spiritisme dont on a voulu le séparer.

On remarque que le rameau magnétique que l'on a voulu séparer, c'est-à-dire l'hypnotisme, ne put jamais dégénérer de sa condition primitive jusqu'à renoncer entièrement aux phénomènes merveilleux que Braid tenta de lui enlever. En fait aujourd'hui, même les hypnotistes résolus à ne demander à l'hypnotisme que de simples effets naturels, reconnaissent néanmoins pour effets hypnotiques la communication des pensées, la divination, le fait de parler des langues étrangères. Enfin les hypnologistes matérialistes admettent ces phénomènes transcendants et s'efforcent de les attribuer à la nature matérielle. Donc non seulement l'hypnotisme est une partie intégrante du spiritisme historiquement, mais il est identique quant aux phénomènes qu'il produit. Le docteur A. Mosso en convient expressément, nous avons cité sa dissertation au chap. IV ; il fut, si nous nous en souvenons bien, un des médecins appelés à Rome par le Conseil sanitaire qui prohiba les représentations de Donato.

Or il est très connu que la science chrétienne et l'Église condamnent le magnétisme thaumaturge et le spiritisme, comme des *superstitions hérétiques*. Comment pourrions nous cueillir avec sécurité les fruits de l'hypnotisme qui est une branche de la même plante maudite ? Il est très raisonnable de soupçonner que tout ce qui vient de l'hypnotisme, n'est pas exempt d'influence diabolique.

§ 3. *Seconde raison : Tous les phénomènes dépendent d'une même cause préternaturelle.*

La seconde raison de notre soupçon est, que les phénomènes hypnotiques, même les plus innocents en apparence, dépendent de la même cause qui produit des effets certainement diaboliques. Expliquons-nous. Voilà un jeune homme qui, dans une réunion de personnes honnêtes, se divertit et divertit l'assemblée en hypnotisant une dame. Tout se fait avec la plus rigoureuse décence et avec la plus prudente modération. On ne demande à l'hypnotisée ni prévision de l'avenir, ni divination des choses cachées, ni phénomènes dangereux pour la santé, et on ne prétend pas la faire lire avec le coude, etc., seulement les assistants s'amusent à lui faire boire un verre d'eau fraîche qu'elle boit comme un rossolis exquis, et à la faire se coiffer d'un chapeau d'homme qu'elle croit être son propre chapeau, etc. Or pourquoi, demandent quelques personnes, soupçonner l'action du diable dans de si simples choses? On en dit autant d'un pauvre médecin qui, désespéré de ne pouvoir soulager les douteurs d'un client avec la morphine, l'assoupit par le sommeil hypnotique. Où est le mal? par quelle fenêtre peut entrer l'influence diabolique ?

Nous répondons que le mal y est et y entre de lui-même, par ce seul fait que le jeune homme ou le médecin demandent à l'hypnotisme ces effets; parce qu'ils demandent l'action et l'intervention d'une cause malfaisante. Il n'y a certainement qu'une seule cause pour les effets naturels et pour les effets préternaturéls. Cela est si vrai que le jeune homme et le médecin, qui obtiennent des effets vulgaires, pourraient aussi bien obtenir des effets transcendants s'ils le voulaient. Il est donc manifeste que l'hypnotisé est placé sous l'influence d'un pouvoir nouveau, par la vertu duquel il pourrait produire des phénomènes diaboliques. Comment peut-on en conscience assujettir un de ses semblables à l'action de l'ennemi éternel de Dieu et de la nature humaine ? Que l'on demande au démon peu ou beaucoup, des faits d'apparence naturelle ou d'apparence préternaturelle, cela ne change pas la nature de l'acte et ne lui ôte pas sa propre malignité. Pour rendre licites ces phénomènes, il faudrait pouvoir les soustraire à leur mauvaise cause et les faire produire par une cause bonne et étrangère à l'hypnotisme. Or il n'y a qu'une seule cause : parce qu'on veut l'hypnotisme, on use des moyens propres à hypnotiser; on n'emploie pas d'autres moyens et l'on n'introduit pas d'autres causes.

Nous concluons donc que même les plus simples phénomènes hypnotiques sont suspects, parce qu'ils sont produits par un agent qui opère ou peut opérer des phénomènes diaboliques.

§ 4. *Troisième raison : Même les plus simples phénomènes portent des traces de préternaturel.*

Il n'y a pas d'effet hypnotique si simple qu'il ne forme une partie de cet ensemble de choses qui porte le nom d'hypnotisme, c'est-à-dire de cette maladie nerveuse dont nous avons décrit les phénomènes multiples et variés au commencement de notre traité. Chacun d'eux est, par sa nature, une partie constituante du tout, ou certainement peut l'être. Donc le raisonnement que nous avons établi pour tous, convient en quelque manière à chacun d'eux. Et voici la vérité : duquel d'entre eux peut-on nier qu'il apparaisse sans cause proportionnée, puisque ni la fascination, ni aucun autre acte hypnogénique n'est naturellement capable de le produire? puisque le sommeil hypnotique lui-même, fondement de tous les phénomènes même très légers, est déjà par lui-même un effet naturellement inexplicable? Les moindres phénomènes ont aussi contre eux l'instantanéité avec laquelle ils sont produits contrairement à l'action graduelle de la nature; ils ont aussi contre eux la mutabilité avec laquelle on peut les changer en leur contraire, chose inouïe dans les maladies ordinaires; ils ont contre eux la dépendance absolue de la volonté, ce qui répugne beaucoup aux actes physiques et naturels, et la facilité prodigieuse avec laquelle on les fait croître, ou changer, ou cesser, contrairement aux exigences de toute maladie naturelle.

On doit donc avouer que même les phénomènes hypnotiques les plus vulgaires, présentent en eux-mêmes de graves soupçons d'intervention de quelque agent en dehors de la nature.

§ 5. *Quatrième raison* : *Ils ont aussi deux cachets diaboliques.*

La quatrième raison de suspecter les faits même les plus simples, est qu'on rencontre en eux les deux caractères ordinaires et solennels de l'action diabolique : la cruauté et la luxure. Or nous avons démontré avec d'irréfragables autorités médicales (Chap. XXV et XXVI) le mal physique et le mal moral de la créature humaine produits par l'hypnotisme et notamment par les phénomènes les plus usuels. Et il est à remarquer qu'en parlant de ce dernier nous nous sommes abstenus de certains coups de pinceau trop vifs, peu en rapport avec la délicatesse de nos lecteurs.

Nous avons prouvé ailleurs, l'histoire à la main [1], que la cruauté et le libertinage accompagnent inséparablement tout commerce avec l'ennemi de la nature humaine et nous pourrions aisément développer cette démonstration dans un gros volume. Mais il suffit ici de rappeler au lecteur instruit que tous les cultes païens (et pour cela diaboliques), soit anciens, soit modernes, dont on a gardé la mémoire, se composent invariablement de ces deux éléments. Nous en dirons autant des mystères anciens, d'Eleusis, des Cabiries, de Mitra, etc., et des mystères modernes en usage chez les nègres et dont nous savons par des relations particulières, des choses si cruelles et si détestables que seul l'ennemi de Dieu et de l'homme peut les avoir inventées ; enfin on en dit autant des sectes florissantes en Russie, des *flagellants,* des *victimes* et d'autres

1. Cf. Franco *Gli spiriti del'e tenebre,* chap. XLIV, *Sangue e late della religione spiritica,* vol. Ier, p. 358 et suiv.

semblables [1]. Et les sabbats de tous les temps y compris ceux des nos jours, ne visent-ils pas toujours à l'avilissement et au mal physique de la nature humaine ? Et les possédés ne sont-ils pas continuellement poussés à se nuire à eux-mêmes et entraînés aux sensualités les plus honteuses. En somme où le démon vient à dominer, le sang et la chair sont le but immédiat auquel il tend; et ainsi il combat la créature humaine en haine de Dieu Créateur et de la Divine Incarnation. Là où il ne peut obtenir de victimes, et il en a aujourd'hui dans plus de nations qu'on ne pense, il se contente de maltraiter ses sectateurs; là où il ne peut obtenir les orgies effrénées, il se contente de ce qui conduit à l'orgie.

Nous n'entendons pas par ce que nous venons de dire, avoir apporté une raison démonstrative, mais simplement un indice. Mais pour ceux qui connaissent l'histoire des commerces diaboliques des temps anciens et des temps présents, et qui connaissent un peu intimement les phénomènes hypnotiques et leurs résultats, l'indice s'illumine d'une lumière terrible et équivaut à une raison démonstrative. Le soupçon que l'hypnotisme et ses phénomènes dépendent plus qu'il ne paraît de l'adversaire de la nature humaine se trouve certainement justifié.

1. Cf. *Civ. Catt.* Série XIII, vol. 3 p. 252 et suiv. Numéro 866 17 juillet 1886).

§ 6. *Cinquième raison : L'inimitié de l'hypnotisme contre la religion.*

Une cinquième raison, très grave pour ceux qui regardent les choses d'en haut, est que la science hypnotique et sa pratique, avec tous les phénomènes transcendants et vulgaires, sont communément employés comme machines de guerre contre la religion et ses dépendances. A entendre ceux qui s'occupent d'hypnotisme, tous les sortilèges, les maléfices et la magie, que la sainte Église défend, ne sont autre chose que des phénomènes hypnotiques très naturels qu'elle n'a pas compris par ignorance et qu'elle a cruellement punis. Toutes les possessions que l'Église changeait en invasions diaboliques, tant les possessions individuelles que les possessions épidémiques dont nous avons le souvenir dans les siècles écoulés et dans le présent, sont pour eux des phénomènes hypnotiques. Phénomènes hypnotiques sont les révélations, les visions, les extases, les saints stigmates, et tant d'autres grâces surnaturelles que nous admirons dans la vie des Saints. Phénomènes hypnotiques, non seulement les miracles des Saints, mais même les prophéties, les guérisons, les morts ressuscités, etc.; ceux qui sont rapportés dans les divines Écritures et ceux opérés par Notre-Seigneur Jésus-Christ. En un mot l'hypnotisme pour eux est la révélation de la nature, destinée à détruire toute idée de relations avec les êtres qui sont hors du monde, à éloigner en même temps toute crainte du préternaturel diabolique et tout respect du surnaturel divin : deux intentions franchement diaboliques.

Donnons un exemple de la façon dont s'expriment ces messieurs, en citant les paroles des docteurs Vizioli et Féré. « Des considérations jusqu'ici exposées, etc., on peut tirer les conclusions suivantes : 1° que les guérisons obtenues dès les anciens temps et attribuées tantôt à une force supérieure, tantôt à des fluides quelconques, tantôt à des manipulations spéciales, etc., peuvent probablement être aujourd'hui expliquées comme résultats de la simple suggestion ou de l'autosuggestion, mises en mouvement par le mécanisme connu dont nous avons plusieurs fois parlé. — De la même manière les guérisons si vantées de l'homéopathie ont peut-être une origine identique. En regardant les choses sous cet aspect, nous ne devons plus désormais nous étonner des guérisons obtenues par Pyrrhus, Adrien, Vespasien, Gassner, etc. La foi religieuse aussi, qui met en jeu avec une grande puissance le mécanisme autosuggestif, peut nous donner l'explication des guérisons instantanées, arrivées à la suite de pèlerinages, des contacts de reliques, etc. *Et quand on dit que la foi est ce qui sauve, on n'emploie qu'une expression rigoureusement scientifique : il ne s'agit plus de nier ces miracles, mais seule-*

ment d'en comprendre la génèse et d'apprendre à les imiter (FÉRÉ, *La médecine d'imagination*, dans le *Progrès médical*, avril 1884). » Ainsi parlent le doct. Raffaele Vizioli, qui est pourtant modéré [1], et le doct. Féré. Tous les deux ignorent qu'il se présente des cas où l'on peut soupçonner l'imagination comme cause efficiente, et qu'il s'en présente d'autres où l'imagination est évidemment hors de cause. Seuls ces derniers sont appelés *miracles* dans l'Église.

Tout ceci n'est point une exception de quelque cerveau creux, c'est un usage presque commun des hypnologistes profanes. C'est ce qu'enseigne Brâid (digne de compassion parce qu'il est protestant), de même Richer, Figuier, Seppilli, Cullerre, Donato, Bourneville, Regnard, Bochut, Campili, Morselli, ainsi que beaucoup d'autres fort nombreux. Nous n'en citons pas les textes, parce que nous ne voulons pas intercaler ici vingt ou trente pages de blasphèmes et de folies. Ce qui nous porte le plus à reconnaître la main diabolique en ce travail, c'est que beaucoup de ces hommes, savants pour la plupart, combattent le surnaturel religieux non pas avec la critique rigoureuse et le calme de la science, mais bien avec la haine et

---

1. Doct. VIZIOLI RAFFAELE, *La suggestione terapeutica*, estratto dal *Giorn. di neuropatologia*, année IV, num V et VI Naples, 1887, p. 39.

la dérision, et par-dessus tout avec une ignorance prodigieuse de l'histoire et des faits qu'ils veulent expliquer par l'hypnotisme. Ils entendent mal, ils défigurent, ils falsifient, ils interprètent des circonstances vraies ou inventées; tout moyen leur est bon pour substituer l'hypnotisme et avec lui le naturalisme au surnaturel chrétien.

Cette tendance générale des hypnologistes et des hypnotistes nous semble, nous ne dirons pas une raison positive, mais un indice, oui, un indice très fort que l'hypnotisme est une invention diabolique, ni plus ni moins que le magnétisme thaumaturge et le spiritisme, ni plus ni moins que, dans le siècle dernier, la pseudophilosophie, et plus tard la fausse archéologie, les études dévoyées de la géologie et de l'anthropologie, de l'astronomie, et autres embûches qui, selon la marche variée des temps, ont apporté de grands maux à la société chrétienne. Certains esprits *forts* souriront peut-être de notre simplicité. Nous en faisons autant à leur égard. Nous avons ri tant de fois et si cordialement de leur ignorance grossière qu'il nous semble courtois de ne pas leur défendre la maigre compensation d'un sourire.

§ 7. *Sixième indice : L'intervention diabolique étant supposée, tout l'hypnotisme s'explique clairement.*

Finalement une sixième et dernière raison de notre soupçon est qu'admettre l'intervention diabolique dans les faits hypnotiques, c'est y introduire un rayon de lumière qui les rend tous intelligibles, logiques et clairs; tandis que sans cette hypothèse ils resteraient éternellement douteux, déraisonnables et obscurs. Quand une clef entre dans une serrure, ouvre et ferme, c'est signe qu'elle correspond aux ressorts de la serrure et qu'elle est la vraie clef. Ainsi quand une hypothèse, soit physique, soit mathématique, soit autre, explique parfaitement les cas et les problèmes d'un ordre déterminé de faits, c'est un signe que l'hypothèse est vraie.

Cet indice nous semble si lumineux et si concluant que nous voulons le développer pleinement en dernier lieu, comme conclusion de notre discussion. Mais auparavant finissons ce que nous avons à dire sur les phénomènes élémentaires.

§ 8. *Ce qui est licite ou illicite dans les phénomènes élémentaires.*

Ici nous voulons être clair et explicite, au risque de nous répéter en causant quelque ennui au lecteur. Nous rangeons les phénomènes hypnotiques en trois classes : ceux qui sont certainement impies, ceux qui le sont probablement et ceux qui sont simplement suspects. En ce qui concerne les premiers et les seconds, nous prouvons dans les chapitres précédents que c'est une faute grave d'exciter ces phénomènes chez soi ou chez les autres. Quant aux troisièmes, c'est-à-dire ceux qui sont seulement suspects d'intervention diabolique, nous disons que la question du licite ou de l'illicite retombe dans la doctrine générale relative à l'usage des moyens dont l'honnêteté est douteuse. L'honnêteté d'un moyen est douteuse quand on a des raisons positives et solides tant en sa faveur que contre lui. Cela rend probable les deux avis, mais aucun des deux n'est certain et obligatoire. Dans ce cas l'un et l'autre avis est licite, la liberté humaine n'étant liée par aucune loi certaine contraire; bien plus il est prudent, dans notre cas, de croire naturel tout phénomène qui nous apparaît, jusqu'à ce que le contraire soit prouvé, comme l'enseigne expressément saint Alphonse de Liguori ainsi que saint Augustin et d'illustres docteurs [1]. D'abord c'est la règle du bon sens.

Appliquons la doctrine qui est générale et sûre, excepté dans quelques cas qui maintenant ne nous regardent pas. Pour ce qui est des phénomènes d'hypnotisme élémentaire, existe-t-il vraiment de solides raisons en leur faveur et de solides raisons contre eux? Nous devons avouer que nous n'en avons aucune favorable à l'usage, nous en apercevons seulement de contraires : les six raisons que nous avons apportées jusqu'ici contre les phénomènes hypnotiques, même les moins dangereux en apparence, nous font une telle impression,

---

1. Lig. *Th. mor.*, liv. III, 20.

qu'il ne reste plus place à aucun doute en leur faveur.

Nous estimons donc sans aucune hésitation qu'il n'est pas permis de provoquer seulement le sommeil hypnotique, la catalepsie, le somnambulisme même simple, les mouvements musculaires et nerveux ou autres phénomènes plus élémentaires.

Mais en même temps nous ne condamnons pas ceux qui, n'étant pas convaincus par nos raisons, se permettent de provoquer ces phénomènes ; nous ne voulons pas blâmer les théologiens, les médecins, les fidèles en général qui, découvrant de nouvelles raisons que nous ne connaissons pas, tolèrent ces faits.

Nous déclarons sans équivoque notre jugement tel qu'il est, et nous le limitons, selon la science morale, afin qu'il ne devienne pas, étant mal entendu, une pierre d'achoppement ; et ainsi nous esquissons une espèce de catéchisme hypnotique à l'usage des catholiques.

Et premièrement qui peut licitement avoir son opinion en cette matière ? Certainement ce n'est pas chaque simple fidèle, mais seulement celui qui a fait les études et possède la capacité convenable, c'est-à-dire qui connaît suffisamment la théologie, la philosophie, les sciences physiques et naturelles.

Ces phénomènes sont-ils tout-à-fait inexcusables ? On ne peut avoir une autre opinion sur les phénomènes de « somnambulisme (entendez *lucide*), de clairvoyance (entendez *la connaissance des pensées, la possibilité de parler des langues qu'on ne connaît pas,* etc.), la vision de choses cachées (entendez *prophéties et choses semblables*)... l'évocation d'âmes des trépassées, le fait de recevoir des réponses, de découvrir des choses occultes et lointaines (*par exemple : des voleurs inconnus, des maladies intérieures, des médicaments, des évènements qui se passent dans des contrées éloignées*), et autres choses supertitieuses. » Ces pratiques sont défendues par les règles formelles de la théologie, et l'Église les condamne explicitement dans les termes que nous citons et que l'on trouve dans l'Encyclique de la S. R. U. Inquisition à l'épiscopat universel, en date du 4 août 1856. Nous disons qu'on ne peut pas non plus se former librement une opinion au sujet des phénomènes de la vue à travers les corps opaques, de la lecture des livres fermés, de la transposition des sens. Ces choses sont déclarées illicites par la S. Pénitencerie comme nous l'indiquons à la fin du chapitre précédent.

Nous en disons autant des commandements qui forcent à obéir beaucoup de temps après l'expérience hypnotique, de certaines hallucinations imprévues et variables avec infusion d'idées nouvelles, comme dans les cas cités par les docteurs

Féré, Bernheim, Morselli (chap. XII) et par Lombroso (chap. XXII). Ces phénomènes ont une grande affinité avec les précédents, et nous aussi, respectant le jugement des plus sages, nous ne saurions les excuser en aucune manière.

Nous ne saurions excuser non plus les expériences d'hypnotisme publiques ou privées, dans lesquelles se produisent des phénomènes mêlés, c'est-à-dire supérieurs et inférieurs, comme dans les spectacles donnés par Donato et autres semblables.

Ces phénomènes pourraient-ils être tolérés? Dans l'état présent des sciences naturelles tel que nous le connaissons, aucun phénomène ne nous semble ni à permettre ni à tolérer. Mais nous ne condamnons pas ceux qui tolèrent le sommeil hypnotique et quelques autres phénomènes musculaires, nerveux, et autres semblables suggérés pendant la catalepsie et le somnambulisme (somnambulisme *simple* : la *clairvoyance* est condamnée par l'Église). Peut-être quelqu'un étendra-t-il la tolérance jusqu'à certaines suggestions à échéance pour empêcher le retour d'un mal. Dans ces cas d'usage très limité de l'hypnotisme et dont nous laissons la responsabilité à ceux qui les auraient autorisés, il devrait toutefois rester certain et hors de controverse qu'il ne serait pas licite de recourir à de tels moyens de moralité douteuse, par divertissement ou par curiosité, mais seulement pour de graves motifs thérapeutiques, avec toutes les précautions que la science prescrit pour les remèdes dangereux avec une espérance fondée de bon succès, et seulement si l'on manque de remèdes également efficaces. Ajoutons que, en de pareils cas, le conseil commun et constant des docteurs de morale est que l'on fasse auparavant une protestation qu'on ne veut avoir rien de commun avec l'ennemi de Dieu [1], protestation qui, si elle peut excuser de faute morale dans les cas douteux, n'excuserait jamais dans les cas d'une intervention diabolique certaine.

Enfin nous voudrions mettre en garde les docteurs-médecins et tous autres hypnotistes amateurs contre la fascination qu'exercent les remèdes nouveaux et la renommée de quelque cure heureuse obtenue par ces remèdes. Qu'ils se rappellent que, d'après l'avis commun de médecins de beaucoup d'autorité, l'hypnotisme est ordinairement nuisible à la santé, surtout pour les personnes faibles, et qu'il n'est pas moins nuisible aux bonnes mœurs [2]. S'il leur arrive d'obtenir

---

1. Lig., lieu déjà cité.
2. Pendant que nous écrivons ces lignes, les journaux français nous annoncent un procès pendant devant les tribunaux, d'une malheureuse demoiselle de très bonne famille lâchement deshonorée par le moyen de l'hypnotisme, dans des circonstances à faire dresser les cheveux sur la tête. Et un médecin nous affirme carrément que certains collègues de sa connaissance se servent habituellement de l'hypnotisme pour abuser des dames et des demoiselles de leur clientèle. Avis aux jeunes filles et aux parents !

quelque avantage thérapeutique sur leurs malades, qu'ils ne soient pas assez légers pour s'engager dans une voie inconnue et ténébreuse. La raison et les plus graves docteurs de théologie, saint Thomas entre autres [1], sont d'accord pour enseigner, que l'ennemi du genre humain fait quelquefois un bien réel, mais toujours avec la très mauvaise intention de nuire : de sorte qu'à la fin, l'avantage se résoud en perte. Le démon dit quelque vérité pour frayer la voie à l'erreur ; comme l'observe expressément saint Augustin, il illumine pour ensuite obscurcir ; il fait une petite faveur pour enlever un bien important, et souvent il offre le temporel pour ravir l'éternel.

Tel est notre avis sur les divers phénomènes hypnotiques, jusqu'à ce que notre Mère la Sainte Église ait jugé opportun de nous donner un nouvel enseignement.

XXXIII

Théorie chrétienne sur l'intervention diabolique.

§ 1. *Nature et état des démons.*

Si nous voulions traiter complètement la démonologie chrétienne, un volume tout entier ne nous suffirait pas ; tant nous trouvons de documents à ce sujet dans la divine Écriture, dans la tradition

[1]. Th. I, q. 64, a. 2, ad 5.

ecclésiastique, dans l'histoire sacrée et profane ! Nous n'en donnerons qu'un abrégé, en remontant un peu haut et en touchant seulement les points essentiels à compléter notre thèse. D'abord il est de foi que certains anges déchurent par leur faute, de la condition dans laquelle ils avaient été créés et qu'ils furent condamnés par Dieu à l'enfer. Ils s'appellent les démons, les diables. Ce serait une hérésie de nier leur existence, qui est ouvertement révélée dans la Bible, et qui est enseignée de mille manières par la sainte Écriture.

Mais quel est le nombre des anges déchus ? et quels sont-ils ? et de quelle espèce fut leur faute ? Ici la foi est remplacée par la doctrine, fondée et reçue communément dans l'Église, mais qui n'est pas proprement de foi. Les docteurs pensent que, si grand que soit le nombre des démons, il reste inférieur aux phalanges innombrables restées fidèles. Saint Thomas croit que chaque damné a son démon tourmentateur. On croit que chaque ordre angélique a souffert ses pertes, et il est probable que le plus élevé de tous avant la rébellion fut celui qui cependant est dit par antonomase le Démon, Satan, Lucifer. Chacun des anges inférieurs participant à la rébellion fut coupable en proportion de sa plus grande ou moindre intelligence, et ainsi encourut un châtiment proportionné de damnation.

Quant à leur faute, des docteurs pensent, sur le

fondement de la Bible, que Lucifer tenta orgueilleusement de se rendre semblable à Dieu, non par son excellence naturelle, ce qui était évidemment impossible, mais en s'égalant à lui pour en atteindre la béatitude par sa propre vertu. C'est dans ce sens que saint Thomas explique les paroles d'Isaïe : *Je monterai dans le ciel..., je serai semblable au Très-Haut,* [1] paroles que, par appropriation, l'on attribue au démon ; et on les entend en ce sens que Lucifer ne voulait pas supporter l'union avec le Verbe, qui lui fut révélée comme destinée à la nature humaine et par laquelle Jésus-Christ est égal au Très-Haut et est assis à la droite du Père, *il ne crut pas commettre une usurpation en disant être égal à Dieu* [2]. Il envia, lui ange, il envia l'homme qui lui était préféré : *Puisque Dieu n'éleva point les Anges, mais la descendance d'Abraham ;* [3] et il s'indigna d'être obligé de s'incliner devant l'Homme-Dieu, de le reconnaître et de l'adorer comme son Créateur et son Seigneur ; et ainsi il renonça à la béatitude surnaturelle.

Cette opinion expliquerait très bien comment le démon, obstiné dans sa faute (comme sont tous les damnés), a ensuite toujours manifesté dans son

---

[1]. *In cœlum conscendam.. similis ero Altissimo.* Is. XIV, 13, 14.

[2]. *Non rapinam arbitratus est, esse se æqualem Deo.* Philipp. II, 6.

[3]. *Nusquam enim angelos apprehendit, sed semen Abrahæ apprehendit.* Hebr. II, 16.

commerce avec les hommes une inimitié inextinguible contre la nature humaine privilégiée de Dieu et un éternel effort pour usurper les honneurs divins. Du reste quelle qu'en soit la cause, il est certain que de telles tendances et de tels desseins du démon résultent de beaucoup de passages des divines Écritures et sont une doctrine certaine auprès des docteurs. De plus l'histoire de tous les temps la confirme. « *Je suis un dieu à l'envers* », dit-il lui-même dans une communication spirite dont la date n'est pas ancienne. Chacun peut voir les fondements de ces doctrines dans les théologiens et particulièrement dans saint Thomas [1]. Nous y reviendrons plus loin, en parlant des coutumes diaboliques.

Les anges rebelles, comme tous les autres damnés, ne furent pas changés de nature, mais punis. Ils conservèrent donc les qualités essentielles de la nature angélique : seulement ils furent dépouillés de tous les dons de la grâce. C'est pourquoi ils restent éternellement obstinés dans leur péché et tourmentés « dans le feu éternel qui fut préparé pour le diable et pour ses anges », comme l'affirme Jésus-Christ [2]. Ce lieu de séquestration et de prison pénale assigné aux anges damnés, ne les

---

[1]. Cf. Th. 1, toute la quest. 63 ; et la suiv. 64 ; et ques. 113 a. 4, in c.

[2]. Matth. XXV, 41.

empêche pas de pouvoir en sortir, comme le comporte la nature angélique, et d'étendre ainsi leur action en dehors de l'enfer dans la mesure que Dieu leur permet.

Toutefois la divine sagesse ne permet pas que les démons se soustraient entièrement à l'ordre et à l'harmonie universelle contre laquelle ils tentèrent librement de se révolter. Elle profite même de leur volonté ennemie du Créateur et de la créature et la force de servir aux saints desseins de Dieu ; les déchaînant, pour ainsi dire, non pas du supplice, mais du lieu du supplice, et les laissant agir au milieu de la société humaine. Le diable vise à satisfaire son propre orgueil et son envie en produisant la ruine de la créature et la honte du Créateur ; et Dieu au contraire, modérant l'œuvre du démon selon la règle de sa providence infinie, procure sa propre gloire dans la juste punition des coupables et dans le vertueux exercice des bons. Cette doctrine ancienne et commune a été tout récemment prêchée par le savant Maître de la verité chrétienne, Léon XIII, par l'oraison qu'il vient d'imposer à l'Église universelle : « Saint Michel archange, défendez-nous dans le combat ; soyez notre protecteur contre la malice et les embûches du démon. Nous supplions humblement que *Dieu le refrène par son pouvoir ;* et toi, Prince de la milice céleste, par la vertu divine, renferme dans l'enfer Satan et les autres esprits mauvais qui vont courant dans le monde pour la perdition des âmes. Ainsi soit-il.[1] » Or la forme de la prière est la règle de la croyance, comme l'a déjà observé saint Augustin : et il en ressort aussi une preuve nouvelle qu'aucune doctrine universelle dans l'Église ne vieillit et qu'aucune ne tombe jamais en désuétude.

Que les chrétiens croyants voient par là quel jugement ils doivent former de beaucoup de hableurs modernes qui, s'occupant d'hypnotisme et de magnétisme, mettent au même rang les obsessions, la magie, les miracles et nivellent le tout sous le nom de phénomènes hypnotiques. Il nous arrive aujourd'hui un livre de plus de 400 pages in-8°, imprimé avec un grand luxe de caractères et de vignettes, qui prétend résoudre hypnotiquement et médicalement les maléfices, les obsessions, etc.[2] Nous le parcourons et nous trouvons que l'auteur, décoré des titres de docteur, professeur, directeur, etc., ne fait pas autre chose que de s'amuser avec une légèreté plus que française autour des questions très graves du préter-

---

[1]. « Sancte Michaël archangele, defende nos in prælio ; contra nequitiam et insidias diaboli esto præsidium. *Imperet* illi *Deus*, supplices deprecamur : tuque, Princeps militiæ cœlestis, Satanam aliosque spiritus malignos, qui ad perditionem animarum pervagantur in mundo, divina virtute in Infernum detrude. Amen. » *Preces, jussu Papæ Leonis XIII, in omnibus orbis ecclesiis... recitandæ.*

[2]. Doct. Paul Regnard, *Sorcellerie, Magnétisme, Morphinisme, Délire des grandeurs*. Paris 1887, date anticipée.

naturel et du surnaturel, falsifiant l'histoire, violant la logique, dénaturant la religion chrétienne. C'est un vrai type du genre à la mode. C'est pour cela que nous le citons. Peu de jours avant nous avions reçu un livre de l'illustre Morselli qui vaut bien le livre français : « Quant aux prétendus miracles, dit-il, aujourd'hui la psycho-physiologie des états magnétiques ne les explique-t-elle pas? [1] » Lui aussi explique, c'est-à-dire tente de détruire la magie et les possessions par le moyen de l'hypnotisme. Nous pourrions citer dix et vingt livres comme ceux-ci. Ils posent comme fondement de leurs investigations un postulat profondément faux, contraire à la révélation et à l'histoire : aucun commerce n'est possible avec les êtres de l'autre monde. Et en vertu d'un tel préjugé qui est une hérésie formelle, tous les problèmes se résolvent par les forces de la nature et plus spécialement par les forces de la matière, acceptant avec empressement les plus absurdes théories plutôt que de tomber dans le spiritualisme abhorré. On sent dans ces écrits une horreur aveugle et stupide de ce qui n'est pas matière ; ils craignent particulièrement le diable parce que le diable non seulement est esprit, mais encore parce qu'il rappelle les terribles châtiments de Dieu.

1. Prof. Enrico Morselli, *il Magnetismo animale, la Fascinazione et gli Stati ipnotici*; Turin 1886, p. 61; voyez aussi p. 9, 317, 325, etc.

Les païens, avec moins de haine contre le préternaturel qu'ils confondaient avec le surnaturel, furent plus justes. Platon, Aristote, et d'autres grands penseurs païens devinèrent l'existence des anges ou génies, ils y furent peut-être amenés par les prestiges communs et vulgaires en tout temps et qu'ils ne pensaient pas pouvoir attribuer aux agents de la nature. On trouve les vestiges de cette croyance dans presque tous les paganismes. Mais les philosophes et le peuple païen en général errèrent sur la distinction entre la nature et le pouvoir des génies. Aristote suppose que les substances intellectives supérieures président seulement aux corps célestes qui sont les moteurs des choses du monde inférieur; Platon au contraire approcha plus près de la vérité en les supposant aussi préposés aux choses inférieures et corporelles. [1] En outre quelques platoniciens donnèrent aux intelligences mitoyennes entre Dieu et l'homme un corps aérien et une âme passionnée. [2] Platon usant du langage courant les appela dieux inférieurs et les distingua en agathodémons ou génies bons et en cacodémons ou génies mauvais. Sept ou huit siècles après, la fameuse école Néoplatonicienne d'Alexandrie, très ennemie du christianisme, réveilla les idées de Platon et donna expressément la méthode du commerce avec les génies, tant bienfaisants que

1. Cf. Th. 1. q. 110. a. 1.
2. Cf. Th. 1. q. 115. a. 5.

malfaisants. En parcourant les œuvres des néoplatoniciens il semble quelquefois qu'on lit une page d'Allan Kardec, le célèbre hiérophante du spiritisme d'hier et d'aujourd'hui. Rien n'est nouveau sous le soleil.

§ 2. *De l'organisation des démons.*

Entre les esprits damnés il n'est resté aucun lien d'affection ou de vertueuse soumission. Il n'y a rien de commun entre eux si ce n'est l'obstination et la haine qui s'en suit contre toutes les créatures, y compris leurs compagnons de damnation. Une certaine subordination d'inférieurs et une certaine autorité de supérieurs règne néanmoins dans l'enfer, réglée selon les dons naturels plus ou moins grands que chaque ange déchu a reçu au moment de sa création : de sorte que les plus grands, devenus les plus mauvais, restent les premiers ; le plus mauvais entre tous est celui qui dans l'Evangile est appelé *Prince des démons* et que nous appelons Lucifer. La divine Providence leur a imposé cette espèce de hiérarchie pour qu'aucun être bon ou mauvais ne soit en dehors d'un ordre quelconque convenable ; et elle la maintient par la malignité démoniaque à cause du désir commun qu'ils ont de lutter plus efficacement contre les intérêts humains et divins. C'est l'opinion des docteurs et ils la fondent sur des arguments solides [1] et spécialement sur des expressions

1. Cf. Th. 1, q. 109. a. 2.

bibliques, touchant le pouvoir de quelques démons qui y sont appelés : *principautés, puissances, princes de ce monde, prince des démons*, etc.; surtout ensuite à cause de la parole du Christ affirmant un royaume de Satan et que ce royaume n'est pas sans subordination intérieure. [1]

Cette espèce de prééminence de quelques-uns sur d'autres ne tourne pas à l'honneur ou à un bien quelconque des grands, mais plutôt à leur ignominie parce qu'elle accuse leur trahison plus grave et rend leur peine plus dure en leur faisant sentir le plus haut état qu'ils ont perdu. Et pour cela les plus élevés en excellence naturelle et surnaturelle sont tombés plus profondément, et bien qu'ayant autorité sur leurs compagnons, ils sont aussi les plus sévèrement punis. De sorte qu'aucun ne jouit proprement ni du pouvoir, ni de faire du mal à autrui, ni même de tourmenter les damnés; le résultat de leurs intentions mauvaises tourne en dernier lieu à l'accomplissement de la volonté divine qui se glorifie dans le châtiment du coupable. C'est là ce qu'eut en vue le poète théologien, lorsque, décrivant *L'empereur du douloureux royaume*, il raisonne ainsi :

> « S'il fut aussi beau qu'il est maintenant hideux,
> Et contre son Créateur il leva la tête,
> C'est bien juste que de lui procède toute tristesse. [2] »

1. *Si autem et Satanas in seipsum divisus est, quomodo stabit regnum ejus?* Luc. XI, 18.
2. Inf. XXXIV.

Nous avions à peine levé la plume en écrivant cette étude sur la hiérarchie des démons quand nous reçûmes la visite d'un vénérable missionnaire qui avait passé quarante ans chez les païens des Indes. Mis au courant de ce travail, il nous affirma que la magie noire avec tout son cortège de divinations, d'enchantements, de filtres, de maléfices, y était très commune, tant dans les temples que dans les maisons particulières, avec une visible intervention du démon. Il avait entre les mains le code des magiciens, *le grimoire*, comme disent les Français, le *livre du commandement*, comme nous disons ; et il y avait lu le rituel théorique de tout ce qu'il voyait faire dans la pratique des païens et quelquefois des chrétiens dévoyés. Et il nous assura expressément que des sorciers sont appelés souvent à détruire les maléfices d'un autre et n'y réussissant pas toujours, avouent alors que le démon (ils l'appellent dieu) invoqué par le précédent magicien est plus puissant que leur démon et que par conséquent pour défaire le maléfice il faut demander un magicien pourvu d'un démon plus puissant encore.

Ce sentiment des païens de l'Inde nous paraît une confirmation des doctrines de saint Thomas et des théologiens au sujet de la subordination des démons inférieurs aux démons supérieurs. Cela nous rappelle aussi les sentiments des perfides Juifs qui calomniaient Jésus-Christ en disant qu'il chassait les démons plus faibles en vertu du prince des démons, et la réponse de Jésus-Christ qui, admettant que cela fût possible, se contenta de montrer que ce n'était pas son cas.[1] Nous lisons dans les Morales de saint Grégoire le Grand que des démons sont approuvés ou blâmés par leur chef. Saint Ignace aussi dans les Exercices spirituels, représente le prince des démons occupé à pousser ses sujets à tenter les chrétiens, et leur montrant la manière efficace de les tenter.

Puisque la subordination diabolique qui existe entre les esprits mauvais est forcée, il n'est pas étonnant qu'il en résulte des luttes et des querelles, comme l'observent quelquefois les exorcistes. Nous nous souvenons en avoir lu un exemple dans le célèbre procès de maléfices et obsessions débattu devant le Parlement de Provence en 1611. Dans un rapport écrit par le suprême inquisiteur Michaëlis, on lit : « Est à noter, qu'avons expérimenté que les diables qui sont en divers corps, ne peuvent souffrir d'être ensemble ; ils grondent l'un contre l'autre, et semblent se vouloir entremanger comme loups et pourceaux... Ce qui procède de leur superbe envie[2]. » La même

---

[1]. Luc. XI.
[2]. Richer le cite. *Etudes cliniques sur la Grande Hystérie*, p. 810 ; il attribue tout cela à l'hystérisme ! Mais les magistrats d'alors jugèrent le fait évidemment diabolique ; et c'étaient des hommes ferrés sur la science et la jurisprudence.

chose arrive aussi aujourd'hui dans les assemblées spirites, où il n'est pas rare de voir des esprits parlants qui se combattent entre eux par des injures atroces et par de vives démonstrations de haine réciproque.

§ 3. *De l'aptitude diabolique à nuire.*

Étant donnée la volonté propre des esprits mauvais, de nuire à la créature humaine, et étant donnée la permission que Dieu leur accorde quelquefois de tenter ou d'exécuter leurs desseins, voyons quelle aptitude ils ont pour nuire et quels moyens ils emploient pour mal faire. La puissance de nuire n'est malheureusement que trop grande chez le démon; puisque les trésors de science naturelle, dont fut ornée dans le principe l'intelligence des anges, et les autres dons naturels très élevés dont chaque esprit fut largement doté, n'ont point été diminués par la chute. Saint Augustin observe aussi que les démons possèdent la vérité dans les sciences, parce que la science proprement dite, a pour objet ce qui est nécessaire et immuable[1]. En outre par sa propre pénétration, le démon peut rechercher et apprendre beaucoup de choses par la simple intuition ou autrement, non-seulement de la nature matérielle, et de l'homme, et des affaires humaines, mais encore des mystères divins. Si l'on y

1. Cf. Th. 1 q. 96, a. 1.

ajoute l'agilité de son mouvement instantané, qui lui permet de se trouver en divers lieux presque en même temps ; si l'on y ajoute encore l'expérience infinie recueillie dans le cours des siècles, la mémoire des faits, le jugement d'innombrables cas, on comprendra facilement comment le plus infime des anges mauvais est très supérieur à l'esprit humain le plus puissant [1]. Il lui est donc très facile de connaître ce qui arrive en n'importe quelle partie de la terre et de l'annoncer en de lointaines contrées, de découvrir une maladie ignorée et son remède, de découvrir un voleur caché et de prévoir aussi l'avenir quand déjà il se prépare dans ses causes propres et nécessaires.

Mais aussi l'intelligence diabolique a ses limites. L'ange du ciel ne peut connaître les pensées intimes de l'âme humaine si Dieu ou l'homme ne les lui révèle ; il ne peut prévoir avec une certitude absolue l'avenir procédant du libre arbitre humain; et cela l'ange de l'enfer le peut encore bien moins. Dieu seul lit dans les cœurs humains, Dieu seul à qui tout est présent, est prophète par sa nature. Il est vrai que le démon peut trop bien contrefaire l'une et l'autre vision. Il simule la prophétie par une prudente conjecture. C'est pour cela que les oracles païens et les divinations des

1. Cf. Th. 1, q. 64, a. 1.

hypnotistes et des spirites pronostiquent souvent l'avenir et qu'au contraire ils restent d'autres fois embarassés et trompeurs. Le démon peut conjecturer les pensées purement mentales par les moindres signes, même par ceux qu'en donne l'homme sans s'en apercevoir; il peut les deviner par les images qui se succèdent dans l'imagination humaine, images simples oui, mais non purement spirituelles puisque la faculté d'imaginer nous est commune avec les animaux. De cette manière le démon se joue des imprudents et leur fait croire qu'il connaît l'avenir et pénètre les pensées de l'homme [1].

Il ne faut pas toutefois s'imaginer que le démon et les démons savent en réalité tout ce qu'ils pourraient savoir par la vertu très perspicace de leur esprit angélique. Parce que, avant tout, leur nature ne les rend pas capables d'être présents en plus d'un lieu à la fois; et en second lieu il n'est pas à croire que la bonne Providence divine permette aux ennemis de la créature humaine d'enregistrer chacune des actions des hommes, surtout celles des justes, et encore moins les actions spirituelles et surnaturelles. Le démon peut se tromper en celles-ci comme saint Thomas l'enseigne expressément [2].

A l'incomparable vertu intellective des démons,

1. Cf. Th. 1. q. 57. a. 3, 4.
2. Th. 1. q. 58. a. 5.

correspond la faculté opérative. Ils n'usurperont certainement pas la divine puissance en changeant les lois établies par le Créateur, faisant par leur propre vertu et sans moyens naturels, qu'un corps sain devienne malade et qu'un corps malade devienne sain, ou que la glace chauffe, ou que le feu gèle, ou qu'un œil n'aperçoive pas l'objet présent, ou qu'un corps pesant s'élève au lieu de tomber, etc. Cela n'a pas été accordé même aux anges bienheureux ; et si quelquefois ils le faisaient ce serait un miracle opéré au moyen d'une puissance communiquée par Dieu. Malgré cela le pouvoir des démons reste encore très grand, parce qu'ils peuvent, comme l'homme, changer de lieu les objets matériels, mais avec une force et une célérité immensément supérieures. Et pour cela, se servant de causes proportionnées aux effets à obtenir, ils peuvent sans que l'homme s'en aperçoive et avec une promptitude extrême, placer les causes de la maladie dans un corps sain, ou appliquer un remède à la maladie, mettre le feu où est la glace, et la glace où est le feu, interposer un obstacle entre l'organe de la vision et l'objet, soutenir mécaniquement un corps lourd en l'air et ainsi de suite [1]. Le démon peut altérer les sens de telle sorte qu'il semble à l'homme apercevoir ce qui

---

1. Cf. Th. 1. q. 110, a. 2, 3.

n'existe pas, il peut altérer l'imagination, il peut composer des corps avec des éléments recueillis en quelque lieu que ce soit, et avec ceux-ci prendre une ressemblance humaine ou animale et sous ces déguisements menteurs, se montrer, parler et opérer, et ainsi tromper l'imagination et surprendre les imprudents. Telle est la doctrine commune des théologiens, particulièrement de saint Thomas [1].

De telles actions diaboliques provoquent une grande admiration et les ignorants les prennent facilement pour des miracles. Et vraiment on peut les appeler *miracles* dans le sens large de ce mot, bien que leur nom propre soit *prestige*. L'Église ne juge pas toujours miraculeuses les mutations préternaturelles de la matière, les guérisons, les visions, les phénomènes inexplicables des stigmates, les élévations des corps en l'air, etc., parce qu'elle sait que de telles mutations peuvent procéder de Dieu qui peut suspendre les lois de la nature, ou de l'habileté des démons qui contrefont le miracle. Elle ne reconnaît le miracle que quand l'œuvre dans sa substance et dans ses circonstances manifeste les caractères divins et qu'on peut démontrer que ni les forces de la nature, ni l'intervention diabolique n'en sont la cause. Quelquefois il arrive que les indices ne sont pas suffi-

---

[1]. Th. 1. q. 91. a. 4; 1. q. 110. a. 4.

sants pour déterminer la sentence. Alors l'Église suspend son jugement. Et les simples fidèles feraient bien aussi de suspendre le leur et de ne pas être assez légers pour juger miraculeux ou diaboliques les faits qui leur paraissent extraordinaires.

Quant à la volonté humaine, Dieu seul peut la mouvoir immédiatement. Les démons ne peuvent pas la forcer à vouloir ou à ne pas vouloir malgré elle ; mais ils peuvent par la persuasion l'incliner et l'attirer en agitant les passions sensitives, émouvoir par des pensées l'imagination jusqu'à rendre impossible le travail de l'intelligence et par conséquent du libre arbitre. Ces choses assurent au démon une énorme supériorité naturelle sur la nature humaine ; malheur aux hommes si Dieu ne mettait pas des bornes à la très puissante malice des démons.

§ 4. *De l'intervention diabolique par voie de tentation.*

Connaissant l'aptitude des démons à nuire, on peut maintenant rechercher comment ils agissent en fait. Si l'on excepte l'intervention forcée, c'est-à-dire le cas où Dieu se sert du démon pour punir les méchants dans l'autre vie ou dans celle-ci, il nous semble que, pour la matière qui nous occupe, on peut réduire toute l'intervention diabolique à trois principales manières : la tentation, l'obsession et le prestige. Cette triple intervention, dans sa généralité, est de foi. Cette remarque est faite pour l'utilité des sots et des orgueilleux qui croient quelquefois s'attirer la réputation d'un esprit puissant en affectant d'ignorer ce que Dieu a solennellement enseigné au monde.

Que le démon porte les hommes à mal faire, c'est affirmé par l'Esprit-Saint dans beaucoup de passages de l'Ancien et du Nouveau Testament. Dieu le permet quelquefois pour un juste châtiment et souvent pour donner l'occasion de victoires et de récompenses. Ainsi la malice diabolique est contrainte de glorifier Dieu. Et afin que le démon ne dépasse pas les bornes par sa supériorité naturelle, la divine Providence le retient et ne permet pas qu'il tente l'homme au-dessus de ses forces, et Dieu donne un secours non seulement suffisant, mais abondant à ceux qui recourent à Lui.[1] Le démon peut se servir de toutes sortes de moyens pour tenter, des circonstances extérieures, des passions intérieures et des sens de l'homme, de l'imagination, et enfin de discours, d'apparitions et d'actes ou violents ou trompeurs. Ces quatre dernières formes peuvent être réelles et objectives : outre que les Saints-Pères et les docteurs de tous les temps en parlent communément, il y en a un exemple dans la tentation par laquelle

---

1. *Fidelis autem Deus est, qui non patietur vos tentari supra id quod potestis, sed faciet etiam cum tentatione proventum ut possitis sustinere.* I. Cor. X, 13.

le démon attaqua Jésus-Christ Lui-même, ne le connaissant pas encore pour le Messie [1]. Ce moyen d'intervention diabolique est donc indubitable.

§ 5. *De l'intervention diabolique par voie de possession.*

Il est également certain qu'il y a de vrais cas de possession diabolique. L'Évangile l'atteste si souvent et si clairement que l'on ne peut en douter qu'en reniant les paroles et les œuvres de Jésus-Christ. Saint Thomas appelle infidèles, incrédules et éloignés de la vraie foi ceux qui nient la possession diabolique [2]. On pourrait dire que la possession est la tentation portée à son plus haut degré, parce que par elle le démon non seulement attire le patient par des provocations extérieures, mais habite dans son corps et se rend maître de ses facultés corporelles. L'intelligence et la volonté du patient ne tombent jamais sous la puissance ou la domination du démon et il ne peut mouvoir directement ses facultés en le forçant par exemple à l'erreur ou à une faute. Mais chacun voit le danger que court, bien plus que par des tentations quelconques extérieures ou intérieures, celui qui est en possession du démon, qui peut gouverner ses mouvements physiques, ses sens et son imagination, et en altérant son imagination,

---

1. Matth. IV.
2. Th. *Suppl.* q. 58. a. 2. in corp.

obscurcir indirectement le raisonnement et la liberté morale.

L'expérience enseigne que, dans la possession parfaite, l'homme n'est plus conscient de ce qu'il fait ou dit, et par cela même n'est plus responsable ni coupable, si ses actions sont matériellement mauvaises. C'est ce qu'enseignent saint Augustin, saint Thomas et d'autres docteurs [1]. L'état inconscient a lieu aussi dans le sommeil magnétique pour les médiums spirites, et pendant l'hypnose pour les hypnotisés, comme nous l'avons dit au chap. XXVIII; mais les médiums et les hypnotisés doivent répondre à Dieu et à la société de toutes leurs actions, parce que c'est presque toujours de leur propre volonté qu'ils se sont exposés à perdre le guide moral du libre arbitre.

Quelquefois la possession n'est pas parfaite, mais imparfaite. Cette dernière espèce existe quand l'esprit maudit ne s'empare pas entièrement de l'homme, mais seulement l'assiége et obtient une domination telle quelle sur ses actes extérieurs. Quelques-uns l'appellent *circumsession*. On distingue aussi la possession temporaire et la possession habituelle. On voit des exemples de la possession temporaire dans l'exorcisation des pos-

---

1. Cf. Th. 1, 2, q. 80; e. 2, 2; q. 175; a. 2, ad. 4. Voyez aussi Cardi, *Ritualis rom. documenta de exorcizandis obsessis a dæmonio*, etc. Venise, 1773, pp. 32-35.

sédés qui, à certains temps, souffrent de la possession diabolique, et en d'autres temps, en restent libres : précisément comme les médiums spirites et les hypnotisés qui, selon le plaisir de l'opérateur, s'endorment et se réveillent.

On pourrait ajouter une espèce de possession diabolique, que nous appellerions spirituelle ou morale, et qui est propre à ceux qui se laissent volontairement gouverner par le diable. De ceux-ci le Christ dit : « Vous avez le diable pour père, et vous voulez effectuer les désirs de votre père [1]. » On voit en effet certains malheureux qui veulent le mal, non pour contenter les passions humaines, mais parce que le mal en lui-même leur plaît. Même sans espérance de plaisir, de gain ou d'honneurs, ils détestent la religion, l'Église, l'ordre moral, la justice, l'honnêteté, et favorisent tout ce qui combat ou diminue le vrai bien de l'homme, jusqu'à changer les écoles en mauvais lieux, jusqu'à vouloir les hôpitaux entre des mains sans humanité, pour le malheur visible des malades, etc. Tout cela n'est plus faiblesse humaine : c'est suivre l'instinct diabolique et se donner moralement à la puissance de l'ennemi de Dieu et de l'humanité.

Cette dernière obsession, malheureusement

---

1. *Vos ex patre diabolo estis; et desideria patris vestri vultis facere.* Io, VIII, 44.

assez commune parmi ceux qui, par des serments exécrables, se trouvent liés aux sectes, est pleinement volontaire et coupable. Les autres ne sont pas coupables. Dieu le permet pour les mêmes fins que la simple tentation, c'est-à-dire quelquefois pour servir de châtiment, d'autres fois pour servir d'épreuve, comme l'enseignent unanimement les Pères de l'Église. En fait, l'histoire ecclésiastique, outre les obsessions de châtiment, donne des exemples de justes possédés et d'obsessions attirées à des gens de bien par la malice d'autrui. De même que Dieu peut permettre que les saints soient persécutés, tourmentés et même tués par les hommes méchants, de même il peut permettre que l'intervention diabolique leur nuise, toujours, bien entendu, pour leur sanctification temporelle et leur gloire éternelle. Il est vrai que le plus souvent l'obsession est une punition de fautes graves; elle est particulièrement convenable pour celui qui tente de nouer des relations avec le diable [1]. Enfin, dans le paganisme ancien et moderne, l'obsession apparaît fréquemment. Dans les assemblées spirites, elle n'est pas rare, au moins l'obsession temporaire ; et le pontife suprême de cette secte, Allan Kardec, en avertit ses sectateurs et les met en garde dans ses livres, où il enseigne

---

1. Cf. Cardi, déjà cité p. 40 et suiv., où sont cités une multitude de faits et d'autorités des SS. PP.

pourtant très expressément le moyen de communiquer avec les esprits.

La sainte Église, instruite par l'exemple de Jésus-Christ, a institué contre l'invasion personnelle de l'esprit ennemi les *exorcismes* ou conjurations. Ils consistent, partie en prières adressées à Dieu pour lui demander la libération de l'énergumène, partie en commandements et en menaces contre les esprits envahisseurs de la créature humaine. L'Église sent qu'elle a une puissance sur le démon par la promesse qu'elle en a eue du divin Fondateur : « Ils chasseront les démons en mon nom [1]. » En effet saint Paul, demeurant à Tyatire, eut pitié d'une jeune fille qui faisait l'office de médium spirite près de ses habitants, en exerçant la divination. Saint Paul, touché de compassion, se tourna vers elle et dit à l'esprit : « Je te commande au nom de Jésus-Christ de sortir de cette jeune fille. » Et l'esprit sortit à l'instant ! [2] Dans l'Évangile nous avons d'autres exemples des apôtres qui, dans certains cas, ne réussirent pas à délivrer quelques possédés, bien qu'ils eussent reçu ce pouvoir du divin Maître [3]. Ce qui nous montre comment l'action des ministres de l'Église contre

---

[1]. *Signa autem eos qui crediderint, hæc sequentur : in nomine meo dæmonia ejicient.* Marc. xvi, 17.
[2]. *Dolens autem Paulus, et conversus, spiritui dixit : Præcipio tibi in nomine Jesu Christi exire ab ea. Et exiit eadem hora.* Act. ap. XVI, 18.
[3]. Marc. IX.

le démon envahisseur n'est pas toujours certaine et infaillible, comme l'opération sacramentelle; elle est seulement déprécatoire et peut quelquefois rester inefficace, pour de justes motifs, connus de la divine Sagesse.

§ 6. *De l'intervention diabolique par voie de prestige.*

Une troisième forme d'intervention diabolique est le prestige ou faux miracle. Que le lecteur se rappelle que, bien que l'ennemi de Dieu cherche a induire l'homme à tout mal, cependant il tend au plus grand mal possible, qui est de le retirer du culte de Dieu et de l'amener au culte du démon. Le prestige est un moyen puissant pour y parvenir, parce qu'il donne une idée très haute et presque divine de celui qui en est l'auteur. Voilà pourquoi dans tous les paganismes et dans tous les commerces diaboliques il intervient souvent des faits merveilleux. Dans une lettre très récente d'un missionnaire savant, écrite d'un pays mêlé de chrétiens, de payens et de musulmans, datée du 15 décembre 1886, nous lisons que le démon se montre visiblement dans certaines réunions nocturnes qui ne sont pas rares; et que, non content d'exiger la profanation de la divine Eucharistie et des actes d'impureté la plus dégoûtante, il y exécute des prestiges merveilleux. L'ange déchu ne peut opérer directement de vraies transformations qui surpassent les forces de la nature, comme nous l'avons déjà dit : il peut toutefois les simuler et il peut beaucoup de choses qui ressemblent à des prodiges, parce qu'elles surpassent le pouvoir humain, comme nous l'avons exposé avec ordre un peu plus haut au § 3. *De l'aptitude diabolique à nuire*. Il se sert de ces artifices trompeurs pour se concilier l'admiration et, s'il lui était possible, l'adoration comme au vrai opérateur de miracles et au vrai Dieu.

Descendant maintenant aux prestiges particuliers, nous pouvons les distinguer (pour notre objet) en raison de leur but immédiat, en divination ou prévision de l'avenir, en magie ou opérations merveilleuses, en maléfices ou actions nuisibles à une personne. A la divination appartient l'oracle du démon apparaissant et parlant sous un corps simulé, ou prononcé par la bouche d'autrui : la nécromancie proprement dite qui a une affinité substantielle avec le spiritisme moderne, était pratiquée pour rappeler, par le moyen d'enchantements, les morts à une vie factice et pour leur demander des prophéties et des réponses. On se servait aussi de la tablette divinatoire que maintenant les magnétistes et les spiritistes appellent *psychographique*. L'oracle fut souvent pris d'après les étoiles : et saint Augustin confesse de lui-même qu'avant de se convertir, il était enthousiasmé de « ces planétaires qu'on appelle mathématiciens, parce qu'ils n'emploient presqu'aucun sacrifice *(au diable)* et aucun enchantement de paroles pour obtenir la divination[1]. » On recourait ailleurs aux entrailles des victimes, au chant des oiseaux et à cent autres frivoles moyens qui varient chez les peuples anciens et modernes. De notre temps il a été imprimé à Paris un gros volume pour ressusciter l'antique chiromancie ou divination par les lignes de la main. Ainsi redeviennent enfants certains sages qui croient progresser en reniant la religion!

A la divination appartient la vaine observance prise pour indice sûr des choses à venir. Mais la vaine observance a un objet plus vaste, et entendue dans sa généralité, elle consiste à espérer des effets certains de causes qui n'ont ni capacité pour les produire, ni même aucun rapport avec la chose : par exemple échapper à un danger par le moyen d'une amulette, recouvrer la santé par une herbe non médicinale ou par une parole, etc. Il est évident en de tels cas que l'homme, s'il est raisonnable, ne fonde point sa confiance dans ces moyens disproportionnés, mais bien dans une cause efficace qui reste cachée et qui ne peut être que le démon. Il est vrai qu'en pratique la plupart craignent ou espèrent par cette observance vaine, sans pousser le raisonnement plus loin. C'est une superstition qui a occupé l'humanité entière,

---

[1]. S. Augustin. *Confess.* IV, 3.

d'après ce que nous disent les écrivains sacrés et profanes. Même de nos jours elle est très enracinée parmi les hommes instruits, et notamment chez certains matérialistes qui y ont autant de confiance qu'un nègre dans son *grigri*. On trouve à milliers des gens qui s'épouvantent du vendredi, de la salière renversée sur la table, des treize convives, de manquer de tomber en sortant de la maison, etc. Nous pensons toutefois qu'en réalité le démon ne prend pas trop souvent le soin de vérifier les pronostics pour le service de ceux qui les craignent, ni d'effectuer ce que d'autres, usant de moyens ineptes, semblent lui demander. Il interviendra tout au plus quelquefois pour maintenir les superstitieux dans leurs croyances absurdes.

L'intervention diabolique se manifeste bien plus fréquemment d'une manière plus efficace dans la magie qui est l'art d'opérer des miracles apparents. L'antiquité en est remplie, et chez les païens d'aujourd'hui rien n'est plus fréquent. Dans les pays civilisés par le christianisme, la magie était devenue rare quand le magnétisme la réveilla et encore plus le spiritisme. Il serait superflu de passer en revue les opérations magiques. Tout le monde connaît le fait des magiciens égyptiens qui changèrent les verges en serpents par un de ces tours de prestidigitateur que le démon peut bien faire comme nous avons observé au § 3. Le fait est rapporté dans l'Écriture Sainte [1], et saint Thomas juge que ces serpents étaient de vrais serpents, comme était vrai, d'après le jugement de saint Augustin, le feu par lequel le démon extermina la famille de Job [2]. Les faits de Simon le Magicien dont on parle dans les Actes des Apôtres, qui, avec ses prestiges, affolait et attirait à lui les peuples de la Samarie, étaient aussi très vrais? [3] En descendant ainsi les années du monde jusqu'à la présente 1886, nous trouvons les phénomènes de l'hypnotisme qui sont vrais et dignes de foi, et ceux de ses frères germains le magnétisme et le spiritisme qui affolent beaucoup d'ignorants et beaucoup de savants.

Il n'est pas rare que l'effet merveilleux et contraire à la nature que les magiciens prétendent obtenir soit nuisible à autrui. De là les enchantements destinés à produire des maladies, la stérilité, des dommages dans les intérêts, les haines homicides et spécialement l'amour criminel. Dans ce dernier cas la magie prend le nom de filtre. En général le commerce diabolique, dans le but de faire du mal aux personnes, s'appelle maléfice. Le monde païen en fut toujours plein, il n'existait pas chez les Israélites où la loi divine le

---

1. *Exode*, VII.
2. Cf. Th. I. q. 114, a. 4.
3. *Attendebant autem eum* (les Samaritains), *propter quod multo tempore magiis suis dementasset eos*. Act. ap. VIII, 11.

punissait de mort, [1] et le monde chrétien n'est pas exempt de ce crime énorme, même de nos jours.

§ 7. *Du pacte ou des moyens par lesquels l'homme provoque l'intervention diabolique.*

Après avoir décrit sommairement les diverses interventions diaboliques, on peut demander par quel moyen l'homme peut arriver à nouer ces relations avec l'ennemi de la nature humaine. La science chrétienne connaît pleinement ce mystère d'iniquité, et elle répond que ce commerce a été et est toujours obtenu par voie de pacte entre l'esprit humain et l'esprit diabolique. Dans le pacte on établit un signe sur le vu duquel le démon aidera à deviner ou à produire des effets tantôt merveilleux, tantôt malfaisants. Ce contrat, comme l'appelle saint Augustin, n'est pas toujours explicite : il suffit bien souvent qu'il soit implicite ; il suffit que l'homme donne volontairement le signe convenu par d'autres, par exemple en prononçant certaines formules ou en accomplissant certains actes. Même avec le pacte implicite, l'homme se rend coupable le plus souvent, parce qu'il n'ignore pas que ces moyens, n'étant pas aptes par eux-mêmes à produire le résultat cherché, le deviennent par l'intervention diabolique.

Ceci n'est pas une simple hypothèse ingénieuse,

1. *Maleficos non patieris vivere.* Exod. XXII, 18.

c'est une doctrine solide, fondée sur la divine révélation biblique, commune et constante chez les docteurs catholiques, en commençant par les Saints Pères, jusqu'aux professeurs de théologie de nos temps [1]. Le Rituel romain le suppose évidemment dans ces paroles : « L'exorciste commande au démon de dire s'il est retenu dans le corps de l'énergumène par quelque opération magique, ou par *signes maléfiques*, ou bien par des objets [2] », etc. Ceux qui le mettent en doute mériteraient donc un blâme de témérité.

Mais la certitude de cette doctrine ne doit pas cependant nous porter à croire que ce travail diabolique soit indépendant de la souveraine Providence divine, et que le démon et ses esclaves soient libres de parvenir à leur but. Il est clair que l'ange rebelle ne peut rien sans la permission divine et que cette permission n'est accordée que quand et comme Dieu entend pour s'en servir à ses saintes fins. Dieu seul sait combien de tentatives de commerce diabolique restent vaines, parce que le Père, qui aime les créatures humaines, empêche leur réussite. Dieu seul sait combien de fois les

---

1. Cf. Th., 1, q. 110, a. 4, où, en enseignant cette doctrine, il cite le texte même de S. Augustin : « *Magi faciunt miracula per privatos contractus... Magi facinut miracula per hoc quod exaudiuntur a dæmonibus.* » Voyez aussi 1, q. 95, a. 2 ; 1, q. 114, a. 4 ; et 2, 2. q. 92 et suiv.

2. *Rituel rom.* dans l'instruction qui précède le chap. : *De exorcizandis obsessis a dæmonio.*

mauvais esprits tentent de nuire aux hommes par les maléfices et n'y réussissent pas. La bonne conscience est un bouclier contre ces attentats, ainsi que la vertu, les sacrements, les sacramentaux, la prière, l'eau et les objets bénits par l'Église, qui suffisent bien souvent pour repousser toute magie et tout maléfice. Quand l'un ou l'autre de ces moyens reste inefficace, outre que ce n'est pas sans l'agrément divin, c'est souvent pour la punition de celui-là même qui veut, contre la défense divine, chercher l'amitié de l'ennemi de Dieu.

§ 8. *Des habitudes diaboliques dans l'intervention avec les hommes.*

Nous disons que Dieu permet quelquefois que l'intervention diabolique ait un effet pour la punition de ceux qui la provoquent parce que, avec ses esclaves, le démon ne se montre pas agréable et doux. Il se manifeste au contraire comme un maître cruel, et même lorsqu'il semble accorder des faveurs, il est toujours dur et insupportable : nous en pourrions citer de très nombreux exemples. Son orgueil et sa jalousie le portent à rechercher (chose continuelle dans les cultes païens et dans les sabbats) le culte divin prostitué à lui seul. Nous connaissons, entre autres cas innombrables, celui d'une possédée certainement telle, qui, s'arrachant des mains des assistants, monta sur le maître autel de l'église et, de là, non pas elle, mais le démon qui parlait en elle, se mit à haranguer le peuple afin qu'il l'adorât. Nous en connaissons d'autres cas, arrivés cette année et tout à fait semblables. Et beaucoup de faits de ce genre arrivent souvent dans les assemblées spiritistes. C'est ainsi que, ne connaissant pas encore Jésus-Christ pour le Fils de Dieu, le démon lui demanda de l'adorer, selon ce qui est raconté dans l'Évangile [1].

Cette fureur excessive d'adoration n'empêche pas que le démon ne descende quelquefois à la légèreté, à la bouffonnerie, et pour ainsi dire à de vraies filouteries populaires pour se rendre agréable et familier, comme l'observe saint Thomas en plusieurs endroits. Il ne s'arrête pas devant les plus dégoûtantes vilainies ; il se plaît dans les actions abjectes, brutales, honteuses. L'Église lui reproche d'être « l'inventeur de toute obscénité [2] ; » et la Sainte Écriture l'appelle, comme par antonomase, l'*Esprit immonde*, titre dont il fut solennellement qualifié par la bouche de Jésus-Christ [3].

Nous pourrions commenter largement ces habitudes diaboliques avec les doctrines des théologiens les plus graves, principalement de saint

---

1. Matth. IV.
2. *Tu totius obscœnitatis inventor.* C'est ainsi dans le Rituel rom., au chap. *De exorcizandis obsessis a dæmonio.*
3. Matth. XII. 43 ; Marc, I, 26 ; Luc. VII, 29, etc.

Thomas[1], et avec beaucoup de pages de documents historiques[2]. Les spiritistes eux-mêmes en conviennent, et leur grand patriarche Allan Kardec avoue que beaucoup d'esprits, qu'il ne veut pas appeler démons, sont dégoûtamment sales dans leurs conversations et dans leurs manières.

Une autre coutume diabolique est qu'il cherche à régler sa conduite selon les circonstances, les hommes, les lieux et les temps. Dans les lieux où le culte diabolique est admis et reconnu, il présente au public les opérations préternaturelles comme actes d'une divinité cachée; et là où le public ne ferait pas bon accueil à un commerce ouvert avec le démon, les prestiges s'enveloppent de voiles mystérieux d'apparences naturelles; de sorte que ses affidés, qui semblent les opérer, ne font réellement que couvrir son intervention. On s'explique ainsi comment, dans les sociétés païennes anciennes et modernes, le culte des idoles était et est publiquement confirmé par des oracles, par des réponses, par des obsessions momentanées des prophétesses et des prêtres, et par d'autres manifestations de divinités habitant dans les temples ou animant les statues : tellement que

---

1. Cf. Th., 1, 2, q. 85, a. 2; 1. 2. q. 89, a. 4, ad 3; 2, 2, q. 165, a. 2, etc.
2. On peut en voir un exemple dans le récit de Franco : *Gli Spiriti delle ten bre* (chap. 41, 45, 66, 85), vol. I, p. 298-331, et vol II, p. 173, 328.

dans la Sainte Écriture on dit que toutes les divinités adorées par les gentils sont des démons [2]. Tandis que dans les pays où brillent les rayons de la vraie religion, l'intervention satanique fuit la lumière, et cherche les ténèbres des bois et des antres.

Cette coutume diabolique, déjà anciennement connue, explique aussi comment, dans nos temps, parmi beaucoup de païens, le commerce avec Satan se montre non pas effrontément, mais avec la précaution de se masquer quelque peu. Avec les mesméristes du siècle dernier et avec les magnétistes qui les suivirent, tous légers et très avides de nouveauté, il se couvrait du manteau des fluides et des phénomènes merveilleux. Avec les spiritistes, déjà habitués au commerce transcendant, il couvrait la tromperie par le moyen de prétendues révélations de l'autre monde. Avec les hypnotistes, pour la plupart médecins ou savants, mal disposés pour reconnaître une influence spirituelle, et enclins au positivisme, il déguise son intervention sous des apparences que de prime abord il est difficile de distinguer des phénomènes physiologiques et pathologiques.

Une dernière particularité des habitudes diaboliques, très nécessaire à observer pour comprendre

---

1. *Omnes dii gentium, dæmonia.* Ps. XCV. 5. Voyez S. Th' I, q. 115, a. 5.

les diverses interventions de Satan, est celle de toujours mentir et de se montrer autre qu'il n'est. Il commença à mentir avec Adam, et il ment avec les fils d'Adam qui ont des rapports avec lui en cette année 1886. L'apôtre saint Paul affirme que « Satan se transfigure en ange de lumière [1]. » En réalité souvent, en parlant aux hommes, il s'annonce comme un esprit céleste, comme une âme sainte du Paradis, comme un défunt du Purgatoire, ou comme un trépassé quelconque. Ce dernier déguisement était très commun dans l'antiquité chrétienne, comme l'atteste saint Jean Chrysostôme et, avant lui, Tertullien. Saint Thomas l'observe aussi, et le Rituel romain recommande à l'exorciste de ne pas se laisser tromper par ces déguisements diaboliques [2].

Par là on voit, pour le dire en passant, que les esprits qui parlent et apparaissent dans les assemblées spirituelles, et qui se nomment saint Augustin, saint Louis, Charlemagne, Napoléon, etc., ne sont point une nouveauté de notre siècle, mais une diablerie vieille et très vieille. Et il est très digne de remarque que le démon usait de cette fraude, comme dit Tertullien, pour contester le dogme de

---

1. *Ipse enim Satanas transfigurat se in angelum lucis*. 2 Cor., XI, 14.

2. Cf. Cardi. *Ritual. rom. documenta de exorciz. obsessis*, p. 330 et les suiv., où on cite les passages indiqués de saint Jean Chrysostôme et de Tertullien.

l'enfer : la même chose arrive aujourd'hui dans les synagogues du spiritisme, où perpétuellement le démon s'agite contre le châtiment éternel des démons et le nie avec force par la bouche de prétendus esprits *désincarnés* [1].

A ses fraudes perpétuelles appartient encore celle de se cacher par tous les moyens possibles, et spécialement en essayant de faire croire que son œuvre est un effet d'une maladie naturelle. C'est encore une coutume diabolique, notée par le rituel romain avec une irréfragable autorité et que l'Église exprime ainsi : « *Conantur persuadere infirmitatem esse naturalem* [2]. » Il atteint souvent son but de notre temps auprès des savants qui réputent l'hypnotisme une simple maladie naturelle, bien que tous ses symptômes accusent manifestement, à côté de la maladie, un élément préternaturel [3].

---

1. Cf. Franco, *Idea chiara dello Spiritismo*, chap. X, p. 44 et suiv.
2. Rit. rom. dans l'instruction qui précède le chap. *De exorcizandis obsessis*, etc. On peut aussi voir la même chose dans saint Thomas I q. 115. a. 5.
3. Il nous est douloureux de devoir noter qu'un écrivain certainement catholique et dont les intentions sont droites, tombe dans l'erreur en admettant pour cause des phénomènes hypnotiques, le fluide transmis par l'hypnotisant à l'hypnotisé (chose niée communément aujourd'hui par les physiologistes) ; il reconnaît les périls de l'hypnose, et ensuite se contente de peu : « Il reste donc à en modérer l'usage volontaire et à prévenir le désordre et les abus. » Ainsi parle M. Ch. Vincenzo Liberali dans la *Rassegna italiana*, Rome, octobre 1886, p. 66,

Les magnétistes, les médiums, les hypnotiseurs et autres adeptes, concourent admirablement au but de Satan en mêlant à son commerce des fraudes et des ruses infinies. Toute l'histoire diabolique *ab origine* peut se diviser en faits préternaturels du démon et en faits d'adresse des charlatans qui l'imitent. La nature des choses veut qu'il en soit ainsi et non autrement. Car le démon n'a pas toujours la permission de Dieu de se mettre au

à propos d'un travail du doct. A. Mosso. Il admet comme licites tous les phénomènes hypnotiques que nous appellerions mineurs, pourvu qu'ils soient réglés par un médecin et produits en particulier. Il admet jusqu'à la clairvoyance. Il est vrai que dans une note (note nécessaire pour n'être pas atteint par la condamnation de l'Eglise), il restreint la clairvoyance : « Elle peut être seulement acceptée dans le sens restreint des choses existantes et possibles et ne peut jamais s'étendre à la connaissance de l'avenir et à la divination. » Même art. p. 72. Selon nous, cela ne suffit pas. Si un clairvoyant à Rome connaissait ce qui arrive à New-York, il serait évidemment sous l'influence diabolique, bien que ce qui arrive à New York soit possible et existe, et il tomberait sous la condamnation de l'Eglise, de même que s'il connaissait seulement les maladies intérieures existantes et possibles de lui-même ou d'autrui. Pour les maladies, la S. Pénitencerie répondit en 1841 : *Ce n'est pas permis*. Et en 1856 la S. Inquisition a condamné comme superstitieux les prestiges du somnambulisme et de la clairvoyance et le fait de découvrir des choses ignorées et lointaines : « Somnambulismi et claræ visionis, uti vocant, præstigiis... ignota ac longinqua detegere. » Et le Rituel romain donne pour signe certain de possession diabolique « Distantia et occulta patefacere ». Enfin M. Liberali conclut : « Ceux qui voient tout surnaturel, tout spiritisme ou tout diablerie... doivent se rappeler que certaines forces de la nature qui, il y a cent ans, étaient inconnues ou semblaient être des effets de la magie, se sont plus tard appliquées utilement à l'avantage de l'humanité service des magiciens, des devins, des sorciers et de ceux qui marchent sur leurs traces, thaumaturges, spirites ou magnétistes, etc. On peut dire aussi que quelquefois le démon ne veut pas, pour ses fins, se plier aux intentions humaines. Que feront les opérateurs en de tels cas? Ils agiront habilement, avec dextérité, pour ne pas avoir la honte d'un insuccès et pour ne pas causer de dommage à leurs intérêts. Il en fut ainsi toujours et comme c'est le propre de la passion humaine, il en sera toujours ainsi.

Il en doit être ainsi spécialement dans nos temps

et ont pris une part très intéressante dans le champ limité de ce qu'on peut savoir. » p. 74. Or, disons-nous, il est certain que l'électricité, le magnétisme galvanique, la vapeur, le téléphone, le microphone, etc., n'ont jamais porté ombrage aux savants catholiques, qui virent au premier coup d'œil ou les causes physiques ou la possibilité de causes physiques : tandis que les phénomènes magnétiques, spiritiques, hypnotiques ont été suspectés immédiatement par beaucoup de savants et constamment considérés comme diaboliques, et l'Eglise leur donne raison en beaucoup de cas. L'objection des choses ignorées est portée dans tous les traités élémentaires de métaphysique contre la conoscibilité des miracles, et elle y est complètement réfutée. Nous-même nous en parlons dans ce traité; et M. Liberali, qui nous a pris des phrases littéralement, sans nous mentionner, aurait pu en faire son profit ou s'ingénier pour donner une nouvelle valeur aux objections mille fois réfutées. Du reste, dans le dernier paragraphe du chapitre précédent, nous déclarons que nous ne condamnons pas ceux qui nous sont opposés sur tous les points où l'opinion est *vraiment* libre : seulement nous voudrions que nos contradicteurs apportassent de meilleures raisons de leur dissentiment.

où, malgré la corruption, le commerce formel avec le diable fait cependant horreur. Aujourd'hui plus que jamais, il est dans l'intérêt de l'ennemi de Dieu de faire passer son intervention pour des maladies ou pour des phénomènes naturels. Et à cause de cela nous ne sommes pas loin de croire que lui-même contribue quelquefois à faire découvrir certaines fraudes de ses adhérents, pour accréditer l'opinion que les pratiques spiritiques sont au fond de simples jeux de main, innocents comme la dextérité des jongleurs. Et pour une semblable raison nous croyons qu'il favorise les beaux parleurs et certains pauvres chrétiens peu énergiques qui, dans les conversations, parlent de l'hypnotisme comme d'un amusement de salon ; et qu'il regarde d'un bon œil les docteurs, les professeurs, les savants qui s'efforcent de faire passer l'hypnotisme pour une étude physiologique ou un moyen de guérison ou comme une simple maladie naturelle : *Conantur*, dit le Rituel, *persuadere infirmitatem esse naturalem*.

La théorie des interventions diaboliques ainsi résumée, il ne nous reste plus qu'à terminer notre traité par l'application de la théorie à la pratique de l'hypnotisme, pour connaître s'il s'y rencontre les éléments indiqués par la théorie.

XXXIV

Application de la théorie chrétienne à l'Hypnotisme

§ 1. *Que la théorie chrétienne explique les circonstances historiques de l'hypnose moderne.*

Aucun doute ne peut s'élever à l'égard des idées que nous avons exposées jusqu'ici relativement aux interventions diaboliques; ces idées sont communément soutenues par les docteurs catholiques, et quelques-unes sont de foi. Nous pouvons donc les prendre pour critérium qui nous servira à examiner l'hypnotisme et à juger avec certitude s'il présente ou non le caractère diabolique. Nous reconnaîtrons facilement que tous ces faits, les plus inexplicables en apparence, s'expliquent parfaitement par l'influence satanique, et l'hypnose, dans son ensemble, paraît n'être pas autre chose qu'un cas particulier parmi les cas déjà connus d'intervention diabolique.

Venons aux faits particuliers. Il semble étrange à certaines personnes que, dans les temps chrétiens, le démon soit libre de se mêler de la société humaine ; mais leur étonnement cessera si nous leur rappelons que le démon a comme une puissance naturelle sur les païens. Or, de nos jours, au sein du christianisme, les païens, les incrédules ou les apostats, pires que les païens, sont nombreux : on peut y ajouter beaucoup de chrétiens non renégats mais indifférents, ou coupablement ignorants, dépourvus de fortes maximes religieuses, nullement en garde contre l'influence infernale. Est-il étonnant que le démon, sachant le terrain si bien disposé, tente parmi eux les épreuves qui lui ont si bien réussi dans l'ancienne Grèce et lui réussissent encore dans l'Inde moderne? S'accommodant aux temps et se couvrant du manteau des expériences physiques et physiologiques, de forces supposées inconnues, il réussit dans certains pays chrétiens à affaiblir l'histoire de la religion, les notions du miracle, la foi et le respect du surnaturel, et prépare la voie à une restauration du paganisme.

Il désire ardemment recouvrer la souveraineté du monde qui lui a échappé. Il n'y réussira pas, parce que l'Église est divine et que les portes de l'enfer ne prévaudront point contre elle. Mais rien n'empêche qu'il ne se forme une petite Inde à Paris, à Londres, à Turin, à Florence, et qu'il ne se forme çà et là des assemblées de véritables païens. Déjà une société adoratrice de *Jupiter optimus maximus* a été fondée : nous le savons d'un illustre gentilhomme et remarquable écrivain italien, qui a été sollicité d'y donner son nom. Déjà dans un village (très florissant en civilisation maçonnique) un bon nombre de chrétiens baptisés adoraient le soleil : nous le savons de celui qui fut invité à prêcher contre cette idolâtrie. Dans certaines réunions sectaires on adore Satan, avec des rites et des sacrifices détestables : nous le savons de personnes qui y ont assisté ; cela n'est ignoré que de ceux qui veulent l'ignorer; souvent ceux qui le nient avec le plus d'indignation sont précisément ceux qui en sont le plus persuadés et même quelquefois ceux qui y ont pris part. Aujourd'hui, pendant que nous écrivons ces lignes, nous avons sous les yeux le *Corriere di Torino*, qui raconte avec indignation comment la maçonnerie turinoise invite le public au théâtre Gerbino à applaudir l'*Hymne à Satan*, de Carducci, déclamé sur les scènes ! Il n'est donc pas étonnant que le démon, trouvant dans une société tant d'adhérents et de glorificateurs, essaie de redevenir maître par la voie de l'hypnotisme. Il fait en réalité ce qu'il a toujours fait et ce qu'il fera toujours, selon ce que nous avons dit dans la théorie précédente.

Il paraît incroyable à certaines personnes que le démon veuille se montrer aujourd'hui ouvertement dans les cliniques des hôpitaux et sur les scènes des théâtres, tandis que par le passé il cachait soigneusement ses démarches. Et cependant cela est conforme aux coutumes diaboliques décrites ci-dessus. Satan cacha toujours ses œuvres là où elles étaient odieuses et poursuivies par les lois ; au contraire toujours il en fit pompe là où il était honoré et sûr de son fait. Or dans les pays dominés par les gouvernements maçonniques, il peut tout ; il peut autant, par une tolérance légale, à Milan, à Naples, à Rome, qu'il peut à Pékin et à Calcutta. Il est naturel qu'il en profite, et qu'il exhale sa haine contre Dieu et contre l'homme, en public, en sauvant un peu les apparences pour ne pas exciter contre lui la conscience des peuples meilleurs que leur gouvernement. Il n'aurait certainement pas osé en faire autant à Rome, sous Pie IX, et il n'oserait pas encore, si Léon XIII y régnait de fait.

On objecte d'un autre côté que si l'hypnotisme était dû à l'intervention du diable, il conviendrait d'admettre que l'obsession et le prestige sont devenus de nos jours épidémiques, ce qui semble absurde. La vérité est que cette prétendue absurdité est au contraire un fait pleinement analogue aux faits antérieurs de l'histoire diabolique. Les obsessions, tantôt transitoires, tantôt permanentes, furent et sont très fréquentes dans le paganisme, comme nous le savons par la Bible et par l'histoire ; de même le prestige, la magie, les maléfices : de sorte qu'on pourrait bien dire que le commerce diabolique était et est, chez les païens, épidémique et endémique. Et l'on ne voit que trop d'exemples de semblables épidémies parmi les chrétiens eux-mêmes. Et quoique nous ne voulions pas affirmer ici que les faits historiques dont nous avons parlé soient tous et chacun en particulier dus à l'intervention diabolique, nous pouvons dire néanmoins qu'on y rencontre beaucoup d'exemples d'obsessions épidémiques. On en trouve une preuve dans les histoires des danseurs de saint Jean et de saint Vit, du moyen âge, tant en Allemagne qu'en Italie.

D'autres obsessions épidémiques se sont manifestées en divers monastères d'Allemagne au milieu du XVI° siècle ; d'autres en France, en 1606 ; d'autres en 1632 (les fameuses possessions de Loudun) ; d'autres en 1642. Celles des Camisards, vers 1700, que les calvinistes expliquaient par des extases divines, furent célèbres ; et plus célèbres encore furent celles des Convulsionnaires sur la tombe du janséniste, le diacre Paris, en l'année 1731 et suivantes, que les jansénistes prétendirent miraculeuses. Dans notre siècle nous avons eu, en 1861, les possessions endémiques de Morzines, en Savoie ; en 1880, celles de Verzegnis, dans le Frioul ; en 1881, celles de Plédran, près de Saint-Brieuc, en France ; et celles de Jaca, en Espagne. Celles des *revivals* et *camp-meetings* des protestants, spécialement dans les États-Unis, sont très probablement des obsessions temporaires ; elles ont été décrites par le malheureux évêque Grégoire, par le doct. John Chapman, par miss Trollope, et nous en avons parlé plus haut, au chap. XXIX.

Chacun peut voir ces scènes historiques, racontées çà et là dans les mémoires ecclésiastiques. Beaucoup d'auteurs les discutent au point de vue catholique, entre autres le marquis de Mirville. Divers auteurs qui ont écrit sur l'hypnotisme les rapportent, comme M. Figuier, M. Cullerre, M. Regnard, M. Richer, etc., dont nous citons les ouvrages dans le cours de ce traité. Il est vrai qu'ils dénaturent les faits et les faussent pour les réduire à la mesure d'états particuliers pathologiques, de simples névroses hystériques. Et néanmoins, ainsi défigurés, ces faits montrent toujours la marque de l'intervention d'une cause préternaturelle, au moins en beaucoup de cas. D'après cela il reste démontré que ce fut, de tout temps, une coutume du diable, Dieu le permettant ainsi, de se manifester par des invasions épidémiques ; et que, si cela se renouvelle aujourd'hui dans l'hypnotisme, ce n'est que ce qui arriva maintes et maintes fois. Il n'est pas étonnant qu'il arrive aux païens volontaires au milieu du christianisme, ce qui arriva continuellement aux païens au milieu du paganisme.

§ 2. *Comment la théorie chrétienne explique les phénomènes hypnotiques.*

Si nous voulons analyser chacun des phénomènes hypnotiques en eux-mêmes, avec l'aide de la science chrétienne, nous verrons qu'ils s'illuminent d'une nouvelle lumière, et deviennent non pas seulement intelligibles en quelque manière, mais même extrêmement logiques, et nous pourrions dire naturels. Les savants n'ont pas pu expliquer comment un regard fixé dans les yeux d'autrui (la prétendue *fascination*) suffit pour changer un homme sain en un foyer de phénomènes morbides : jamais ils ne nous ont dit comment ce regard peut être remplacé par un tic-tac d'horloge, par le fait de fixer un objet brillant, par une aspersion d'eau, par un commandement : Dormez! par un souffle et par un mouvement quelconque dit hypnogénique, à la volonté de l'opérant et toujours avec le même effet d'endormir le patient avec la suite accoutumée de conséquences fâcheuses qui accompagnent la léthargie. Or toutes ces absurdités inexpliquables deviennent logiques pour le démonologue chrétien, qui reconnaît dans ces farces hypnogéniques, vaines et ridicules autant qu'on voudra, le *signe* conventionnel de l'influence diabolique, dont nous avons parlé dans le chapitre précédent. Il est clair que le signe du pacte étant donné, il doit arriver ce qui est toujours arrivé dans les prestiges, c'est-à-dire que le démon exécute le *pacte*, comme l'appelle saint Thomas, ou le *contrat*, comme le nomme saint Augustin, et avec eux tous les docteurs catholiques. Et rien n'est plus facile au démon que de mettre en œuvre des causes physiques et par elles de produire le sommeil à un moment donné. Voyez ce que nous avons dit sur l'aptitude du démon à nuire par une force intrinsèque et opérative ; et que nos lecteurs se rappellent que c'est une ancienne et commune doctrine de l'Église, bien que les ignorants ne la connaissent pas et que les impies ou les téméraires ne la croient pas.

On demandera peut-être comment et quand est conclu le *pacte* et de quoi on convient avec le démon par un tel signe, puisque souvent ni l'hypnotisant, ni l'hypnotisé ne songent pas le moins du monde à s'entendre avec l'ennemi de Dieu. Plus la demande est raisonnable, plus la réponse est facile. En effet, comme observent les docteurs, il n'est point nécessaire de faire un pacte exprès, mais un pacte tacite suffit. Nous avons ici un pacte tacite : puisque l'hypnotisant, demandant à une cause impuissante (le regard, l'objet brillant, le *dormez !*) un effet très grand, c'est-à-dire le changement de toutes les conditions physiologiques d'un corps humain, il est clair qu'*indirectement* il invoque et attend un agent capable de cet effet très grand. Cela est toujours arrivé pour les œuvres prestigieuses des temps passés. Ses inventeurs ont fait usage de sacrifices ou d'invocations formelles pour conclure un pacte avec le démon : leurs successeurs se sont prévalus de l'invention, en usant des signes qu'ils voyaient efficaces pour produire les effets préternaturels. Ce qui arrivait pour les prestiges de l'antiquité, arrive maintenant et spécialement pour l'hypnotisme. Dieu sait qui a formé le premier pacte diabolique, si c'est Mesmer ou les autres maîtres ; mais tous l'ont approuvé implicitement, et ceux qui demandent des effets magnétiques à des moyens ineptes le veulent aussi ; ce qui est, selon la doctrine catholique, un réel, bien qu'implicite recours au démon.

Il ne faudrait cependant pas croire que tous sont également coupables. L'ignorance humaine est grande et souvent l'advertance est nulle. Il peut très bien arriver que, dans la suite des temps, on perde tellement la mémoire et l'intelligence du *pacte,* que les personnes simples se servent du *signe* diabolique sans en connaître la malice et en obtiennent quelquefois (Dieu le permettant) l'effet préternaturel, avec peu de culpabilité ou même sans aucune faute de leur part. Cela arrive très souvent dans les choses dites vaines observances et dans d'autres superstitions populaires ; et rien ne s'oppose à ce que la même chose puisse arriver aux hypnotisants et aux hypnotisés peu instruits. Mais la genèse naturelle du prestige reste toujours la même, et tout effet diabolique, comme les phénomènes hypnotiques, spiritiques et autres semblables, s'expliqueront toujours logiquement par le *pacte* et le *signe* préétabli, comme l'ont toujours expliqué les théologiens chrétiens.

Les symptômes de l'hypnose n'en sont pas moins, pour les physiologistes, un amas inextricable d'énigmes. Les pauvres médecins, s'ils veulent être sincères, ne savent que penser du déchaînement spontané des symptômes hypnotiques, avec des désordres très profonds des systèmes vitaux, contrairement à ce qui arrive constamment dans toutes les autres affections pathologiques, qui ont toujours la période préparatoire et l'étiologie convenable. Ils ne peuvent expliquer des phénomènes à échéance : ils restent muets devant l'extravagance inouïe des phénomènes physiques qui obéissent à la volonté de l'opérant. Quelques-uns d'entre eux s'efforcent bien de balbutier quelque chose, recourant à la suggestion et à la prédisposition ; mais ces échappatoires n'expliquent rien (voyez le chap. XXIV), et elles-mêmes ont besoin d'explication. Que peuvent inventer les médecins pour expliquer comment l'hypnose, au moment de la plus grande intensité de la crise, est guérie instantanément par un souffle ? Quelle est la maladie, la souffrance, ou le désordre physiologique qui se guérit ainsi ? Comment se fait-il qu'après le paroxysme le plus violent, le malade n'ait pas besoin de convalescence ? Si l'on veut aussi parler des phénomènes hypnotiques plus élevés, comme la vue des objets couverts, la divination, la prophétie, etc., les hypnotistes ne savent plus rien dire qui ait du bon sens : ils s'embrouillent, s'égarent dans des théories puériles et absurdes qui résolvent l'obscurité en une nuit épaisse.

Tandis que le théologien, qui connaît la démonologie telle qu'elle est contenue dans la Bible et dans la tradition chrétienne, met facilement en ordre tout ce chaos, et donne de suite la solution logique de chaque difficulté. Pour lui, il est clair que le démon peut opérer instantanément, appliquant avec son énergie angélique les causes naturelles des symptômes hypnotiques. Il peut faire tout cela avec ou sans prédisposition de l'hypnotisé, avec ou sans la suggestion. Le théologien sait que les changements de la santé à la maladie et de la maladie à la santé sont un jeu pour la puissance de l'ange, même déchu, et il est naturel qu'il en résulte ou en puisse résulter des phénomènes sanguins, musculaires, nerveux les plus étranges. Les changements des sens et leurs erreurs, l'ange de l'enfer peut les produire, soit en présentant aux organes sensitifs des objets réels, soit au contraire en les enlevant, soit en agissant directement sur les organes mêmes et en y introduisant les modifications que produiraient les objets eux-mêmes.

La difficulté la plus inabordable pour les médecins, ou plutôt l'absurdité la plus incroyable, est que les symptômes morbides, dans l'hypnotisé, commencent, changent, cessent au gré de l'hypnotisant. Cela devient très naturel, puisque l'agent diabolique est convenu, dans le pacte avec le charlatan, de se mettre à sa disposition ; mais il agit en dissimulant, comme c'est la coutume du démon qui cherche à cacher ses œuvres ; il feint de laisser agir l'hypnotisé par la force de la suggestion extérieure et il fait croire que sa guérison instantanée est l'objet d'un souffle. Saint Thomas enseigne formellement que c'est le propre du démon de se servir de la position des étoiles, des herbes, des apparences naturelles pour cacher son œuvre préternaturelle [1].

L'explication des inexplicables phénomènes à échéance est également claire et tout à fait semblable : puisque le démon peut opérer, suivant ce qui est convenu, après dix jours, après vingt jours, en reprenant son influence.

Une autre étrangeté de l'hypnose est que le patient, pendant la crise, est parfaitement inconscient de ce qu'il dit, de ce qu'il fait, de ce qu'il souffre. Mais pour le raisonneur instruit des coutumes diaboliques à l'école de l'Église, cette étrangeté est si peu étrange que l'opposé serait beaucoup plus étrange. Saint Augustin et saint Thomas avaient déjà, il y a des siècles, enseigné que l'énergumène n'est pas responsable de ses actions, parce qu'il n'est pas conscient de ce qu'il

---

1. Th., 1, q. 115. a. 5.

fait. Et c'est une providence de Dieu, parce que autrement certaines âmes chrétiennes ne pourraient jamais se consoler de certaines abominations que le démon leur a imposées par la force pendant l'obsession.

C'est un mystère encore plus inaccessible pour les docteurs physiologistes qu'après l'hypnose le patient ne se rappelle rien de ce qui s'est fait et que, le plus souvent, il revient instantanément à son état normal de santé, alors qu'aucune maladie, aucune profonde crise pathologique ne disparaît ainsi. C'est précisément là le caractère de toute intervention diabolique, et cela n'a rien d'extraordinaire pour le docteur catholique. C'est aussi un effet ordinaire de la providence de Dieu que les dommages causés à la créature humaine, pendant l'obsession, sont seulement passagers. Les effets des contorsions et des douleurs, des contusions et des blessures, des chutes même mortelles, sauf dans des cas très rares, se dissipent sans laisser aucune trace lorsque vient la trêve temporaire ou la libération définitive de l'influence satanique. Pour en citer quelques cas entre cent, le doct. Constans, après avoir raconté les fureurs diaboliques (il dit *hystériques*) des énergumènes de Morzines, dont nous disons quelques mots un peu plus haut, conclut ainsi : « Après le grand désordre, les mouvements deviennent peu à peu moins rapides, quelques gaz s'échappent de leur

— 323 —

bouche, et la crise est terminée. La malade (entendez la *possédée*) reste un peu étonnée, se redresse les cheveux, remet et rajuste sa coiffure, boit quelques gorgées d'eau et reprend son travail, si elle avait un travail entre les mains quand la crise a commencé. Presque toutes disent qu'elles ne ressentent aucune fatigue et qu'elles ne se souviennent pas de ce qu'elles ont dit ou fait [1]. » Un autre auteur, le docteur théologien Jean Le Breton, après avoir décrit les tourments éprouvés par certaines possédées de Louviers durant quatre heures, dit qu'au sortir de la crise « elles se trouvaient aussi saines, aussi disposes, aussi tranquilles qu'avant, et que leur pouls était aussi fort et aussi régulier que si rien ne leur était arrivé [2]. »

Quant à la vision des objets impénétrablement couverts ou à travers des corps opaques, et quant à la transposition des sens, le savant chrétien ne rencontre aucune difficulté, tandis que les pauvres hypnologistes s'embrouillent dans des théories vaines et ridicules. Pour le catholique, il est clair que la puissance diabolique n'a aucune peine à produire sur la rétine ou dans le cerveau de l'hyp-

---

1. Doct. Constans, *Relation sur une épidémie d'hystéro-démonopathie*. Paris, 1863: et dans M. Richer, ouvr. déjà cité, p. 856.
2. Jean Le Breton, *Défense de la vérité touchant la possession des religieuses de Louviers*. Evreux, 1643 : et dans Richer, même ouvr., p. 846.

notisé la même impression qu'il ressentirait de la présence de l'objet visible : et voilà expliqué comment l'hypnotisé croit voir l'objet visible, bien qu'il soit couvert, et croit voir avec l'occiput tandis qu'il voit avec les yeux. Le moyen par lequel le démon effectue les prestiges de connaissances lointaines et de langues inconnues est encore plus simple. Rien ne lui est plus facile que de se rendre instantanément dans les lieux dont il est question ou de suggérer ce qu'il sait par sa longue expérience des diverses langues. Aussi ces phénomènes sont si ordinaires et si propres au démon que l'Église les regarde comme des indices certains de l'obsession diabolique. « Les signes de l'obsession démoniaque sont : de parler un langage ignoré avec plusieurs mots de suite, ou de comprendre ceux qui le parlent, de révéler des choses lointaines et cachées [1]. »

Le théologien chrétien ne rencontrerait de difficulté réelle qu'en ce qui concerne les phénomènes de vision et de communication des pensées sans signes extérieurs et dans la prévision de l'avenir dépendant de la libre volonté humaine, si ces faits se produisaient dans la mesure que supposent certains hypnotistes et que vantent certains

---

1. *Signa autem obsidentis dæmonis sunt : ignota lingua loqui pluribus verbis, vel loquentem intelligere, distantia et occulta patefacere, et id genus alia.* Rituel rom. dans l'Introduction aux Exorcismes.

spiritistes. Beaucoup d'hypnologistes les admettent comme réels, et même quelques hypnologistes matérialistes qui prétendent les expliquer par les forces de la matière. Quelques-uns, surtout des spiritistes, se glorifient de leurs médiums (qui en réalité sont des sujets hypnotisés), affirmant que les médiums assistent à la formation des idées et des actes de la volonté d'autrui, même à de très grandes distances, et découvrent les plus secrètes pensées, même sous le sceau de la confession, etc., comme nous l'a écrit un savant ami dont nous avons cité les paroles au chap. XV.

Les physiologistes et les médecins ne savent absolument que dire ou que penser de pareils phénomènes, et toutes leurs tentatives pour y trouver quelque lumière scientifique n'aboutissent qu'à des rêves ridicules, comme nous l'avons démontré au chap. XXX. Le théologien au contraire regarde avec sérénité cette matière, qui est de sa compétence, et trouve promptement la solution très claire que lui offre la science chrétienne. Il sait que la vision des pensées, la divination, la prophétie sont des actes supérieurs non seulement aux forces humaines, mais encore aux forces diaboliques et angéliques; et qu'ils sont la propriété de la Divinité seule, ou de ceux que Dieu élève aux œuvres miraculeuses, comme il arrive quelquefois aux anges et aux saints. Il en conclut donc avec certitude que ni les hypnotisés, ni les médiums, ni les sorciers, ni les diables ne pourront jamais produire de semblables phénomènes ; et il rit des prétentions des hypnotistes de voir la pensée d'autrui ou de prévoir l'avenir. Première conclusion qui doit tranquilliser profondément certaines âmes faibles qui craignent que l'hypnotisme puisse manifester les secrets de leurs familles ou de leurs âmes. Nous ne connaissons pas d'exemples, dans les histoires sacrées ou profanes, de mauvaises gens qui, avec l'aide du démon, soient arrivées à pénétrer les actes purement intérieurs des fidèles, ou à violer les secrets des consciences. Et nous croyons fermement que, si même le démon le pouvait par sa nature, il lui serait toutefois défendu de le faire par la divine Providence, comme précisément Elle l'empêche de commettre beaucoup d'autres méchancetés qui lui seraient très faciles en raison de sa puissance angélique.

Mais alors, répliqueront quelques personnes, pourquoi dit-on et répète-t-on que, chaque fois que se produisent ces phénomènes supérieurs, c'est certainement par l'intervention diabolique ? Comment peut-on dire que ce soit son œuvre, s'il ne peut les produire ? On répond que, si le démon ne peut connaître les pensées cachées, ni prévoir l'avenir, il peut toutefois *imiter* l'intuition et la prophétie, par voie de conjecture, d'une manière incomparablement supérieure à ce que les hommes peuvent faire, selon que nous l'avons exposé dans le chapitre précédent, au § 3. Mais de telles imitations suffisent pour révéler son intervention avec certitude. Bien plus, il lui est facile de connaître les faits présents, mais cachés aux hommes, les faits d'un lieu éloigné et les faits futurs dépendant de causes nécessaires dont il s'aide pour simuler la prophétie. Par de telles simulations il a toujours trompé les hommes qui accordèrent imprudemment confiance aux oracles, aux pythonisses, aux sybilles ; et aujourd'hui il trompe beaucoup de chrétiens ignorant le catéchisme, par les réponses des médiums spiritiques, des magnétisés clairvoyants, des hypnotisés somnambules. Néanmoins le théologien, appelé à juger de tels phénomènes, les reconnaît à première vue comme préternaturels, et les attribue avec certitude au démon, sans que pour cela il attribue au démon la *vraie* prophétie. Satan est souvent, selon la science catholique, un *devineur* heureux, parce que souvent il devine juste ; mais il n'est jamais *prophète*. En effet le démon maintes et maintes fois s'est trompé honteusement dans ses divinations, tandis que la prophétie est par elle-même infaillible. Et voilà comment les phénomènes hypnotiques dits supérieurs, inexplicables par les forces de la nature, s'expliquent admirablement par l'intervention diabolique.

§ 3. *Conclusion de ce chapitre et de l'ouvrage.*

Arrivé à ce point, et regardant le chemin par

couru, il nous semble avoir assez efficacement démontré que la science chrétienne, par rapport aux interventions diaboliques, présente une hypothèse très propre à expliquer d'une manière lumineuse les mystères de l'hypnotisme. Tout mystère hypnotique disparaît complètement par la seule supposition que l'hypnotisé est un malheureux s'étant assujetti de lui-même à l'influence diabolique, ou si l'on veut, à une obsession momentanée, semblable à celle des antiques pythonisses qui rendaient des oracles et dont nous font foi les histoires profanes et la divine Écriture; semblable à l'obsession des modernes médiums faiseurs de miracles, que nous connaissons par l'expérience contemporaine. Toutes les autres hypothèses ou explications présentées par les philosophes et les médecins n'arrivent à rien de rationnel qui puisse contenter l'esprit; les folies de l'impiété matérialiste valent moins encore.

Donc nous approuvons cette hypothèse et nous la faisons nôtre. Nous n'avons certainement pas eu beaucoup de peine à la découvrir : nous étions aidés par beaucoup d'écrivains catholiques qui se sont occupés du magnétisme, par les théologiens moralistes et par les réponses de l'Église enseignant avec autorité par le moyen des Congrégations romaines. Mais il nous a paru utile de la fortifier en procédant à la démonstration avec la méthode même qu'emploient les savants pour étudier et pour démontrer les lois cachées de la nature. Les astronomes, par exemple, cherchant les lois des révolutions des corps célestes, ont supposé d'abord que le soleil et les planètes tournent circulairement autour de la terre. Reconnaissant que tous les phénomènes ne répondent pas à cette hypothèse, ils l'ont modifiée en inventant les épicycles; ceci ne suffisant pas encore, Copernic est revenu aux idées de Pythagore, qui avaient été abandonnées, et a pris le soleil pour centre du mouvement terrestre et planétaire, ce qui rendait les explications moins irrationnelles, mais pas encore exactes. Kepler découvrit les orbites elliptiques et d'autres phénomènes; Galilée en a découvert d'autres encore avec sa grande intelligence et avec le télescope : l'astronomie était presque formée. Newton est venu qui a complété et couronné toutes les découvertes antérieures par celle de la gravitation universelle. Depuis ce jour, les mouvements célestes sont éclaircis, les exceptions apparentes elles-mêmes rentrent dans la loi; les savants s'écrient : « Ce n'est plus une hypothèse, c'est une loi de la nature, révélée et démontrée à l'homme par la mécanique céleste. »

Par une semblable méthode, en cherchant à découvrir les lois de l'hypnotisme, nous avons raconté les faits, puis nous avons examiné l'hypothèse objective du fluide mesmérique, et ensuite la théorie subjective de Braid, et enfin la fascination, la prédisposition, la suggestion, et les autres principales hypothèses, ou fondamentales, ou subsidiaires, mises en avant par la science moderne, spécialement par les médecins et par les matérialistes. Et nous avons fait toucher du doigt que ces hypothèses sont imaginaires et non réelles, et qu'elles n'expliquent rien. Nous sommes revenus à l'hypothèse offerte par la science chrétienne de l'influence diabolique. Nous avons démontré (au moins cela nous semble ainsi) que cette hypothèse explique l'histoire de l'hypnotisme, raisonne et rend intelligibles les faits, la genèse de l'hypnose, ses symptômes, ses effets et jusqu'à ses anomalies apparentes, en un mot, toutes les dépendances de l'œuvre prestigieuse. Donc l'intervention diabolique est la vraie hypothèse, c'est l'arrêt de la science, et non plus une simple hypothèse ; donc les savants chrétiens ont démontré la loi qui règle l'hypnotisme, comme les astronomes ont démontré la loi qui règle la mécanique céleste.

FIN

TABLE DES MATIÈRES

		Pages
I.	Pourquoi ce traité	1
II.	Doctrines et théories nouvelles de l'Hypnotisme	3
III.	Programme des Hypnotiseurs	13
IV.	But que se proposent les Hypnotiseurs	21
V.	Faits hypnotiques de Donato à Turin et à Milan	24
VI.	Faits hypnotiques de Zanardelli à Rome	37
VII.	Faits hypnotiques divers remarquables	39
VIII.	Faits hypnotiques des médecins italiens	42
IX.	Faits de suggestion persistant après le sommeil magnétique	47
X.	Faits de suggestion *à échéance*	50
XI.	Faits de suggestions dans un but criminel	54
XII.	Faits suggestifs qui modifient les idées dans le sujet	59
XIII.	Faits de suggestions purement mentales	65
XIV.	Faits de guérisons par le moyen de l'Hypnotisme	69
XV.	Faits appelés supérieurs	72
XVI.	L'Hypnotisme n'est pas nouveau, car il a été préparé depuis plus d'un siècle	78
XVII.	L'Hypnotisme n'est pas nouveau, puisqu'il était pleinement formé en 1843	86
XVIII.	L'Hypnotisme est certainement une maladie	97
XIX.	Que l'Hypnotisme a quelque chose de contraire à la nature dans ses causes	105
XX.	Ni les actes hypnogéniques, ni la fascination, ni la prédisposition ne sont des causes suffisantes de l'hypnose	113

		Pages
XXI.	La maladie hypnotique accuse l'élément non naturel dans ses symptômes, parce qu'ils sont instantanés	125
XXII.	Que la suggestion n'explique pas les symptômes hypnotiques, que loin de là, elle les montre contraires à la nature	128
XXIII.	Que les symptômes hypnotiques ne sont pas naturels, parce qu'ils dépendent de la volonté	135
XXIV.	Que la maladie hypnotique se montre contraire à la nature dans sa prognose et dans sa cure	147
XXV.	Que l'Hypnotisme nuit à la santé : on le prouve par la doctrine des médecins	154
XXVI.	Que l'Hypnotisme nuit à la santé : on le prouve par les faits	161
XXVII.	Que l'Hypnotisme nuit à la santé : on le prouve par les avis des commissions sanitaires	169
XXVIII.	L'Hypnotisme est profondément immoral	177
XXIX.	L'Hypnotisme est encore plus immoral pour la jeunessse et pour la femme	191
XXX.	Certaines pratiques hypnotiques sont certainement impies	204
	§ 1. Cette seconde partie est pour les chrétiens seuls	id.
	§ 2. Quelles sont les pratiques les plus irréligieuses	203
	§ 3. On prouve que les phénomènes supérieurs sont certainement préternaturels	205
	§ 4. Vaines explications et objections des hypnotistes	208
	§ 5. De quelques autres erreurs moins graves sur la transmission de la pensée	218
	§ 6. Du phénomène de divination en particulier	223
	§ 7. On conclut que les phénomènes supérieurs montrent l'intervention diabolique	228
XXXI.	De certaines autres pratiques hypnotiques très probablement impies	232
	§ 1. De la vision à travers les corps opaques	id.

		Pages
	§ 2. De la transposition des sens.	236
	§ 3. Des phénomènes à échéance et d'autres faits hypnotiques excessifs...	246
	§ 4. Conclusion pratique sur ce qui est licite ou illicite	248
XXXII.	Tous les phénomènes hypnotiques, même les plus innocents en apparence, sont suspects.	250
	§ 1. Etat de la question	id.
	§ 2. Première raison de soupçonner : l'hypnotisme est une partie du spiritisme	252
	§ 3. Seconde raison : tous les phénomènes dépendent d'une même cause préternaturelle	254
	§ 4. Troisième raison : même les simples phénomènes portent ces traces de préternaturel	256
	§ 5. Quatrième raison : Ils ont aussi deux cachets diaboliques	257
	§ 6. Cinquième raison : L'inimitié de l'hypnotisme contre la religion	260
	§ 7. Sixième indice : L'intervention diabolique étant supposée, tout l'hypnotisme s'explique clairement	263
	§ 8. Ce qui est licite ou illicite dans les phénomènes élémentaires	264
XXXIII.	Théorie chrétienne sur l'intervention diabolique	270
	§ 1. Nature et état des démons.	id
	§ 2. De l'organisation des démons	278
	§ 3. De l'aptitude diabolique à nuire.	282
	§ 4. De l'intervention diabolique par voie de tentation	287
	§ 5. De l'intervention diabolique par voie de possession	289
	§ 6. De l'intervention diabolique par voie de prestige	294
	§ 7. Du pacte ou des moyens par lesquels l'homme provoque l'intervention diabolique.	299
	§ 8. Des habitudes diaboliques dans l'intervention avec les hommes.	304

	Pages
XXXIV. Application de la théorie chrétienne à l'hypnotisme....................................	310
§ 1. Que la théorie chrétienne explique les circonstances historiques de l'hypnose moderne...	id.
§ 2. Comment la théorie chrétienne explique les phénomènes hypnotiques................	315
§ 3. Conclusion de ce chapitre et de l'ouvrage...	327

Le Mans. — Imp. Leguicheux et Cie.

www.ingramcontent.com/pod-product-compliance
Lightning Source LLC
Chambersburg PA
CBHW072009150426
43194CB00008B/1049